LA SERIE CAUTIVERIO:

La Llave para Su Fin Esperado

Porque yo se los pensamientos que tengo acerca de vosotros,
Dice Jehová, pensamientos de paz, y no de mal,
Para daros el fin que esperáis.
Jeremías 29:11

De
KATIE SOUZA

PREPÁRESE PARA TRANSFORMAR, ¡SU CAUTIVERIO EN UNA PROMESA!

La Serie Cautiverio: La Llave para Su Fin Esperado
Se describe como
"EL MEJOR LIBRO JAMÁS ESCRITO PARA LOS PRESOS"

Mi oración es que este libro sea utilizado por el Señor para mostrarle cómo entrar en el propósito por el que fue creado aquí en la tierra. Por encima de todo, sin embargo, oro que se den cuenta que el destino final de su Fin Esperado es de reinar con Él para siempre (Apocalipsis 22:5).
¡Que seáis fortalecidos en su camino en esta peregrinación como preparación para ese día glorioso!

AGRADECIMIENTOS A:

El Padre nuestro Señor Jehová - Quién, a través de socios leales con EEM, personal increíble, y los voluntarios desinteresados, han bendecido a esta visión de innumerables maneras. ¡Gracias!

Mamá y papá por nunca darse por vencidos, amándome incondicionalmente, y su apoyo a este ministerio por cada paso del camino.

A mi marido por aguantarme, adorándome, y el que me permitió hacer este sueño realidad.

Teresa Mozena (Manning) por asociarse conmigo y creer en esta misión desde el principio.

Helen Berger su apoyo continuo al hacer posible esta traducción al español. Sin sus sacrificios y diligencia, este libro no sería posible.

2

CONTENIDO

CÓMO USAR ESTE LIBRO

A lo largo de este estudio, Dios, por medio de Su Espíritu Santo, va a hablar con usted cómo aplicar directamente las Escrituras respecto a la antigua Israel a su actual encarcelamiento. Con el fin de ayudarle a aprender a reconocer su voz, hemos proporcionado páginas en blanco tituladas "Entradas de Diario Personal" ubicadas en la parte posterior del libro. A medida que lea este estudio, Dios va a poner los pensamientos en su mente que se aplicarán directamente lo que está leyendo a su experiencia en cautiverio. En cada página los animo a resaltar, subrayar y marcar las palabras o frases que resalten. Seguido a esto, hacer entradas de diario de los pensamientos que le da El Espíritu Santo sobre lo que lee en "Entradas de Diario Personal" en la parte posterior del libro. Esta práctica será de gran ayuda en el desarrollo de su capacidad para escuchar al Señor.

A través de esta misma práctica, he aprendido a reconocer la voz de Dios, no solo en las Escrituras, pero dentro de una relación personal con Él. Mientras Él hablaba yo obedecía, tuve manifestaciones milagrosas de su presencia a lo largo de todo mi cautiverio. Fui parte de numerosas curaciones sobrenaturales, dirigí el desarrollo de un ministerio dentro de mi prisión, me rebeló mi Fin Esperado, me llevó a escribir este estudio, y me guió en la formación de este ministerio actual.

El Señor mismo dirigió a mi familia y a mí a apelar la sentencia de 13 años que había sido dictada por el tribunal federal, y debido a que obedecí la dirección del Señor, ¡la apelación fue concedida! Aun más sorprendente fue que seis meses antes de nuestra victoria, el Padre también me dio cuál sería la fecha de mi salida. ¡Efectivamente, después de ir a la corte y se vuelve a calcular mi sentencia, la fecha que me dio fue exacta! Más tarde, voy a hablar en detalle sobre todos estos acontecimientos. En este momento, quiero que entienda que si la dirección específica de Dios es el resultado de la construcción de una relación con Él y Él cultivó la oreja para escuchar y obedecer su voz. Las "Entradas de Diario Personal" incluidas en este estudio será de gran ayuda en el desarrollo de esa conexión con Él.

En Habacuc 2, Dios nos manda a hacer un registro escrito de toda la revelación que Él nos da. Los versículos 2 y 3 dicen:

"...Escribe la visión, y declárala en tablas, para que corra el que leyere en ella. Aunque la visión tardará aún por un tiempo, mas se apresura hacia el fin, y no mentirá; aunque tardare, espéralo, porque sin duda vendrá, no tardará." Habacuc 2:2-3

Al leer este libro, **escuche activamente a la voz de Dios, escriba cada pensamiento en el diario, y siempre apunte la fecha de su entrada**. Mientras pasa el tiempo, verá como la Escritura dice, que las cosas que Él le dice no van a ser falsas, pero van a suceder.

Sea diligente en esto y todo lo que pertenece a El Señor,

Katie Souza

EL ARRESTO

"Por tanto, mi pueblo fue llevado cautivo, porque no tuvo conocimiento..." Isaías 5:13

Afuera, yo podía escuchar a mi perro, "Cotton" enloquecido, lo cual sólo podía significar una cosa: alguien indeseable estaba allí, así que escondí el arma en un lugar accesible y me dirigí hacia la puerta. Baje la escalera de madera, sentí el piso frío a través de los calcetines en los pies, recordé que mis botas estaban en la basura. Las plantas se derritieron debido a los químicos. A medida que di la vuelta a la esquina, allí estaban; los policías, con las armas listas, amenazando con matar a mi amigo y el perro. Al verlos, mi estómago se retorció.

Justo la noche anterior, llegamos a la montaña para poder cocinar un lote de "Speed" (anfetamina). La casa era un verdadero lugar de residuos tóxicos, hasta la rodilla en la basura química que dejó un montón de cocineros aspirantes. Pasé toda la noche tratando de limpiar el desorden para poder empezar, pero ahora los policías estaban aquí. "Si vienen adentro", pensé dentro de mí, "nos vamos presos con seguridad."

Cuando vi a los policías quería patearme. En primer lugar yo no quería venir a esta casa. Más bien las circunstancias me obligaron. Semanas antes me había quedado incapacitada físicamente cuando un club de motociclistas habían intentado matarme y casi lo consiguieron. Me debían dinero y una camioneta Chevy del año 63 pero se negaron a "pagar." Supongo que pensaban que iban a salirse con las suyas, porque yo era una joven. Esto fue un error. Pronto me convertí como una espina en sus costados haciéndoles sus vidas un infierno. Esto debe haber sido muy vergonzoso para ellos, que una chica pueda haberles causado tantos problemas al club de motociclistas. Demostraron que no pudieron poner una mano encima de mí, hasta que una noche.

Mason, el presidente del club, había llamado para solicitar una tregua. Él pidió reunirse conmigo prometiendo que me iban a dar todo lo que me debían. Pronto me di cuenta de que Mason fue apodado Killer por una razón. Él se apresuró a terminar con sus problemas. Aunque su oferta podría ser mortal para mí, también era atractiva especialmente porque necesitaba fondos.

No pusimos de acuerdo para reunirnos en un restaurante público en un esfuerzo por mantener todos bajo control. Él dijo que Pee Wee vendría con él. Cuando Pee Wee apareció fue exactamente lo contrario de su nombre. Era alto y muy redondo, tanto es así, que soplaba y resoplaba cuando caminaba. También él era el encargado de tirar los cuerpos cada vez que Killer lo decidía. Pee Wee me llevó consigo, para dar un mensaje claro de la agenda de Mason para esa noche.

Me fui sola porque no había ni una sola persona en la cual yo podía confiar, o que tuviese el valor de enfrentarse cara a cara con estos tipos.

Nadie había sido lo suficientemente loco para reunirse con ellos, mucho menos ir solo. Incluso ni siquiera lo pensé un segundo. Iba a conseguir lo que era mío, pase lo que pase.

Me sentí algo rara sentada en la mesa con ellos. Todo mundo se veía tan amable... demasiado amigable. Me prometieron todo lo que quería y más. Todo parecía demasiado bueno para poder ser verdad. Yo sabía que estaban tramando algo. El plan era para que nosotros fuéramos a su taller de corte, que era un compuesto masivo del tamaño de una pequeña manzana. Contenía cosas atractivas interminables para elegir y me ofrecieron algunas opciones seductoras. Realmente tenía muchas ganas de ir de "compras" de su vasta selección, lo que significaba que me puse en cierto peligro.

Después de haber comido, me excusé para ir al baño diciendo que después nos encontraríamos en el estacionamiento. Cuando salí del restaurante, miré y me estaban esperando, de pie junto a la motocicleta robada en la cual yo había montado. De repente pensé en algo. En cuanto me vieron, se estremecieron y dieron un paso atrás de la moto. Mi instinto me decía que algo no estaba bien.

Mientras caminaba hacia ellos, dijeron, "Vámonos" y saltaron a su Mustang. Actué como que si yo iba atrás de ellos, pero me detuve el tiempo suficiente para mirar alrededor y ver la motocicleta. Todo parecía estar en orden así que salí y me encontré con ellos momentos más tarde.

Cuando llegamos al taller, lo primero que hicimos fue ir a la oficina donde Mason me ofreció una cuchara llena de droga. Él sabía que yo me inyectaba pero para una persona como él fue inusual. Su club no era partidario de inyección. Una vez más, algo no estaba bien. Él se levantó y dijo, "Le daremos algo de privacidad. Salga cuando haya terminado."

Yo ofrecí una gran sonrisa falsa y afirmé con la cabeza pero tan pronto se fue, puse mi dedo meñique en la pila y puse algo de la droga en mi lengua. Fue así como lo había pensado. Intentaba matarme por medio de la droga. La droga estaba mezclada con veneno para ratas. Me reí y luego lo tire en la basura. Limpié la cuchara, saqué de mi bolsa, 30 unidades de cristal y rocas puras y, para su sorpresa caminé fuera de la oficina viva y coleando. Todos ellos se mantuvieron mirándome, esperándome a que callera. Quería reírme y reírme de ellos, pero sólo seguí jugando todo el tiempo con una astuta sonrisa en mi cara.

Mason comenzó a darme un recorrido por el lugar, mostrándome algunas partes de motocicletas y hasta un par de Harleys caso perdido. Cuando finalmente llegamos a donde estaba mi Chevy, mi corazón dio un vuelco. Lo habían cortado en pedazos. Estallé. ¿Cómo pudo haberle hecho esto, a un carro tan hermoso? Quería matarlo. Su excusa fue que tenían miedo de que yo llamara a la policía. ¿Yo? ¡Hola! Yo fui la única que tomó una cuenta para su hermano que era el

Sargento de armas para el club. Habíamos hecho una carrera juntos y cuando los policías nos cogieron, me eché toda la culpa!

El sintió algo de culpa y trataba de suavizar las cosas ofreciéndome una camioneta Ford 72. No era ni siquiera cerca de lo que había perdido, pero mientras estuviera allí tomaría cualquier cosa que pudiera obtener. De repente me di cuenta que Pee Wee se había escapado mientras yo estaba distraída con la camioneta.

"Hoye, ¿Dónde está Pee Wee?" Pregunté tratando de mostrar que no sabía.

"Oh, el tenía que arreglar ciertos asuntos" Mason contestó. Despúes el hizo algo muy estúpido. El me sonrió en la misma forma con una mueca, como la que la había dado yo antes.

Era la hora de irnos. Algo estaba pasando. Rápidamente uní los detalles pensando sobre cuándo recogería mis premios, despúes los dos salimos caminamos a los vehículos. El entró en un camión y yo me monté en la moto.

El gritó por la ventana, "Nos vemos en la casa del Club si quieres recibir tu dinero."

"Seguro." Y pensé "Sobre mi cadáver" Nunca pensé lo cierto que era todo lo que había dicho.

El taller estaba en una calle de una sola vía que se formaba en un severo ocho antes de entrar a la rampa de la pista. Doblé a la derecha y luego golpeé la moto muy duro. Dentro de unos segundos había alcanzado la velocidad de 55, cuando de repente se reventó la cadena y se enrolló en la parte trasera de la llanta enviándome en un patinazo recto.

De repente se me ocurrió algo. Esto había sido lo planeado. Es por eso que estaban viendo la moto fuera del Restaurante. Pee Wee debe de haber quitado el candado de seguridad de la cadena, ellos estaban pensando que yo aumentaría el torque y una vez que lo hiciera la cadena saltaría en pedazos.

Al principio pensé que hubiera podido evitado el patinazo. Sin embargo, cuando miré me di cuenta que no había suficiente espacio. La calle en forma de ocho estaba enfrente de mí, lo que quiere decir que me fui directo hacia la curva. La forcé alcanzar 50 millas por hora y la moto saltó en el aire, dando tres vueltas en el aire, enviándome a volar. Caí sobre mi cabeza, rebotando y posteriormente me hizo deslizar a través del asfalto. Ahora estaba en el estacionamiento de un Hotel y los guardas de seguridad vinieron corriendo y gritando, "Dios mío, se encuentra bien? Esto es lo peor que hemos visto!"

Tan pronto cuando vi sus uniformes, me llene de adrenalina y salte como si nada me hubiera pasado. El sacó su radio teléfono y me gritó, "Voy a llamar una ambulancia." Oh no pensé en pánico, esto es lo último que necesito una ambulancia o la policía. Trate de detenerlo.

"No, no, no haga eso, estoy bien, contestó lo entiendo" Así las cosas traté de levantar la bicicleta pero era muy duro hacerlo, sin darme cuenta que tenía quebrado el hueso del cuello.

El guardia de seguridad insistía en llamar a la ambulancia, y yo debía detenerlo o salir de ahí. Trate de convencerlo de que me sentía bien mientras luchaba por liberarme del asiento de mi moto, de pronto me di cuenta de que tenia las manos desgarradas pedazos de carne colgaban de ellas, escuchaba al guardia usar su radio para llamar a la policía y a la ambulancia, pensaba en lo terrible de mi situación, por fin logre liberarme de mi asiento y empecé a caminar lo mas pronto que podía moverme dejando mi moto en la calle.

El guardia gritaba "no puede irse, esta muy mal herida", invente rápidamente una excusa para seguir alejándome tan pronto como podía le dije;" no puedo pagar el traslado en ambulancia idiota, si me quedo tendré que pagar los gastos y no tengo el dinero para eso".

Seguía caminando mientras hablaba, el guardia informaba al policía que me marchaba del lugar, mi cabeza aun daba vueltas por el accidente, mire hacia adelante y me di cuenta de que el único lugar donde podía huir era el taller, donde habían tratado de matarme!

Apenas pude distinguir que a mi alrededor estaban todos los hombres de los Mason como espectadores de lo que pasaba, sin poder comprender como podía caminar después de tal horrible accidente. Tal y como espectadores del Coliseo Romano esperaban mi muerte frente a sus ojos.

La policía venia en camino y no tenía a donde ir mas que a mis casi asesinos. Cuando se dieron cuenta de que iba hacia ellos empezaron a empujar y cerrar las puertas delanteras. Así que apure mi paso y no tuve opción, apenas pude entrar en el lugar antes de que llegara la policía. Estaba casi allí, pero las puertas estaban cerrándose rápidamente de mi vía de escape. Sólo faltaban pocos metros a la izquierda cuando los policías doblaron en la esquina de la calle y tocaron la sirena. El sonido envió una onda de choque a través de mi cuerpo y la pura adrenalina me hizo saltar a través de las puertas, cerrándose detrás de mí.

Fuera del sartén al fuego, podría haber escapado temporalmente de la policía, pero ahora estaba rodeada de los tipos que justo intentaron matarme. Nadie dijo una palabra. Era un silencio mortífero. Entonces les refunfuñe a ellos, "La policía está afuera, pero no por mucho tiempo. Ellos estarán aquí pronto. Tengo que salirme de aquí. Llévenme al cerco de atrás ahora". Comprendieron que no era una buena oportunidad para acabar conmigo y ellos necesitaban que me fuera para no involucrarse más.

Uno de ellos me llevó al patio trasero a través de un laberinto de carrocerías de automóviles. Sin embargo, cuando llegué al cerco no pude treparme pues mi hombro estaba lastimado. El tipo estaba disgustado porque ahora este problema no se iba.

Quería gritarle: "Si no hubieras tratado de matarme, no estaríamos en este lío."

Se alejó sin decir una palabra, abandonándome en el patio. Me dirigí de nuevo al otro lado de la tienda hacia el cobertizo. Se trataba de un área interior de la tienda que tenía un metal enorme empernado a la puerta. La cerré detrás de mí, entonces encontré un lugar para esconderme debajo de un escritorio.

No pasó mucho tiempo para que los policías se dieran cuenta que la moto era robada poniendo en movimiento una búsqueda. Interrogaron a los tipos en la parte delantera del taller, diciéndoles que no sabían quién era yo y que yo había caminado a través de su tienda y que luego salté el cerco trasero. Escuché a los policías buscar en el patio y entonces, intentaron abrir la puerta de metal macizo. Cuando ellos pidieron que alguien la fuera abrir, un tipo les dijo que la parte de esa tienda pertenecía a otro inquilino que había cerrado la puerta desde el interior. Los policías tendrían que encontrar al inquilino para así, poder obtener una orden de permiso para poder entrar.

Después, el helicóptero de la Policía llegó! Sobrevolando por el taller en repetidas ocasiones con sus luces resplandecientes sobre las ventanas del cobertizo, yo me enrosqué debajo del escritorio en total miedo. Durante toda la noche, la búsqueda continuó y la adrenalina comenzó a desaparecer, finalmente me di cuenta lo herida que realmente estaba. Yo no me podía mover.

La conmoción me hacía sentir tan mal que mi cabeza daba vueltas cada vez que intentaba enderezarme. Había una enorme hinchazón en mi cadera derecha junto con carne rota y por primera vez me di cuenta de que estaba sangrando por el lado de mi mejilla. Me quedé atrapada debajo del escritorio toda la noche esperando a que los policías entraran e irrumpieran en cualquier momento.

Después de agonizantes horas tras horas, finalmente las voces empezaron a oírse menos y menos hasta que ya no se escucharon. El helicóptero se fue una vez que la luz del día apareció sobre las ventanas. Me tomo una hora para poder tratar de sentarme y después, finalmente ponerme de pie. Yo estaba tan agradecida había un baño sólo a 15 pies de distancia.

Me acerqué y me puse delante del espejo. Cuando encendí un cigarrillo, la llama produjo un espeluznante espectáculo. Yo estaba blanca como un fantasma con anillos de color negro debajo de mis ojos. Sangre, asfalto y tierra se habían secado en mis mejillas, en mi pelo y las manos. Tomé un trago de agua, pero casi me ahogué porque mi boca y la garganta las tenia muy secas.

Luego, lentamente y dolorosamente, me quité mis cueros y empecé a lavarme lo mejor que pude. Con mi clavícula rota, cada movimiento que hacia era insoportable y casi imposible. Yo necesitaba verme diferente cuando yo saliera, así que me peiné hacia atrás con el cabello recogido en una coleta después me quité el polvo tanto como fuera posible. A causa de mis lesiones, esa fue una ardua tarea.

Terminé cuarenta minutos después entonces decidí revisar mi cadera. Lentamente me retiré mis pantalones vaqueros para presenciar un espectáculo horrible. El bulto era enorme. La hinchazón era peor. Ahora tenía un coágulo de sangre 5-pulgadas en el, junto con carne desgarrada en la superficie. Mientras que la revisaba cuidadosamente pude sentir fragmentos sueltos de hueso flotando debajo de la piel. No era bueno. No era bueno en absoluto.

Necesitaba un fuerte jalón. Y tan pronto como lo hice, inmediatamente sentí mejor, pero todavía tenía que salir y evitar a los policías. Recogí mis cosas y luego me preparé. Tuve que hacer esfuerzo para abrir el cerrojo de la puerta, pero finalmente lo logré, luego entré en la tienda principal, donde de cinco a diez chicos estaban trabajando en los coches. Tan pronto como entré en la habitación, todo el mundo se congeló y luego volvieron lentamente su cabeza hacia mí, conforme pasaba por allí.

Caminé lo mas recta posible para que no se dieran cuenta lo lesionada que estaba. Yo no quería mostrar debilidad alguna, en absoluto. **También les miraba directamente a los ojos con una gran fiereza y odio como pude reunir.** Esa fue la parte fácil. En ese momento, quería matarlos a todos. Me dejaron sola. **Sería demasiado complicado hacer lo contrario.**

Salí por las puertas del frío y oscuro taller a la luz del sol. Por un breve instante me sentí aliviada, pero no había terminado todavía. Tuve que escapar sin ser detectada. Caminé lo más rápido que pude, intentando pasar por alto. Al voltear la esquina, no había ni un coche o una persona a la vista. Yo no podía creer lo afortunada que era. Yo bordeé una esquina más y vi un oasis, un restaurante abierto para desayunos. Yo entré y utilicé el teléfono público para llamar a una amiga. Ella se detuvo 20 minutos más tarde, suspiré un profundo suspiro de alivio cuando entré en el coche.

Cuando llegamos a su casa, me metí en la ducha y en pocos minutos, entré en shock severo. Empecé a aullar como un animal herido y de repente me encontré en el suelo de la ducha sacudiéndome violentamente con lágrimas corriendo por mis mejillas. Mi amiga rondaba por encima de mí tratando de ayudar. Ella entró violentamente en cuando oyó los sonidos horribles que salían del baño.

Esa noche cambió todo para mí. Nunca antes me importó que tan bajo cayera porque siempre conseguía levantarme consiguiendo cualquier cosa que yo necesitara. Si necesitaba pastillas de efedrina para cocinar un lote, me robaría un par de farmacias. Si necesitaba dinero, yo **podría hacer una colección o forzar a alguien.** Ahora apenas podía moverme. Me acosté en el sofá durante semanas con heridas graves no podía ir al hospital porque ellos todavía estaban buscando a alguien con mi descripción.

No podía salir y golpear puertas como solía, así que los problemas vinieron tocando la mía. Dos chicos que conocía de las calles estaban tratando de introducirme en la preparación de un lote de droga con ellos. Nunca tuve socios porque pensaba que nadie puede delatarte si estás solo.

Pero ellos me empujaban alegando que podían obtener todos los suministros que necesitaba y proporcionarme una vivienda para el lote, a cambio de mi droga suprema. Me negué, pero eran tenaces e ingeniosos. Todos los días se presentaban con más suministros. Productos químicos, pastillas, mangueras, incluso termómetros digitales. Por último, cedí por desesperación ya que estaba demasiado herida para obtener mis propios suministros por mi misma. Sin embargo, todo el tiempo mis sentidos hombre araña de la calle me gritaban: "¡No lo hagas!"

La noche hicimos las maletas para irnos, paramos a recoger a uno de sus amigos quien finalmente terminaría por voltearnos la cara de la moneda. Normalmente nunca hubiera permitido que viniera, sin embargo, sólo protesté débilmente porque el accidente en la moto me había dejado débil y dispuesta a hacer cosas que nunca hubiera ni siquiera considerado. Ahora estábamos en la casa y los policías estaban al frente con las armas listas para disparar a mi perro. Mi instinto estaba en lo cierto y esta pesadilla era real.

Traté de agarrar a "Cotton", pero ella estaba totalmente fuera de control, saltando y mordiendo a la policía. Era obvio que ella era mi perro porque odiaba los uniformes, igual que mí. Los policías, actuando como si pudieran leer nuestras mentes, estaban abajo listos para disparar, así que agarré a "Cotton" por el cuello y puse mi cuerpo en frente de ella como un escudo. "¡No la maten a ella!" Grité. "¡Déjenme ponerla en la casa!"

Pero no retrocedieron. Sólo seguían gritando que diera un paso atrás para que pudieran disparar. Cuando finalmente se dieron cuenta de que no iba a cambiar de opinión, dejaron que mi amigo traiga a "Cotton" adentro de la casa. Una vez que la amenaza del perro se fue, empezaron a interrogarme. "Estamos aquí para limpiar la casa", le dije, diciendo una verdad a medias.

Esto no era lo que querían oír por lo que continuaron acosando me durante unos quince minutos más. Entonces, finalmente, sin llegar a ninguna parte, intentaron un nuevo enfoque. Exigieron que volviera a entrar y que les diera el perro para que pudieran llevarla a la perrera. Instantáneamente, me enfurecí y comencé a discutir con ellos. Ahora ya no se movieron, así que di media vuelta y me dirigí adentro de la casa.

Cuando abrí la puerta, se acercaron por detrás mio y entraron. En menos de media hora, después de que vieron a todos los químicos, yo estaba sentada en el suelo en la tierra esposada. "Bueno, no puede ser peor que esto", reflexioné. Equivocación. Cinco minutos más tarde, los federales llegaron. A continuación mis otros dos amigos llegaron. Ellos fueron arrestados también.

"Finalmente me atraparon", me dije a mí misma. En lo más profundo sentía que esta vez no me iban a soltar. Claro, yo había sido arrestada muchas veces antes. Más que todo por cargos de armas de fuego: asalto con arma mortal, disparando desde un vehículo en movimiento, y por extorsión. Me encantaban mis armas y había hecho "colecciones" durante años. No mucha gente esperaba que una mujer llegara a su puerta, para sacar una pistola y llevarse todo lo que tenían para cobrar una deuda. Alimentada por alguna rabia interna, mi deporte favorito era aterrorizar.

Sin embargo, a pesar de que había sido arrestada en numerosas ocasiones antes, siempre evitaba estar presa por largo tiempo. Desaparecían los testigos o la falta de evidencia obligaba que algunos de mis casos fuesen anulados, pero esta vez fue diferente. No faltó nada para condenarme. Yo sabía que no iba a ninguna parte sino hacia abajo. Mientras este pensamiento cruzaba por mi mente, sentí la desesperación creciendo dentro de mí, junto con el vómito que me vino.

Lo siguiente que supe es que estaba entre consciente e inconsciente mientras una ambulancia me llevaba al hospital. Yo sufría de intoxicación por sustancias químicas graves. Al abrir y cerrar mis ojos, yo siempre veía una cara delante de mí: la de un agente federal, mi escolta personal. Una vez en el hospital, los médicos seguían preguntándome cosas que no comprendía, y mucho menos poder responder. Yo estaba en tan mal estado que continúe entre consciente e inconsciente durante varias horas mientras me atendían.

Como se acercaba la noche y yo estaba entre sueños escuché a alguien decir: "Nos tenemos que ir." Luchando por abrir los ojos, vi el rostro del agente federal mientras suavemente me trató de sacudir. "Tienes que levantarte pronto y vestirte.", dijo, mientras me quitó las esposas. Al oír esto, cerré los ojos por unos minutos deseando que él y la realidad que enfrentaba se fueran. Cuando volví a abrir los ojos, me di cuenta que mi deseo se hizo realidad. ¡Él se había ido!

¡Sentí mis muñecas - no estaban esposadas! Me senté rápidamente, me levante de la camilla y me puse la ropa. Entonces, mirando a escondidas detrás de la cortina cerrada vi que el agente parado, como a 10 pies de distancia en la estación de las enfermeras con su espalda hacia mí, estaba ocupado conversando con una enfermera. Esta era mi oportunidad. Sin dudarlo ni un segundo salí de la cabina silenciosamente, y tranquilamente paseando por el pasillo hacia la puerta de salida fuera del alcance de mi captor. Pasando a lado de los médicos y enfermeras, sentí como si yo fuera invisible y nada podía detenerme. Cuando llegué a las puertas automáticas de cristal, se abrieron silenciosamente, dándome la bienvenida al mundo libre. Cuando salí de la puerta, ésta se cerró detrás de mí, hice una pausa para evaluar mi situación. La calle estaba a 50 metros de distancia y muy ajetreada. Tan sólo tenía que correr en el tráfico, parar un coche, entrar y desaparecer para siempre. Volteé la cabeza hacia atrás para mirar por la puerta de cristal y vi que el agente federal seguía hablando con la enfermera, totalmente ignorante de la falta de mi presencia. Una risita se escapó de mi boca. "Fácil", dije en voz alta.   Sin embargo, cuando di un paso adelante para ejecutar mi plan, de repente me sentí paralizada. Una nube de confusión me envolvió. Y lo que parecía tan fácil y claro, hace solo unos segundos, estaba revolcándose en mi cerebro. Yo seguí tratando de mover el cuerpo hacia adelante, pero éste no me obedecía. Fue entonces cuando giré la cabeza hacia un lado y vi a la enfermera en la recepción mirándome. Por fin me vieron. Como ella me miró fijamente, me di la vuelta lentamente y me dirigí otra vez hacia las puertas correderas de cristal. Luego, en un ritmo controlado, comencé a caminar por el pasillo directamente hacia el agente.

"¿Qué estoy haciendo?", Pensé, aturdida con pánico, pero era como si yo no lo pudiese evitar. Voces en mi cabeza comenzaron a gritar violentamente a que me volteara de nuevo, pero algo más fuerte no me lo permitió. Finalmente, yo estaba de pie justo detrás de mi captor, pero ni él ni la enfermera parecían darse cuenta de mi presencia. "Todavía se puede escapar", dijo la voz. "¡Date la vuelta - no es demasiado tarde!

"Pero, en lugar de huir, saque mi mano y toqué el agente en el hombro. Ahora ya estaba comprometida. Sorprendido, se dio la vuelta. Cuando me vio, palideció al instante. Vi puro miedo en sus ojos y como miles de preguntas de dónde había venido que invadían su mente. Mientras me miraba con un pánico sin palabras, me di cuenta de que sabía que algo pudo haber salido terriblemente mal. Por último, rompí el momento de silencio.

"¿Está listo para ir?" Le dije. "Sí, sí", balbuceó. Todavía visiblemente alterado, sacó las esposas y me las puso con gratitud. Cuando escuché el sonido familiar del trinquete de las esposas, el metal apretando alrededor de mis muñecas, mi único pensamiento fue: "¿Qué demonios he hecho?"

Me pase la semana siguiente en una celda de reserva con mal olor, cada centímetro cubierto de mugre. Hacía mucho frío. Los bancos de metal y cemento fueron fríos al tocar. Como estaba saliendo del efecto de la droga, los huesos me dolían. Yo quería un cigarrillo tanto que hubiera quebrado el cuello de alguien para tener uno. Durante este tiempo, yo iba y venía de un tribunal federal lujoso en el que fui acusada y procesada. Cuando me paré en frente de la juez, sucia y con quemaduras en las manos y los pies aún en mis medias, se negó la fianza diciendo: "Todos sabemos de qué lado de la ley está usted señorita Caple." Mi presentimiento estaba en lo correcto. Tenían la intención de encerrarme. Me regresaron a la celda de reserva con olor a podrido, seguidamente, vestida con pantalones de la cárcel, me llevaron de vuelta a la población general.

Esa noche, mientras yo estaba en mi celda sola, los pensamientos no dejaban de bombardear mi mente. ¿Por qué no me escape cuando tuve la oportunidad? ¿Que fue lo que me detuvo? ¡Luché con esas preguntas por horas hasta que sentía que iba a explotar! Por último, al borde del abismo, empecé a gritar para que los pensamientos en mi mente se callaran. Milagrosamente, mi mente se tranquilizó y oí una sola palabra - "Ora". Curiosamente, sólo el pensarlo me traía consuelo. ¿Pero por qué? Orar es algo que nunca había hecho antes.

No me malinterpreten, durante mi vida, he tenido varios encuentros con Dios. A la edad de 14 años, "nací de nuevo" en una playa en Hawái, aunque no sabía muy bien lo que eso significaba. A los 26 años, mi primo me llevó a la iglesia, donde, a pesar de estar fumada, Dios me bautizó con Su Espíritu Santo. El hombre que estaba allí orando por mí, dijo que Dios le reveló que yo era una traficante de drogas. Actué como si yo no sabía lo que estaba hablando. Luego a los 29 años, después de hacer todas las drogas durante varios años, tomé unas "vacaciones" en Idaho, donde mi tía y mi tío tenían una iglesia. Allí me encontré con Jehová. Fue genial, pero unos meses más tarde, las vacaciones se habían terminado. Estaba de vuelta procesando drogas.

Ahora a los 35, yo estaba en el enlace de mi vida y la palabra "orar" fue lo único que hizo parecer mejor ese momento. Acostada en mi cama, reflexioné sobre esta situación extraña. Yo estaba encerrada, sin esperanza de libertad bajo fianza y una lista de cargos federales. Me quedé atrapada con las manos, literalmente atadas, y no había nada que pudiera hacer más que orar. Así que lo hice. Y para mi sorpresa, salió de mí. Décadas de la ira, el dolor y la dureza de corazón, saliendo de mí como una ola. Yo no podía creer que estaba confiando en alguien que no conocía tan profundamente - Dios. ¡Me sentí mejor de lo que me había sentido en años! Lo que no sabía era que Dios había estado esperando este momento toda mi vida. Con un increíble amor y paciencia, Él me aguanto muchos años de mi pecado, esperanzado en este momento cuando me haría quererlo tan profundamente como Él me quiera a mí. Yo estaba allí orando por horas. Parecía que no podía parar y sentía que no quería. Mi viaje había comenzado.

LECCIÓN UNA

1. Recuerde los eventos que condujeron a su arresto (su esclavitud). Trate de reconocer cuándo y dónde Dios estaba presente en estos eventos.

2. ¿Ha tenido una relación con Dios antes de este tiempo? Explique.

3. ¿Cómo se siente al estar en cautiverio?

HISTORIA

"Porque las cosas que se escribieron antes, para nuestra enseñanza se escribieron, a fin de que por la paciencia y la consolación de las Escrituras, tengamos esperanza." Romanos 15:4

El verso citado arriba, sacado del nuevo testamento, dice que el viejo testamento fue escrito para nosotros, para que pudiéramos aplicar sus lecciones directamente a nuestras vidas. "La Serie de Cautiverio: La Llave para su Fin Esperado" es un estudio de exiliados del antiguo Israel tomado de las escrituras del antiguo testamento. Su propósito es enseñarle lo que la antigua Israel aprendió durante el tiempo de su encarcelamiento y después ayudarle a usted a aplicar ese conocimiento a su propio encarcelamiento.

Hay 39 libros en el viejo testamento; como dos docenas de ellos hablan en detalle sobre el cautiverio del antiguo Israel. Esto hace del tema de su encarcelamiento uno de los temas más prevalentes en toda la Biblia. Hasta el día de hoy, hay más de 2 millones de personas en cárceles solo en los Estados Unidos. Muchos de ellos, aunque no lo saben, son los elegidos de Dios, para los cuales Él tiene un propósito único. **Por esto es que Dios ha llenado el viejo testamento con una fuente de información de los cautiverios de Israel. Su historia fue definida para ser usada como manual de guía, para llevar a los prisioneros de hoy en día, a su propósito final – por lo que fueron creados, por medio del vehículo de su exilio.**

Desde el principio de mi encarcelamiento, Dios me lleno de ganas de leer la Biblia. Comenzaba en Génesis y leía hasta el final de Apocalipsis y de nuevo regresaba a la primera página y volvía a leer todo de nuevo. Cada vez que leía las escrituras, el Espíritu Santo me enseñaba más sobre la historia de Israel. Mientras más aprendía, más me daba cuenta de que a pesar de que su encarcelamiento ocurrió hace más de 2,000 años atrás, **su experiencia fue exactamente como la de nosotros hoy en día.** Cuando apliqué la escritura a mi cautiverio, cosas maravillosas comenzaron a pasar en mí. Establecí una relación profunda con Dios. Milagros tras milagros comenzaron a ocurrir durante mi encarcelamiento. ¡Era tan increíble que quise compartir el tesoro con todos los prisioneros en todas partes!

Tome una encuesta, mientras estaba encarcelada, en un estudio bíblico que yo estaba dando. Pregunté cuantas personas habían leído todo el viejo testamento. Solamente una persona levantó su mano, y el resto de la clase, cuando les pregunte, no sabían que los israelitas habían sido encarcelados.

Por la obvia falta de conocimiento de la gente de la historia del cautiverio de Israel, voy a empezar este estudio con un resumen del viaje de los israelitas en, a través y fuera de su exilio. Para algunos de ustedes esto va a ser la parte más difícil de este estudio. No todos somos buenos en historia pero, necesita saber la historia de Israel para que no evite la interpretación del texto cuando el Espíritu Santo le hable. Una de las razones por las cuales yo tuve tanto éxito durante y después de mi encarcelamiento, se debe a que yo me informe completamente de la historia de Israel. Esto me ayudó a interpretar propiamente las revelaciones que Dios me estaba dando de acuerdo a mi cautiverio. Mientras sigua leyendo, no se le olvide tomar notas en los márgenes cuando sienta que el Espíritu Santo le esté hablando.

La Historia de Israel

El ancestro de la raza judía fue un hombre llamado Abram (después renombrado Abraham, por Dios mismo), quien nació por él año 2166 A.C. Dios le dio una promesa a Abraham, que un día sus descendientes tomarían posesión de una tierra llamada Canaán. Hoy en día se llama Israel, Canaán, estaba hecha de unas de las más fértiles y abundantes tierras en el mundo. Por esto es que fue conocida como *"la tierra abundante de leche y miel"*.

Cuando Abraham tenía más de cien años, Dios empezó a cumplir su promesa dándole a Abraham un hijo llamado Isaac. Isaac creció y tuvo un hijo Jacobo, quien a su vez tuvo doce hijos. Cada uno de ellos iban a ser los ancestros de las doce tribus de Israel que componían la nación hebrea.

Uno de los hijos de Jacobo, José, fue el primer prisionero mencionado en la Biblia. Traicionado por sus once hermanos, José fue vendido a unos tratantes de esclavos quienes lo llevaron a Egipto, donde eventualmente término pasando trece años en un calabozo egipcio. Durante su tiempo en la prisión, Dios le dio favor a José con el guardián que le puso a José a cargo de la prisión y de todos los prisioneros. Mientras pasaron los años, las habilidades administrativas de José se fueron desarrollando a la perfección preparándolo para el verdadero propósito que Dios le tenía para su encarcelamiento. ¡José un día iba a salvar al mundo del hambre!

Cuando el tiempo del hambre llego, Dios previno a faraón, rey de Egipto, por medio de un sueño. Desafortunadamente, ni él ni sus magos entendieron el aviso. Unos de los oficiales de faraón recordó que José había interpretado su sueño exactamente. Al escuchar esto, faraón pidió que trajeran a José del calabozo inmediatamente. Después de escuchar el sueño de faraón, José le dijo que Egipto iba a pasar siete años de abundancia seguidos por siete años de hambruna. Cuando faraón y sus oficiales escucharon esto, se sintieron inútiles, y no sabían cómo salvar a Egipto. Sin embargo, José tenía la respuesta. Usando sus talentos administrativos que adquirió durante su encarcelamiento, aconsejó a faraón que guardara el cinco por ciento de las cosechas de todo Egipto, durante los primeros siete años de abundancia. Al hacer esto aseguraría que Egipto tuviera suficiente comida para cuando vinieran los años de hambruna. Después de ver la sabiduría de José, faraón soltó a José de la prisión, lo puso a cargo de almacenar el grano y lo hizo segundo en comando sobre todo Egipto.

En el tiempo que la hambruna comenzó siete años más tarde, José almaceno suficiente grano para sostener las vidas de todas las personas en Egipto y todos los países a su alrededor. Allí fue cuando sus hermanos, quienes estaban a punto de morir por el hambre, viajaron a Egipto para comprar granos. Llegaron a estar frente a frente con José por primera vez después de muchos años. Aunque fue difícil al principio, fueron perdonados. Después, José movió a toda su familia a Egipto para que pudieran sobrevivir durante la hambruna.

Los años pasaron y otro faraón entró al poder. José ya había muerto y su nombre fue olvidado. Este rey puso a las doce tribus bajo su látigo, forzándolos a que trabajaran la mayoría de la mano de obra, incluyendo todos los proyectos masivos de construcción. Los hebreos esclavizados comenzaron a pedir que Dios los salvara de Egipto; pero, por los siguientes 400 años, solo soñaban con la tierra prometida por Dios a través de Abraham.

Cuatro siglos más tarde, el Señor escuchó sus llantos y levantó a un hombre llamado Moisés. A través de él, Dios hizo señales milagrosas y maravillas en contra de Egipto. Diez plagas fueron desatadas en la ciudad y faraón se vio obligado a soltar a los esclavos. Los israelitas finalmente fueron liberados de la mano fuerte de Egipto. La gente empezó su jornada a la herencia que tanto esperaban.

Pero lo que comenzó a ser un viaje de once días a Canaán se convirtió en 40 años. Mientras que viajaban por el desierto, los israelitas se rebelaron en contra de Moisés y de Dios. ¡Entonces, cuando llegaron a la frontera de Canaán y fueron instruidos a entrar y tomar posesión de la tierra, se rehusaron por miedo! finalmente la furia de Dios se derramó, y les hizo pagar su desobediencia haciéndolos caminar perdidos en el desierto hasta que la generación que salió de Egipto muriera.

Cuarenta años más tarde, la próxima generación de niños había crecido y estaban listos para reclamar su herencia. Mientras la joven nación se preparaba para cruzar a Canaán, se les había dado una advertencia. Tenían que seguir cumpliendo los mandamientos de Dios para mantener posesión de la tierra prometida. Si Israel decide obedecer a Dios mientras que estuvieran en Canaán, Él los iba a bendecir sobre naturalmente en todas formas. Sin embargo, si se rebelaban, Él les iba a traer maldiciones como hambrunas, enfermedades y pestilencias. Si después de ser advertidos repetidamente, Israel seguía desobedeciendo a Dios, les iba a dar la última maldición: **La maldición del cautiverio**. Invasores vendrían a quitarle a la gente su herencia y los llevarían presos a tierras lejanas.

Advertido previamente, el pueblo de Israel entró en Canaán alrededor de 400 A.C. Por medio de la guerra, tomaron posesión de la tierra de sus habitantes. Pero seguía el peligro acechando por la superficie. Aunque los israelitas conquistaron la tierra, ellos no habían destruido completamente a toda la gente nativa que Dios les dijo. Durante las siguientes generaciones, esos sobrevivientes se iban a mezclar con la gente de Israel llevándolos a la idolatría. Esto era una violación directa a los mandamientos de Dios.

Unas de las personas más prominentes de la Biblia que práctico idolatría fue el rey Salomón. Fue conocido en Israel como el rey más sabio, el dictador más rico y el hombre que edificó el sagrado templo de Jerusalén. Salomón también fue el primer rey Israelita que se dejó convencer a adorar ídolos. Se casó con muchas mujeres extranjeras de otras naciones, las cuales Dios mando a que lo sacaran de Canaán, esas mujeres introdujeron la idolatría masiva a Salomón. El resultado de sus pecados fue que la nación de Israel fuera divida entre dos reinos separados. Diez tribus en el reino del norte, y dos, Judá y Benjamín, forman el reino del sur. Eventualmente los dos reinos terminarían en cautiverio.

Las tribus del norte empezaron mal desde el principio cuando su nuevo dictador, el rey Jeroboam, los dirigió directamente a la idolatría. Temerosos, su gente retornó a Jerusalén porque ahí estaba su templo. Jeroboam puso dos becerros en altares para que todos se quedaran en casa para adorarlos. Esto era una violación directa de los mandamientos de Dios. El reino del norte empezó a irse a la deriva al exilio.

Mientras las generaciones pasaron, la reforma nunca ocurrió; al contrario, cada nuevo rey llevaba a su gente más dentro de la idolatría y las maldiciones de Dios se hicieron realidad. La enfermedad y el hambre arrasaron con el norte, pero la gente no puso atención a las maldiciones. Él retraso continuó. Finalmente después de 200 años de rebelión continua, Dios les mando la maldición de cautiverio de manera severa. En 722 A.C., Dios llamo a la nación de Asiria a que tomaran el reino del norte cautivo, y los Diez tribus cayeron en las manos de los brutales Asérianos. Fueron deportados como prisioneros al imperio Asírían, y ninguno de ellos regresaron a casa jamás. Los israelitas habían sufrido su primer exilio.

Mientras, el reino del sur, cuya capital es Jerusalén, duró un poco más que los del norte. Sin embargo, después de varias generaciones, ellos también practicaron todas las prácticas perversas de las naciones paganas alrededor de ellas. De vez en cuando, reyes como Ezequías y Josías entraban en poder, limpiando la tierra de su pecado pero todo lo bueno que ellos hicieron lo abatieron reyes como el rey Manases, quien hizo diez veces más malicias. Durante los 55 años que él estuvo en el poder, Manases edificó altares a otros Dioses, se arrodilló y adoró a las huestes celestiales (astrología), practicó la hechicería y brujería, adivinación, incluso sacrificó a su propio hijo en el fuego al Dios Molech. Cuando la gente y los oficiales de Judá comenzaron a seguir la dirección de Manases, la paciencia de Dios se acabó. Les mando su palabra a través de sus profetas que el reino del sur, pronto iría en cautiverio también.

Cerca de medio siglo más tarde, el Señor cumplió su amenaza. Trajo la maldición del cautiverio sobre las tribus del sur. Levantando a Nabucodonosor, rey de Babilonia, a que atacara a su gente desobediente. Primero, Nabucodonosor se adueñó de toda la plata y oro del templo de Salomón. Y en el año 588 A.C., su ejército tomó a Jerusalén. Por dos años el hambre barrió esta ciudad atrapada, con la situación empeorándose de tal manera que los israelitas tuvieron que comer a sus propios hijos para sobrevivir.

Al fin, Nabucodonosor quebrantó a Jerusalén, la sacudió y quemó todo completamente. A las personas de Judá las esposaron con cadenas y las forzaron a caminar casi 1,000 millas a Babilonia. Allí, fueron prisioneros, en barrios malos dentro de las paredes masivas de la ciudad. El segundo exilio había ocurrido.

Ahora los israelitas estaban orando a Dios para que los liberara como lo había hecho mucho antes en Egipto. Pero, esto no iba a suceder, o al menos no inmediatamente. El plan de Dios era usar el cautiverio de Israel para traer su arrepentimiento y prepararlos para los propósitos que Él les tenía para sus vidas. Para comenzar este proceso, el Señor mandó una carta dentro de Babilonia conteniendo instrucciones que los prisioneros debían de seguir mientras que estuvieran en cautiverio. A través de los años, los exiliados obedecieron esas instrucciones, y cosas maravillosas pasaron. ¡Ellos comenzaron a cambiar, a ser arrepentidos, y a prosperar en medio de su encarcelamiento! Al final de su sentencia de 70 años, los corazones de los israelitas fueron cambiados totalmente hacia Dios. Estaban listos para seguir Su propósito para sus vidas.

¡Era hora para que Israel regresara a su casa! Entonces, Dios levantó un rey llamado Ciro a que los liberara dé su cautiverio. Dictador del imperio Medianita y Persa, el rey Ciro atacó a Babilonia, y la poderosa nación cayó en una noche. Después de la victoria, Ciro mandó un decreto para que los israelitas regresaran a sus casas a reconstruir Jerusalén. Al fin los exiliados eran libres. ¡La prueba de su encarcelamiento había terminado! Ahora, tenían que enfrentar la nueva lucha, de reconstruir sus vidas.

Tres diferentes olas de exiliados regresaron a Jerusalén de Babilonia. Cada grupo tenían sus problemas y propósitos únicos. Armados con una misión de reconstruir el templo de Salomón, la primera ola de retornantes llegaron a Jerusalén en 538 A.C. Dirigidos por Zerubabel, este grupo de exiliados entraron a la ciudad quemada e inmediatamente comenzaron a trabajar. Pero aunque empezaron con muchas ganas, sus esfuerzos pronto fueron desapareciendo mientras llegaba oposición de todas partes. Primero, los enemigos atacaron, después las distracciones mundanas vinieron a interrumpir los esfuerzos que tenían de terminar la construcción. Al final, los ataques fueron tan intensos, que se desanimaron. Ellos descontinuaron la construcción en el templo, y comenzaron a construir sus propias casas.

Por los próximos 18 años, los ex-prisioneros abandonaron la misión que Dios les había mandado y pagaron un precio muy alto. Donde al principio comenzaron a prosperar, ahora estaban luchando. Parecía que no importaba que tanta semilla Israel plantaba en sus campos, ellos cosechaban muy poco. Y a pesar que trabajaban arduamente en sus labores, misteriosamente no tenían dinero para demostrarlo. ¿En qué fallaron? Dios les había mandado una sequía a todas sus manos de obra. Les mandó un mensaje por medio del profeta Hageo de que no estaba derramando la prosperidad de Israel porque habían abandonado la construcción de su templo. Cuando la gente escuchó el mensaje de Hageo, rápidamente retornó a su misión. Como obedecieron su tarea, su prosperidad regreso.

La segunda ola de retornados llegó a Jerusalén en el año 458 A.C. Este grupo fue dirigido por un hombre llamado Esdras, quien tuvo la misión de enseñar a los exiliados de Jerusalén la Palabra de Dios. Desafortunadamente, cuando Esdras llegó a casa, descubrió que la gente estaba involucrada en una situación muy peligrosa. Se habían casado con mujeres ajenas, las cuales participaban en la idolatría. Esto fue lo que había llevado a cabo a Israel anteriormente, y les causo su primer cautiverio. Afortunadamente, Esdras reconoció el peligro. Él mandó a que todos esos matrimonios se disolvieran inmediatamente. Cuando Esdras mandó a que los israelitas obedecieran su mando, ellos escucharon. Los maridos mandaron lejos a sus esposas e hijos ajenos, previniendo que la maldición del cautiverio cayera en Israel otra vez.

Al final, en el año 432 A.C., un hombre llamado Nehemías dirigió la tercera ola de retornados a Jerusalén. Aun estando en la tierra del cautiverio, Nehemías escuchó que las paredes de Jerusalén estaban quebradas, dejando a la ciudad desprotegida. Después de obtener permiso del rey persa para viajar a Jerusalén para repararlo, Nehemías fue a casa y agrupó a todos los exilados para que comenzaran el trabajo.

Tal como la primera ola de exiliados, el grupo de Nehemías también fue atacado mientras estaba construyendo. Sin embargo, las amenazas dirigidas hacia ellos no importó, ellos no pararon de construir. De hecho, tan fuerte era el carácter de Nehemías para terminar el trabajo, que ordenó que con una mano aguantaran un arma, listos para pelear, y con la otra mano construyeran el templo. ¡Como Nehemías no dejó que nada interrumpiera su objetivo, los exiliados terminaron la pared en un tiempo milagroso de solo 52 días!

Después de todos los años en batalla, Jerusalén al fin estaba intacto. El templo glorioso y la pared protectora habían sido restaurados, y la gente estaban viviendo una vida abundante, involucrados activamente en el servicio de su Dios. Israel reclamó su tierra de leche y miel. Al pasar de los años, los exiliados aprendieron una lección muy importante. **Mientras que mantuviesen sus ojos en Dios y en los propósitos que Él les daba, iban a superar cualquier obstáculo, iban a prosperar y NUNCA más regresarían a cautiverio.**

La historia de Israel es una de victoria- no de su cautiverio - pero victoriosa por medio de ello. Dios usó su encarcelamiento para devolverles a la tierra prometida y él quiere hacer lo mismo con usted. Créalo o no, usted posee una herencia llena de leche y miel. Por medio de este estudio usted va a descubrir cómo es que Dios quiere que usted tome posesión de ella por medio de su cautiverio. ¡Así que, vamos a empezar a aplicar los exilios de Israel a su experiencia de encarcelamiento para que usted también pueda obtener su Fin Esperado!

1. *"Porque las cosas que se escribieron antes, para nuestra enseñanza se escribieron, a fin de que por la paciencia y la consolación de las Escrituras, tengamos esperanza".* (Romanos 15:4) ¿Según este versículo, el antiguo testamento fue escrito para que pueda aprender de él y aplicarlo a su propia experiencia? ¿Qué partes de la historia de Israel le llaman más la atención y por qué?

2. ¿Ve usted una conexión directa entre usted y los cautivos israelitas antiguos?

3. ¿Qué partes de su historia le dan esperanza y por qué?

LA MALDICION DEL CAUTIVERIO

"Y Jehová te esparcirá por todos los pueblos, desde un extremo de la tierra hasta el otro extremo; y allí servirás a dioses ajenos que no conociste tú ni tus padres, al leño y a la piedra. Y ni aun entre estas naciones descansarás, ni la planta de tu pie tendrá reposo; pues allí te dará Jehová corazón temeroso, y desfallecimiento de ojos, y tristeza de alma; y tendrás tu vida como algo que pende delante de ti, y estarás temeroso de noche y de día, y no tendrás seguridad de tu vida. Por la mañana dirás: !!Quién diera que fuese la tarde! y a la tarde dirás: !!Quién diera que fuese la mañana! por el miedo de tu corazón con que estarás amedrentado, y por lo que verán tus ojos"
Deuteronomio 28:64-67 (énfasis del autor)

¿Cómo llegó usted a estar encarcelado? Algunos piensan que esto es fácil de contestar- violaste la ley, le arrestaron, después fuiste a la cárcel. ¿Pero dónde se ubica Dios en todo esto? Ejemplos paralelos de lo que está pasando durante su encarcelamiento se encuentran en las escrituras. Los versos arriba mencionados son de la lista de bendiciones y maldiciones escritas en el libro de Deuteronomio.

Esta escritura en particular yo la llamo la "maldición del cautiverio". Si parece ser exactamente lo que está pasando desde su encarcelamiento, no se sorprenda. Los antiguos israelitas pasaron lo mismo cuando fueron prisioneros miles de años atrás.

La "maldición del cautiverio" originalmente fue dada a los israelitas antes de que entraran a la tierra prometida de Canaán. Era una palabra profética advirtiéndoles que si no continuaban obedeciendo los mandamientos de Dios mientras que vivieran en su nueva herencia, Dios los iba a quitar de la tierra a través de invasores, quienes los llevarían a cautiverio. Desafortunadamente, Israel no escuchó la amenaza. Fueron llevados al exilio, primero en el año 722 A.C., por la mano de Asiria y otra vez en el año 586 A.C., por los Babilonios.

Para mí, el descubrimiento en la Biblia de la maldición del cautiverio, me dio la sabiduría de quien era responsable por nuestro encarcelamiento. Muchos dicen que el diablo lo hizo, mientras que otros insisten que fue nuestra culpa, pero la mayoría están de acuerdo que un Dios amoroso nunca nos llevaría dentro de un lugar tan horrible como lo es la prisión. Bueno, las escrituras dicen lo opuesto. Sí Es Dios el que le trae al cautiverio pero solo como resultado de su pecado. Recuerdo el momento que leí esta escritura en Deuteronomio y recibí esta revelación. ¡Me cambió la vida porque quería decir que Dios planeó mi encarcelamiento, así que Él iba hacer algo maravilloso con ella! (Romanos 8:28)

¿Porque Dios le llevaría al cautiverio? Número uno, porque pecó en contra de Él y rompió la hermandad con Él. La Biblia dice, *"Dios nos escogió en él antes de la creación del mundo, para que seamos santos y sin mancha delante de él. En amor".* (Efesios 1:4 NVI).

¡Dios le escogió para que sea de Él antes de que el mundo existiera! ¡Eso es bastante! Le debiera de dar una mejor idea de porque Dios odiaba la vida de pecado que llevaba en la calle. Sus acciones le estaban separando de él. Para sanar esta relación, Dios le lleva al cautiverio, limpiándole de su pecado y restaurándole de nuevo a Él.

La segunda razón porque Dios le lleva cautivo es porque Él tiene un propósito para su vida, diferente a la que usted estaba siguiendo. La Biblia dice, *"...todo ha sido creado por medio de él y para él."* (Colosenses 1:16 NVI)

Dios no le creo para que viviera la vida que usted escogiera. Él le creo para Sus propósitos, unos que solo se encuentran en Él. Dios es su creador. Solo Él sabe porque fue usted creado. El segundo capítulo de efesios dice: *"y juntamente con él nos resucitó, y asimismo nos hizo sentar en los lugares celestiales con Cristo Jesús."* (Efesios 2:10).

Dios tenía un propósito planeado para su vida desde antes de que naciera. Desafortunadamente, afuera de la prisión estaba siguiendo sus propios planes. Todos fuimos creados para servir un propósito único, pero la mayoría no conocemos nuestro propósito. De hecho, una multitud de personas pasan por la vida persiguiendo cosas que creen que tienen que hacer sin consultar a Dios primero para saber para qué es lo que el realmente nos creó. Esta es la mayor razón por la cual Dios le trajo al cautiverio: **Para formarle otra vez a lo que originalmente fue creado a hacer y para revelarle y darle su propósito especial**. ¡La Biblia tiene un nombre especial para este propósito; se llama **tu Fin Esperado!**

*"Porque yo sé los pensamientos que tengo acerca de vosotros, dice Jehová, pensamientos de paz, y no de mal, **para daros el fin que esperáis**."* (Jeremías 29:11)

¡Todos tenemos un Fin Esperado!, pero pocos lo encontramos. Va a aprender por medio de este estudio que su cautiverio es específicamente diseñado por Dios para prepararle para su tarea y ayudarle a descubrir su Fin Esperado. ¡El verso mencionado arriba, sobre su Fin Esperado!, viene de un capítulo de Jeremías titulado *"Una carta a los exiliados"*. Esta carta fue originalmente mandada a los cautivos de los antiguos israelitas quienes fueron prisioneros en Babilonia. En ella está la promesa que Dios tiene un futuro certero para cada uno de ellos e iba a usar su encarcelamiento para hacerlos pasar. Esta misma promesa de Jeremías es el motivo por el cual esta usted en la prisión hoy. ¡Puede que sea un poco difícil de creer esto ahora mismo, pero Dios va a usar su cautiverio para su beneficio y Su Gloria, Él va a hacer que sus sueños sean realidad!

¿Así que, cómo es que algo como la *"maldición del cautiverio"* se apropia para todas estas cosas gloriosas? Dios les dio la lista de maldiciones y bendiciones a los israelitas para ayudarlos a que sigan el buen camino durante su estadía en Canaán. Usando las bendiciones como incentivo, El prometió aumentar sobrenaturalmente a aquellos a los que continúen obedeciendo sus mandamientos. Sin embargo, catástrofes como maldiciones caerían sobre los que escogieran desobedecer. Vamos a estudiar más profundo las bendiciones y maldiciones para que podamos entender completamente los propósitos que Dios tiene para ellos. Primero la lista de bendiciones:

"Acontecerá que si oyeres atentamente la voz de Jehová tu Dios, para guardar y poner por obra todos sus mandamientos que yo te prescribo hoy, también Jehová tu Dios te exaltará sobre todas las naciones de la tierra." (Deuteronomio 28:1)

"Jehová derrotará a tus enemigos que se levantaren contra ti..." (vs.7).

"Jehová te enviará su bendición sobre tus graneros, y sobre todo aquello en que pusieres tu mano..." (vs.8).

"Te abrirá Jehová su buen tesoro, el cielo, para enviar la lluvia a tu tierra en su tiempo..." (vs.12).

"Te pondrá Jehová por cabeza, y no por cola; y estarás encima solamente, y no estarás debajo, si obedecieres los mandamientos de Jehová tu Dios, que yo te ordeno hoy, para que los guardes y cumplas," (vs.13).

Dios ofreció a Su gente incentivos para que hagan bien, prometiéndoles bendiciones a los que obedecieran. Mira como los versos de Deuteronomio lo dicen.

"El Señor le otorgará." "El Señor le abrirá..." y "El Señor hará..."

Estas escrituras hacen obvio el hecho de Quien está en control del universo. Dios es Dios y Él tiene el poder de lograr lo que sea. En las escrituras mencionadas arriba, Él prometió dirigir la gente, circunstancias, y aun la naturaleza, para asegurarse que Su gente obediente sea bendecida. ¿Pero qué pasaría con los que escogieran no obedecer? Dios dijo que serían maldecidos.

"Pero acontecerá, si no oyeres la voz de Jehová tu Dios, para procurar cumplir todos sus mandamientos y sus estatutos que yo te intimo hoy, que vendrán sobre ti todas estas maldiciones, y te alcanzarán." (vs.15)

"Jehová te herirá de tisis, de fiebre, de inflamación y de ardor, con sequía, con calamidad repentina y con añublo; y te perseguirán hasta que perezcas." (v22).

"Dará Jehová por lluvia a tu tierra polvo y ceniza; de los cielos descenderán sobre ti hasta que perezcas." (v24)

"Jehová te entregará derrotado delante de tus enemigos..." (v25).

"Jehová te herirá con locura, ceguera y turbación de espíritu... y no serás prosperado en tus camino..." (vs.28-29).

Cuando somos desobedientes a Dios, estamos en pecado. El pecado le separará de Dios y de sus propósitos para ti. La desobediencia también trae consecuencias a nuestras vidas. En Deuteronomio, Dios dijo que esas consecuencias vendrían en la forma de maldiciones y Él seria el esforzador. Toma nota como las escrituras comprueban lo soberano que es Dios y su habilidad de llevar a cabo Sus amenazas. *"El Señor le golpeara" "El Señor le causara" "El Señor le afligirá"*.

El Señor es capaz de mover las mismas fuerzas de la naturaleza de modo que pueda bendecir a Sus hijos obedientes. Sin embargo, Él también está listo para la lluvia, causar una derrota total y hacer que Su gente fracase en todo lo que haga. ¿Por qué Dios haría lo que parecen ser cosas tan horribles a Su propia gente? **Por el amor que nos tiene, Él trabaja para desviarnos para que no sigamos en nuestro pecado, la cual nos evita recibir nuestra herencia, y Su presencia.**

Desafortunadamente, aun después de que a los antiguos israelitas les dijeron sobre las maldiciones, todavía escogieron rebelarse en contra de Dios. Y porque lo hicieron, trajo catástrofes sobre ellos. Israel sufrió hambres, pestilencias y sequía, y aun así continuaron hasta que fue demasiado tarde. ¿Pero muy tarde para qué? La última maldición que Dios dijo que Él aplicaría era la maldición del cautiverio.

*"Y Jehová te esparcirá (**para llevarle al cautiverio**) por todos los pueblos..."* (vs. 64).

La *"maldición del cautiverio"* era el golpe final. Las otras maldiciones fueron para presionar y persuadir a Israel a que pararan de pecar en contra Dios. Desafortunadamente, la gente no hizo caso a sus advertencias, así que Dios les trajo su última maldición. Mando invasores a que capturaran a Israel.

Cuando al principio leí la lista de maldiciones en Deuteronomio, me di cuenta que Dios me había golpeado con cada una de ellas. A través de los años, adquirir los químicos para preparar la droga se hizo más difícil, involucraba más riesgo. Finalmente, por todas las restricciones federales, me resolví a robar tiendas para obtener el material que necesitaba. Mientras tanto, parecía que siempre tenía que batallar con alguien porque me habían estafado o me habían delatado a la policía. Estaba sufriendo de *"sequía, hambre y enfermedades"* y era justo lo que las escrituras advertían, vine a fracasar en todo lo que hacía. ¡(Vea Deut.28:29) en ese entonces yo creía que estaba maldecida, ahora sé que verdaderamente así era! Dios había traído toda esa aparente mala suerte en contra de mí para disuadirme de continuar en lo que andaba. Desafortunadamente, en vez de dejar que la presión de las maldiciones me pararan, seguía más fuerte en mí pecado aun con más ganas hasta que Dios finalmente me hizo llegar la "maldición del cautiverio".

¿Cuándo recuerda su vida fuera de la prisión, puede recordar varias cosas, una tras otra que iban mal? Tal vez perdió a sus hijos, su casa, su carro, o todos sus tratos empezaron a quebrarse. Lo que fuera, probablemente llegó al punto donde parecía que su vida estaba "maldecida". ¡Imagínese eso! Todas esas circunstancias aparentes de mala suerte no eran solamente coincidencias; eran las maldiciones de Dios. Pero como los israelitas, usted no puso atención a las banderas rojas hasta que fue demasiado tarde. Estaba tan enfermo que Dios solamente podría recetar el único remedio posible- cautiverio. ¿Ahora Él tiene su atención, no? Bien, ese era Su plan.

Como todas las maldiciones, la "maldición del cautiverio" con todos sus problemas fue diseñado para traerle a los brazos del Señor. Solo la presión de su cautiverio es para crear en usted una necesidad desesperada por buscar a Dios para ayudarle en su situación. Vamos a leer toda la maldición otra vez.

"Y Jehová te esparcirá por todos los pueblos, desde un extremo de la tierra hasta el otro extremo; y allí servirás a dioses ajenos que no conociste tú ni tus padres, al leño y a la piedra. Y ni aun entre estas naciones descansarás, ni la planta de tu pie tendrá reposo; pues allí te dará Jehová corazón temeroso, y desfallecimiento de ojos, y tristeza de alma; y tendrás tu vida como algo que pende delante de ti, y estarás temeroso de noche y de día, y no tendrás seguridad de tu vida. Por la mañana dirás: !!Quién diera que fuese la tarde! y a la tarde dirás:!!Quién diera que fuese la mañana! por el miedo de tu corazón con que estarás amedrentado, y por lo que verán tus ojos." (vs. 64-67)

"Una mente ansiosa y un corazón acongojado" Que perfecta descripción del trauma emocional y mental por el que usted pasó cuando fue encarcelado por primera vez. En el principio de mi encarcelamiento, yo viví en "constante suspenso", nunca sabiendo que iba pasar. Mientras los federales investigaban nuestro caso, más y más evidencia aparecía…apretando más la soga en mi cuello. Al fin, uno de nuestros codemandados acordaron testificar en contra del resto de nosotros, lo cual sellaba nuestra condena. Batallamos en la corte federal por dos largos años hasta que finalmente perdimos y yo fui sentenciada a 151 meses en la prisión federal. Durante todo esto, mi acoso mental, físico y emocional fue tan grande, yo me sentía abrumada.

Ahora sé que Dios permitió todas esas circunstancias horribles para traerme a su propósito final: De regresarme a Él, de una forma desesperada por su ayuda. Fue durante ese tiempo, que comencé a buscar al Señor con todo mí ser. La "maldición del cautiverio" estaba realizando su función en la que fue hecha, provocándome a correr a los brazos esperados de mi Salvador. ¡Y correr fue lo hice- a todo lo que da sin parar!

¡Has sido maldecido al cautiverio, pero solo para que la presión de la maldición puede tomar efecto y funcionar para traerte a Dios y a todos sus maravillosos propósitos que Él tiene guardados para ti! ¿Y ahora qué? Lo primero que tiene que hacer es romper la maldición. La Biblia dice que la única forma de hacerlo es aceptando al hijo de Dios, Jesús Cristo como su Señor y salvador.

"Cristo nos redimió de la maldición de la ley, hecho por nosotros maldición (porque está escrito: Maldito todo el que es colgado en un madero),para que en

Cristo Jesús la bendición de Abraham alcanzase a los gentiles, a fin de que por la fe recibiésemos la promesa del Espíritu." (Gálatas 3:13-14).

Cuando Jesús fue colgado en la cruz -Él tomó todas nuestras maldiciones, incluyendo la maldición del cautiverio, y los puso en Él mismo. Entonces cuando Él fue resucitado de la muerte, Él derrotó todas esas maldiciones, trayendo libertad a aquellos que lo aceptan. Por este mismo sacrificio, Jesús también ganó el derecho para que usted reciba las bendiciones de Abraham. Tómese un momento. Lea de nuevo la lista de bendiciones en Deuteronomio 28 y reconozca como pueden ser suyos, cuando le pida a Jesús que entre a tu vida.

¿Así que, esto quiere decir que si acepta a Jesús el Señor, la "maldición del cautiverio se quitara de su vida mañana? ¡Probablemente no! ¡La maldición se terminará, pero Dios le trajo aquí por una razón; para cambiarle, para que tenga una relación personal con Él y para prepararle para ir y tomar posesión de su Fin Esperado! que Él tiene planeado para usted. Sin embargo, tiene que empezar con Jehová. Si todavía no lo ha aceptado como Señor y Salvador de su vida, hágalo ahora para que la maldición sea rota. Por favor ore esta oración conmigo:

"Señor *Dios, yo reconozco que he pecado en contra tuyo. He desobedecido Tus mandamientos. Yo le estoy pidiendo Tu perdón. Yo me doy cuenta de que estoy bajo la "maldición del cautiverio". También reconozco que Cristo murió en la cruz, y fue maldecido por mí. Él fue resucitado a la vida para redimirme de la maldición. Él me hace elegible para todas tus bendiciones del pacto. Yo pido a Jesús, en este momento, que entre en mi corazón para que yo pueda empezar mi camino hacia ti y la herencia maravillosa que tú has preparado para mí. En el nombre precioso de Jehová, yo oro. Amén*"

LECCIÓN TRES

1. La Biblia dice: *"Porque en él fueron creadas todas las cosas, las que hay en los cielos y las que hay en la tierra, visibles e invisibles; sean tronos, sean dominios, sean principados, sean potestades; todo fue creado por medio de él y para él."* *(Colosenses 1:16)* Cuando estaba fuera de la prisión en la calle, ¿Cree que seguía los propósitos de Dios o los suyos?

2. ¿Cuáles eran los propósitos que perseguía? ¿Qué estaba tratando de lograr?

3. La Biblia dice: *"Porque yo sé los pensamientos que tengo acerca de vosotros, dice Jehová, pensamientos de paz, y no de mal, para daros el fin que esperáis."* *(Jeremías 29:11)*¿Cree usted que Dios tiene un propósito mejor para su vida que el que usted persigue?

4. La Biblia dice: *Pero acontecerá, si no oyeres la voz de Jehová tu Dios, para procurar cumplir todos sus mandamientos y sus estatutos que yo te intimo hoy, que vendrán sobre ti todas estas maldiciones... **Y Jehová te esparcirá por todos los pueblos, desde un extremo de la tierra hasta el otro extremo...*** *(Deuteronomio 28:15, 64)* ¿Qué acciones causaron que la maldición de cautiverio le llegara?

5. Lea este versículo y luego responda lo siguiente: *"Cristo nos redimió de la maldición de la ley, hecho por nosotros maldición (porque está escrito: Maldito todo el que es colgado en un madero),para que en Cristo Jesús la bendición de Abraham alcanzase a los gentiles, a fin de que por la fe recibiésemos la promesa del Espíritu."* *(Gálatas 3:13-14)*¿Según este versículo, que hizo Cristo en la cruz por usted?

¡NADA PUEDE SUBSTITUIR SU FIN ESPERADO!

Capitulo Cuarto

"En el año nueve de Oseas, el rey de Asiria tomó Samaria, y llevó a Israel cautivo a Asiria, y los puso en Halah, en Habor junto al río Gozán, y en las ciudades de los medos. Porque los hijos de Israel pecaron contra Jehová su Dios, que los sacó de tierra de Egipto, de bajo la mano de Faraón rey de Egipto, y temieron a dioses ajenos, y anduvieron en los estatutos de las naciones que Jehová había lanzado de delante de los hijos de Israel, y en los estatutos que hicieron los reyes de Israel."
2 Reyes 17:6-8

En el año 1406 A.C., los israelitas dejaron el desierto para entrar a Canaán. En menos de siete siglos mas tarde, en el año 722 A.C., sufrieron su primer exilio en la tierra de Asiria. La Biblia dice que el cautiverio *"tomó lugar porque los israelitas habían pecado en contra del Señor su Dios"* El siguiente verso nos va a decir que pecados fueron responsables por el exilio de Israel,

"y temieron a dioses ajenos, y anduvieron en los estatutos de las naciones que Jehová había lanzado de delante de los hijos de Israel".

En este capítulo vamos a estudiar los dos pecados que mandaron a Israel al exilio. Esta es la base de porque usted también fue puesto bajo la "maldición del cautiverio". Vamos a empezar con la primera parte de las escrituras las cuales hablan de cómo Israel *"adoraba otros Dioses"*. En el libro de Deuteronomio, Dios dio esta advertencia directa a Su gente.

*"Cuando hayáis engendrado hijos y nietos, y hayáis envejecido en la tierra, si os corrompiereis e hiciereis escultura o imagen de cualquier cosa, e hiciereis lo malo ante los ojos de Jehová vuestro Dios, para enojarlo; Y **Jehová** os esparcirá entre los pueblos, y quedaréis pocos en número entre las naciones a las cuales os llevará Jehová."* (Deuteronomio 4:25,27)

El mensaje de Dios fue claro. Si los israelitas empezaban a practicar la adoración de ídolos, después de que se movieran a su nueva herencia, Él los iba a llevar al cautiverio. De cualquier manera, aunque Israel había sido advertida, aun así no escucharon. Pronto después de que entraron a la tierra prometida, la gente empezó a adorar a otros dioses en la forma de ídolos. ¿Qué exactamente es un ídolo? Miles de años atrás, los ídolos eran hechos de oro, plata, madera o piedra. Los antiguos israelitas creían que estos objetos que no tenían vida y hechos por el hombre, poseían un poder real para controlar su prosperidad, fertilidad y hasta el clima para sus cosechas. Esto puede sonar simple para usted, pero aunque se dé cuenta o no, cuando usted estaba afuera de la prisión en la calle, cayó bajo el mismo engaño. Creía que los ídolos podían cambiar su vida.

Los ídolos no solo son cosas del pasado. Existen hoy en día, tomando todas clases de formas como dinero, drogas, alcohol, y hasta gente. El diccionario "Webster" define la palabra *ídolo"* como "cualquier objeto de ardiente o excesiva devoción". De acuerdo a la definición, un ídolo no necesita ser una estatua de oro pero cualquier cosa que la haga ser el centro de su enfoque en su vida. Sin embargo, solamente Dios tiene el derecho de ser el primero en la posesión porque Él es el que nos dio la vida. Pero antes de que viniera a la prisión, usted le estaba dando su atención a todo menos a Dios, de modo que en esencia usted estabas practicando la adoración de ídolos y la Biblia dice que fue tomado en cautiverio por eso.

¿Por qué estaba siguiendo a los ídolos? Porque usted pensó que ellos le iban a traer alguna clase de felicidad. Noventa y nueve por ciento de las personas no son felices y andan buscando diferentes maneras para sentirse mejor. Por esto es que la gente usa drogas o comen demasiado. Están tratando desesperadamente de encontrar alguna clase de satisfacción para llenar el vacío que está por dentro. ¿Pero qué es lo que causa a uno a ser tan infeliz en primer lugar? De acuerdo a la Biblia dos cosas, no tienen a Dios y no saben el propósito para los cuales fueron creados. La Biblia dice,

"Dios hizo todo hermoso en su momento, y puso en la mente humana el sentido del tiempo, aun cuando el hombre no alcanza a comprender la obra que Dios realiza de principio a fin." *[Un sentido divinamente implantado de un propósito trabajando por las eras lo cual nada bajo el sol solo Dios puede satisfacer]*….."(Eclesiastés 3:11 NVI)

¡Nada bajo el sol le puede dar satisfacción completa, solo Dios y su Fin Esperado! Pero cuando estaba afuera de la prisión en las calles usted no sabía esto y trataba de hacerse sentir mejor con drogas, sexo o cualquier ídolo que haya estado persiguiendo. Desafortunadamente, esas cosas no llenaban el vacío que sentía. De hecho, le hicieron más daño durante su buscada, le llevaron más lejos del Creador y su verdadero, propósito.

Recuerdo cuando estaba en la calle, siempre sentía que algo me faltaba. No importaba que tan loca me ponía o que tanto dinero tenía, ese sentimiento no se iba. De hecho, lo más que trataba lo peor que me ponía. Finalmente, recuerdo llegar al punto que fui tan miserable que solo quería morirme. Pero yo era el tipo que no me mataría, de modo que buscaba pleitos con los más grandes, más malos en el mundo de las drogas con el intento de provocarle a alguien que lo hiciera por mí. Muchos trataron pero afortunadamente ninguno tuvo éxito.

En contraste, cuando salí de la prisión las cosas fueron totalmente diferente. ¡Tenía una relación con Dios y por medio de mi cautiverio me dio mi Fin Esperado! A través de mi cautiverio, El me dio mi Fin Esperado. Poseyendo mi propósito único quería decir que el vacío que una vez me controlaba se había ido. Consecuentemente, la rutina vieja de buscar a ídolos también se fue. ¡De hecho, el propósito que Dios me había dado me dio tanta alianza que no tenía que pelear las ganas de hacer drogas más porque ya no las deseaba! Mi vida estaba llena de Dios y mi propósito creado de modo **que ya yo estaba completamente satisfecha.**

Desafortunadamente, otros ex-convictos que yo conozco no les fue tan bien. Muchos de ellos, aun Cristianos, volvieron a usar drogas y cometer crímenes y eventualmente volvieron a la prisión. ¿Por qué? ¡Bueno aunque algunos mantuvieron una relación con Dios mientras estuvieron adentro de la prisión, ninguno tomó posesión de su Fin Esperado! durante su cautiverio. Recuerden, las escrituras dicen que solo dos cosas pueden dar satisfacción total en la vida: Dios y su propósito creado. Los Cristianos que volvieron a la prisión no tenían la otra mitad de la solución.

No es suficiente tener a Dios mientras que está en prisión; también tiene que tomar las riendas hacia el futuro que Él tiene para usted. Mi esposo Roberto, quien estaba encarcelado 17 años, es un buen ejemplo de esto. Cuando él estaba en la calle, el persiguió los ídolos de dinero y drogas. Después, lo arrestaron y llego a conocer al Señor y pasaba su tiempo estudiando la Biblia. Cuando a Roberto lo soltaron, ya había tenido una relación permanente con el Señor. También tenía mucho conocimiento de las escrituras. Desafortunadamente, una vez que estuvo afuera descubrió que necesitaba algo más.

¡Cuando a Roberto lo soltaron, él no sabía cuál era el propósito que Dios le tenía, lo que indicaba que solo llegó a la mitad de la solución! El resultado: volvió a los mismos comportamientos en el que estaba antes de su arresto. Buscaba algo que le diera la satisfacción que él no tenía. Luchó con cigarros y alcohol. Hasta hizo un comentario más de una vez, que regresaría a las drogas si no estuviera en libertad a prueba. Roberto también luchó con cómo manejar la tensión que sentía. Aunque era un empleado fiel y buen trabajador, se sentía miserable donde quiera que trabajaba. Esto causó que cambiara de trabajo en trabajo en busca de ese algo que a él le faltaba. Pero cada vez que empezaba un nuevo trabajo, los sentimientos miserables regresaban un poco después de la calma.

En el tiempo que me casé con Roberto, su modo de buscar satisfacción estaba a flor de piel. Por la frustración que él sentía, cada semana salía con una nueva idea para que la probáramos. ¡Recuerdo un día que me llamó y me dijo que debiéramos dejar todo para enlistarnos en una escuela para barberos para que pudiéramos empezar un negocio de cortar el cabello a domicilio! ¡No me malinterpreten, no estoy tratando de decir que los barberos no son importantes, pero yo ya sabía cuál era mi Fin Esperado! ¡Y eso no lo era! También sabía que las docenas de ideas que mi esposo tenía eran solamente su manera de substituir algo que él ni siquiera sabía que le estaba faltando: ¡Los verdaderos propósitos que Dios le tenía para su vida!

¡Roberto, como tantos otros Cristianos, luchan durante sus vidas porque no saben cuál es su Fin Esperado! Recuerdo bien el día que el Señor empezó a revelarle a Roberto el propósito verdadero de su vida. ¡Le cambió su vida! ¡Ya no tenía la plaga de estar deprimido por no saber su Fin Esperado y paró de perseguir diferentes ídolos! **¡El comportamiento que lo llevo al cautiverio se había ido**! ¡Fue quitado por el poder de su Fin Esperado! Aunque era un esposo maravilloso cuando me casé, llegó a ser el hombre de mis sueños después de esta revelación.

¡Nada puede substituir su Fin Esperado! Lo necesita, debe de tenerlo pero nunca lo va a encontrar siguiendo ídolos. De hecho los ídolos solo le van alejar de su verdadero propósito. La Biblia dice que cuando Israel buscaba ídolos sus vidas se arruinaron.

"Rechazaron los decretos y las advertencias del Señor, y el pacto que él había hecho con sus antepasados. Se fueron tras ídolos inútiles, de modo que se volvieron inútiles ellos mismos; y aunque el Señor lo había prohibido, siguieron las costumbres de las naciones vecinas." (2Reyes 17:15)

Israel siguió los falsos ídolos del mundo y sus vidas vinieron a ser lo mismo que los Dioses que buscaban; falsos, vacíos y fútiles. La Biblia llama los ídolos falsos porque le engañan y le hacen creer que va a encontrar felicidad en ellos. Son llamados vacíos porque al seguirlos no le van a llenar como su verdadero propósito que Dios tiene para usted. Y son llamados fútiles porque seguirlos es una pérdida de tu tiempo. **¡Nunca encontrará su Fin Esperado en la búsqueda de sus ídolos!** De hecho, la adoración de ídolos solo le llevará a que esté totalmente fuera de control. Cuando yo estaba afuera de la prisión, hice cosas que, si no fuera por Dios, lo considerarían imperdonable. Yo no era diferente a los antiguos israelitas quienes desesperadamente en su adoración de ídolos, hasta sacrificaron a sus propios hijos en el fuego al dios Moloch. (Levítico 20:3).

Puede estar pensando que usted nunca haría esto. Más sin embargo, en nuestra propia manera cada uno de nosotros (me incluyo yo) sacrificamos a nuestros amados y a nosotros mismos al fuego para llenar el vacío. ¿Cuantas veces dejó a sus hijos con su familia o hasta con un extraño para poder buscar una bolsa de drogas? ¿Tal vez los dejó en algún lugar porque estaba tan endrogado que no le importaban? Ve, que en la búsqueda de su satisfacción sobrepasaba la preocupación por otros. ¡Por esto, es que debe tomar posesión de su Fin Esperado mientras que esté en cautiverio, porque solo eso le va a prevenir volver a los ídolos! ¡Este estudio le va a enseñar cómo encontrar cuál es su propósito!

Ahora, regresemos a la primera escritura en este capítulo. Vamos a estudiar el otro pecado que puso a Israel y a usted en cautiverio.

"Ellos adoraron otros Dioses y siguieron las prácticas de las otras naciones que el Señor había sacado de ante de ellos"

Los dos pecados arriba están directamente relacionados: La adoración de otros Dioses es lo que la gente de otras naciones en Canaán practicaba. La escritura mencionada arriba, 2 Reyes dice que Israel pecó al seguir los ejemplos de esa gente. ¿Ha escuchado la frase "lo que uno ve, uno hace"? Bueno esto es lo que le paso a Israel. Ellos vieron la gente de otras naciones practicando la idolatría y empezaron hacer lo que esa gente hacía.

Cuando los israelitas primero cruzaron a Canaán, ellos pelearon con sus habitantes para tomar posesión de la tierra. Antes de esta guerra, el Señor dio instrucciones específicas a Su gente de cómo es que ellos tenían que luchar con sus cautivos caninitas. Sus instrucciones fueron:

"»El Señor tu Dios te hará entrar en la tierra que vas a poseer, y expulsará de tu presencia a siete naciones más grandes y fuertes que tú, que son los hititas, los gergeseos, los amorreos, los cananeos, los ferezeos, los heveos y los jebuseos. Cuando el Señor tu Dios te las haya entregado y tú las hayas derrotado, **deberás destruirlas por completo. No harás ningún pacto con ellas, ni les tendrás compasión. Tampoco te unirás en matrimonio con ninguna de esas naciones; no darás tus hijas a sus hijos ni tomarás sus hijas para tus hijos, porque ellas los apartarán del Señor y los harán servir a otros dioses. Entonces la ira del Señor se encenderá contra ti y te destruirá de inmediato."* (Deuteronomio 7:1-4).

La conquista de Canaán fue casi un triunfo total. Israel ganó las batallas pero fracasaron en obedecer las instrucciones de Dios debido a la gente de la tierra. En vez de destruir por completo a los caninitas, los israelitas dejaron vivos a algunos de ellos y hasta hicieron tratos con ellos y se casaron con esa gente. Eventualmente, una consecuencia mortal vino a cabo por esas relaciones. Los caninitas envenenaron espiritualmente a Israel y le enseñó como practicar la idolatría. La Biblia dice la gente de Israel terminó en cautiverio porque ellos, **"Rechazaron los decretos y las advertencias del Señor,** *y el pacto que él había hecho con sus antepasados. Se fueron tras ídolos inútiles, de modo que se volvieron inútiles ellos mismos; y aunque* **el Señor lo había prohibido, siguieron las costumbres de las naciones vecinas."** (2 Reyes 17:15).

Los israelitas imitaron el comportamiento de la gente del mundo y terminaron en la prisión por eso. ¡Esto es precisamente lo que le pasó a usted en la calle! Permitió que las personas influenciaran su comportamiento. Mientras más tiempo pasaba con ellos, más hacía lo que la escritura dice, "imitaste". Se endrogó, escribió cheques sin fondos, robó y por eso terminó en cautiverio.

Ninguno de nosotros estamos libres de esto. Cada droga que yo consumía, yo aprendía como hacer de algunas "amigas". Yo fumé marihuana, inhalaba cocaína y me inyectaba porque alguien a mí alrededor lo estaba haciendo. Aprendí a vender drogas porque vi a otros vendiendo drogas, aprendí a preparar de otros preparadores de droga. Permití que la gente en mi vida cambiara mi corazón hacia los ídolos de este mundo.

Al principio, no quería admitir que alguien me influenciara tanto. Siempre había sido una líder y no una seguidora, pero aprendí que nunca se debe de subestimar el poder que la gente del mundo puede tener en la vida de uno. En Deuteronomio, donde Dios mandó a que Israel destruyera a los caninitas, Él dijo que la gente del mundo era más 'grande y más fuerte' que Israel. Queriendo decir que su influencia era más grande de lo que su gente pudiera resistir. No importa qué clase de persona sea usted, nadie está exento de influencias mundanas. Por eso es que Dios nos manda a quitar por completo a toda esa gente de nuestras vidas.

Miremos a Salomón, el rey más sabio que guió a Israel. El narró 3,000 proverbios, escribió 1,000 canciones y podía describir cualquier clase de planta, animal, pájaro o reptil. La Biblia dice, *"Y Dios dio a Salomón sabiduría y prudencia muy grandes, y anchura de corazón como la arena que está a la orilla del mar."* (1 Reyes 4:29). Pero aunque Salomón era un brillante y poderoso rey, todavía fue influenciado a practicar idolatría por la gente que permitió a su alrededor.

"Pero el rey Salomón amó, además de la hija de Faraón, a muchas mujeres extranjeras; a las de Moab, a las de Amón, a las de Edom, a las de Sidón, y a las heteas; gentes de las cuales Jehová había dicho a los hijos de Israel: No os llegaréis a ellas, ni ellas se llegarán a vosotros; porque ciertamente harán inclinar vuestros corazones tras sus dioses. A éstas, pues, se juntó Salomón con amor. Y tuvo setecientas mujeres reinas y trescientas concubinas; y sus mujeres desviaron su corazón. Y cuando Salomón era ya viejo, sus mujeres inclinaron su corazón tras dioses ajenos, y su corazón no era perfecto con Jehová su Dios, como el corazón de su padre David." (1 Reyes 11:1-4)

Las esposas de Salomón lo llevaron a pecar en contra de Dios persiguiendo ídolos. Por el pecado de Salomón, la nación de Israel se dividió entre dos reinos idolatras, ambos terminando cautiverio.

Usted es llamado por Dios a ministrar a la gente del mundo, no para casarse con ellos. Si lo hace, es inevitable que va a ser influenciado por sus mismos comportamientos. Una de las razones por las que está en cautiverio ahora es por las asociaciones que usted hizo durante su tiempo fuera de la cárcel. Ahora que sabe que la Biblia dice que le llevaran al exilio por esa clase de relaciones, necesita ser muy cuidadoso de no volver a involucrarte con ellos otra vez.

Muchas veces cuando aún estaba dentro de la prisión, vi el camino de algunos creyentes tumbarse por la gente con la que se rodeaban. Una y otra vez, vi a personas caer porque se enredaban en el drama. Ellos paraban de ir a la iglesia y a estudiar la Biblia y empezaron a incluirse en toda clase de drama: chismes, peleando, robando más drogas y homosexualidad. Jesús dijo,

"Y si tu mano derecha te es ocasión de caer, córtala, y échala de ti; pues mejor te es que se pierda uno de tus miembros, y no que todo tu cuerpo sea echado al infierno." (Mateo 5:30).

Esto puede sonar un poco extremista, pero lo que significa es que tiene que ir a los extremos para cortar esa gente que lo encamina mal. Ahora mismo, mientras que esté leyendo esto, el Espíritu Santo le esté condenando por alguna relación o amistad en la cual está ahora que es mala para su camino con Dios. Si este es el caso no ponga a prueba a Dios.

Mezclándose con la gente de otras naciones fue la trampa que causó a que Israel cayera una y otra vez. ¡De hecho, aunque sabían que este pecado en particular era una de las razones por las que fueron al cautiverio, siguieron mezclándose con la gente de las naciones extranjeras después de que salieron! Pero, no fueron los únicos que repitieron este pecado. ¿Sabías que el número de gente que regresa a prisión es astronómicamente alto? La razón por la cual muchos de ellos terminan regresando es porque se vuelven a mezclar con la gente equivocada otra vez.

Si está planeando juntarse otra vez con el mismo grupo antiguo cuando le dejen salir, lo mejor que puede hacer es reservar su cama desde ahora, porque va a regresar. La Biblia lo dice. La asociación de Israel con la gente del mundo los llevó al cautiverio y su asociación le hizo lo mismo. Si está dentro o afuera, no repita el mismo error dos veces.

LECCIÓN CUATRO

1. La Biblia dice: *"Todo lo hizo hermoso en su tiempo; y ha puesto eternidad en el corazón de ellos, sin que alcance el hombre a entender la obra que ha hecho Dios desde el principio hasta el fin."* (Eclesiastés 3: 11), de acuerdo a esta escritura, ¿Cuáles son las dos cosas en este mundo que le brindan satisfacción total?

2. La Biblia dice que una razón por la cual Israel fue en cautiverio es porque *"ellos siguieron a otros dioses"* (2 Reyes 17:8) ¿Que ídolos estaba usted persiguiendo en la calle, tratando de encontrar satisfacción?

3. La Biblia dice que la otra razón Israel estaba en cautiverio se debía a que *"y anduvieron en los estatutos de las naciones que Jehová había lanzado de delante de los hijos de Israel, y en los estatutos que hicieron los reyes de Israel."* (2 Reyes 17:8) ¿Con quién estaba usted saliendo en las calles? ¿Cómo fue que esas personas influyeron su comportamiento?

4. ¿Entiende que los ídolos que estaba persiguiendo, y las personas que le influenciaron negativamente son las que han contribuido a su maldición de cautiverio? ¿Va a pensar dos veces antes de involucrarse con los ídolos o a la gente mala de nuevo?

SUMISIÓN FORZADA

Capitulo Cinco

"Mas los filisteos le echaron mano, y le sacaron los ojos, y le llevaron a Gaza; y le ataron con cadenas para que moliese en la cárcel. Y el cabello de su cabeza comenzó a crecer, después que fue rapado." (Jueces 16:21-22)

Mi cara fue aplastada contra el cemento porque los oficiales correccionales me habían clavado ahí y estaban esposando mis manos detrás de mi espalda. Me llevaban a segregación **otra vez** por pelear **otra vez**. Tres de ellos me escoltaron de la yarda al frente del centro, y después me tiraron en una celda de admisiones. En cuanto abrieron la puerta, el olor penetrante de orina me pegó en la cara. El olor estaba extrañamente mezclado con un olor a cítrico de las cascaras de naranja y los bocadillos que estaban medio comidos tirados en el piso. Eran de las bolsas de comida que daban a los recién encarcelados.

Mientras la puerta se cerró detrás mio, la cara del capitán que llamábamos "hijastro de pelo rojo" se asomó por la ventana de la puerta. "¡Así que estas aquí otra vez! Ladró, causando vapor en el vidrio por su aliento. "¡Tú sabes que mientras no compongas tu p...a actitud, vamos a seguir echándote en el hoyo!"

Él tenía razón, pero yo no tenía planeado cambiar. Ladró algo más y después se desapareció, dejándome solo el sonido de sus botas por el pasillo. Como yo era su mejor "cliente", yo sabía que su misión seria de no dejar que mi estadía sea placentera.

Mientras buscaba un lugar que no tuviera vómito para sentarme, yo sabía que hacerme la vida amarga no va a ser muy difícil de lograr. Yo no estaba en una segregación normal. Iba a estar en admisiones por el tiempo completo disciplinario. Este lugar no tenía dormitorios segregados para mujeres, así que cuando alguna de nosotros nos metíamos en problemas nos llevaban a admisiones con todos los gastos pagados.

Pero esto no era lo que yo llamaría una vacación. El ruido era constante las 24 horas y 7 días de la semana con gente gritando o llorando, rogando por otra llamada por teléfono, medicamento o un baño. Algunos golpeaban sin parar en las puertas de metal mientras que los otros les gritaban que se callaran. Me levanté apenas a tiempo de ver a una mujer borracha pasar corriendo, tropezándose al fondo del pasillo mientras que se resistía a los policías. Rápidamente el "hijastro de pelo rojo" y uno de sus gemelos diabólicos la brincaron, el gemelo golpeándole los pies hasta que la subyugaron. Ahora lloriqueando, la arrastraron por el piso por un brazo dentro de una celda, al mismo tiempo que cerraban la puerta detrás de ella.

Eso es lo que pasaba en admisiones. Mientras me daba la vuelta alejándome de la ventana, un muchacho en la celda en frente me hizo señas. Paré y me enseñó su cuerpo, esperando que yo hiciera lo mismo. Desairándolo, me di la vuelta. "No me interesa", pensé. Tenía problemas más fuertes. Como cuánto tiempo estaría aquí esta vez y cuando me traerían un colchón y una cobija. No me importaba si estuvieran sucias. Yo tenía frio y estaba cansada.

Para mi, esta era la parte mas dura, el aire acondicionado congelado entrando de los ventiladores sobre mi cabeza. Todo lo que mi cuerpo tocaba era frígido; la banca de metal fría como hielo, piso de cemento frio congelante. Agarre el papel de baño y empecé a tirar bolas de papel mojado a el ventilador para bloquear el aire, pensando si tenía suficiente papel para hacerlo y a la misma vez poder limpiar el asiento del inodoro para poder usarlo.

Sí admito que ya yo estaba cansada de hacer visitas a las admisiones. Me estaba cansando. Hubiese totalmente diferente si me hubieran puesto en una celda cómoda como las de los hombres. Estaban en dormitorios con camas y cobijas, material para escribir y leer y claro una ducha con baño. ¡A eso si me pudiera acostumbrar! ¡Allí no importara cuantas veces me metiera en problemas, porque sería como si fuera a mi propio cuarto de hotel! ¡Pero no había estadía en el Hilton para mí, cada vez que actuaba mal me llevaban a admisiones!

Toda mi vida había sido peleonera. Era arrogante, agresiva, boca sucia que siempre tenía el control. Nunca dejé que nadie me dijera lo que tenía que hacer. Pensé que yo era lo mejor del mundo. Y ahora estaba encerrada rodeada de policías que hacían lo que les daba la gana. Mi respuesta hacia ellos siempre era "No", y siempre me mandaban al hoyo. Por el otro lado, me ponía a pensar porque Dios no estaba sacando la cara por mí. Después de todo, yo estaba leyendo su Biblia. ¡De hecho la estaba leyendo todo el tiempo! ¿No quería eso decir que Él me sacaría de esas clase de situaciones?

Camine hacia la ventana, evitando la mirada con mi nuevo "amigo" del otro lado del pasillo. Y me asomé por el vidrio esperando ver a alguien para pedirle un cigarrillo. "¿Cuando empecé esa pelea?" pensé en mi mente, buscando el recuerdo. "Mmm... ha de haber sido como a la una," recordé molesta. ¡Esto quería decir que los trabajadores no iban a parar por admisiones por muchas horas y yo necesitaba un cigarrillo ahora mismo!

Volteándome, lancé un bocadillo duro de salchicha que se resbaló al cruzar el otro lado del pasillo. La última vez que le pedí a alguien que me pasaran unos cigarros terminé en una pelea de lucha libre para tratar de quedarme con ellos. El capitán y el teniente se unieron en mi contra como equipo doble de lucha libre. Al pensarlo me dio risa, pero el recuerdo me dio felicidad temporánea. Rápidamente, regresé a la realidad de tener que pasar por esto otra vez. ¿Cuantas semanas iba a durar esta vez?

Pensándolo, me di la vuelta otra vez, inclinándome en la puerta fría de hierro. Mire de nuevo hacia el pasillo vacío. ¿Dónde hay un policía cuando lo necesitas?

Yo sabía que iba tomar mucho tiempo para que me dieran un colchón. Siempre pasaba así. Mientras más lo pensaba más mal me ponía.

Justo en ese instante, pude escuchar las puertas de la sala del médico abriéndose. Estaban trayendo a la "rata" con la que me había peleado. Estaba gritando algo de que su costilla había sido rota, y su amiga que tambíen estaba en el pleito, venia justo detrás de ella. Ella seguía gritando histéricamente el nombre de su amante lesbiana una y otra vez. La rata esa era mi acusadora. Me acababa de enterar de que ella testificaría en contra de nosotros en la corte federal. De repente me sentí enferma de solo pensarlo, pero también fue porque no había comido en todo el día y yo era diabética.

Dejándome caer en el pegajoso piso, rápidamente me enteré de que no iba a comer por mucho tiempo. Así que en vez de preocuparme, me senté allí pensando en la traición de mi acusadora. Pronto mis pensamientos de odio empezaron a crecer por dentro mio y me llené de odio. Inclinándome, puse mi boca en la grieta de la puerta y empecé a cantar, "tráiganme un colchón y una cobija" una y otra vez, pero sin resultado. ¡Finalmente, me di la vuelta pare patear la puerta como mula, ¡bum, bum, bum, bum! el ruido haciendo eco en el pasillo sonaba como un disparo. "¡Uno de ustedes p...s policías tráiganme una p...a cobija ¡Ahora! ", grité. Escuche sus risas. Me iban a dejar congelar a propósito para darme una lección.

Pasaron horas, y todo el tiempo escuché a esas mujeres gritando y llorando. En cuanto a la policía, cuando pasaban por mi ventana se burlaban de mí, y yo respondía desagradablemente. Al fin, ya cansada del juego, pensé si me duermo, pudiera pasar el tiempo más rápido. Así que me acosté en la banca de metal de 10 pulgadas de ancho tratando de evitar el frio que llegaba hasta mis huesos. Cuando desperté de mi siesta, estaba adolorida. Mi ropa y cabello apestaban al agua podrida del inodoro.

¡Sí! Yo ya estaba cansada de esto. Hubiese dado lo que sea para poder estar en mi cama fumándome un cigarrillo. ¿Cuantas veces más iba a pasar esto para que yo pudiera hacerlo bien? Mientras lo seguía pensando, me subió la tensión. Podía sentir el nivel del azúcar descendiendo. De hecho, minutos más tarde, tuve una convulsión.

No sé cuánto tiempo después, me desperté con un vaso de "Koolaid" (refresco instantáneo) en mi mano. Escuché a la enfermera decir, mientras la sacaban de mi celda, que mi nivel de azúcar en la sangre se bajó a 69, peligrosamente bajo. Allí fue cuando me di cuenta de que había una bolsa de comida a mi lado.

¡"Ya era hora"! Le escupí al oficial de correcciones que estaba con ella, pero esto solo hizo que el cerrara la puerta más fuerte cuándo salió.

Hombre, yo estaba cansada. Completamente desgastada. Estaba peleando con todo el mundo: la policía, los prisioneros, la corte, y aunque no me di cuenta, Dios mismo. Me sentía débil; como que ya no podía más y lentamente me acurruque contra la pared del cemento frio. Al fin había llegado al tope de mi paciencia, exactamente donde Dios me quería.

De una, me di cuenta que Él estaba allí conmigo, porque sentí vergüenza. Su presencia me dio la convicción de que todas mis acciones estaban fuera de lugar. Mientras me sentía allí sintiendo su mano de casta, lo escuché claramente diciéndome que quería que parara de pelear y quería que me rindiera a mi cautiverio. Al solo pensarlo, me hizo que la piel se me erice. La rendición era algo que no estaba en mi vocabulario. Mi orgullo nunca me dejaría hacerlo.

Afectada, me tome otro trago de "koolaid" y saqué una bolsa de fritos de la bolsa de comida. Mientras masticaba las papitas el azúcar en mi sangre comenzó a subirse y mi mente se aclaró. ¿Cómo era posible que Dios esperase que yo haga lo que Él decía? Mientras le daba vueltas a esta pregunta en mi mente, miré a mí alrededor. Mi pequeña celda era repugnante y helada y al final del pasillo todavía podía escuchar a mis adversarios luchando con los guardianes. Parecía que nada había cambiado pero de pronto todo era diferente. Una luz se prendió y entendí lo que realmente estaba pasando. Todo este tiempo me rehusé a rendirme, y Dios estaba jugando al "tío" conmigo; torciéndome el brazo hasta que me entregara.

Las revelaciones me comenzaron a inundar. Instantáneamente yo sabía que Dios me había asignado está celda sucia, justamente para mí. De hecho, todo lo que estaba pasando era de parte de Él para que me sometiera: La policía, y hasta la misma muchacha que testificaría en mi contra, estaban todos actuando en acuerdo al plan soberano de Dios. La realización fue tan impresionante que me dejó con el deseo de portarme bien, y dejar la rebeldía.

En ese momento escuche a alguien caminando en el pasillo. Ahora, sentía tanta energía, que salte a la ventana justo a tiempo de ver la espalda del oficial que estaba pasando por allí. Aquí estaba mi primera oportunidad para obedecer a Dios. Tratando de sonar lo más dulce posible, llame al oficial "Oye, permiso", dije. Pero me ignoró y siguió caminando. Molesta pero todavía tratando de ser amable, continúe. "¿Oiga Oficial, cree que me pudiera dar una Biblia?" Esto lo hizo parar. Lentamente se volteó con una mueca en su cara y dijo con mucho énfasis.

"No, no puedes tener libros aquí."

"Está bien" le respondí, aguantando la bola de obscenidades subiendo por mi garganta. "Dios me traerá una".

En eso se dio la vuelta, riéndose y siguió caminando. Mientras lo veía caminando, apreté mis puños por la frustración y trate de no gritar. Me di cuenta que rendirme iba a ser muy difícil. Así que, todavía un poco molesta, ore en voz alta,

"¡Enséñales Señor, mándame una Biblia!"

El día siguiente me llevaron a la ducha. Hasta me dieron pantalones limpios para ponerme. Después de que terminé, fui a tirar mi uniforme apestoso en el barril para la ropa sucia y vi que estaba vacío. Esto no era normal porque siempre estaba lleno de uniformes sucios. ¡Mientras caminé para tirar mi ropa miré hacia el fondo del barril, y allí había una Biblia! ¿Una señal? ¿Un milagro? ¡Dios contestó mi oración! Mientras me agaché para agarrar mi precioso regalo, decidí firmemente que haría lo que Dios me dijera, no importaba lo que fuese.

Volví a caer y me llevaron varias veces más para admisiones después de esto. Pero la diferencia era que pasaba mí tiempo orando y cantándole a Dios en vez de luchar en contra de los oficiales. Mientras tanto, pasaron los meses, los problemas de mi actitud y comportamiento empezaron a desaparecer y características positivas tomaron su lugar. También comencé a darme cuenta que mi cautividad estaba siendo usada por Dios para mi beneficio de una manera extraña. Aunque no podía ver como en ese momento, Dios definitivamente me lo mostraría con el tiempo. Nunca me imaginé lo que me esperaba, iba tener experiencias que nunca ni en mis sueños los hubiese creído.

1. Recuerde los momentos de su encarcelamiento cuando rompió las reglas.

2. ¿Tuvo que pagar las consecuencias espiritualmente, físicamente o de alguna otra manera?

3. ¿Ahora, puede ver la mano de Dios en esos momentos difíciles? ¿De qué manera?

RENDIMIENTO TOTAL

"Y si alguna nación o reino rehúsa someterse a Nabucodonosor, rey de Babilonia, y no dobla el cuello bajo el yugo del rey de Babilonia, yo castigaré a esa nación con espada, hambre y pestilencia, hasta que Nabucodonosor la destruya por completo —afirma el Señor—... A Sedequías, rey de Judá, le dije lo mismo: «Doblen el cuello bajo el yugo del rey de Babilonia; sométanse a él y a su pueblo, y seguirán con vida." (Jeremías 27:8,12 NVI)

Era el año 586 A.C. y Jerusalén estaba siendo atacada por grupos de fuerzas Babilónicas golpeándole sus puertas defensivas. En medio del ataque, Dios mandó palabra a Su gente. Ríndanse a los Babilonios y vivan. Resistan el enemigo y sean castigados por él por medio de su mano. Desafortunadamente para Judá (El reino del sur), escogieron resistir y tal como Dios les advirtió pagaron severamente por ello.

La armada de Babilonia hizo un ataque largo de dos años, durante el tiempo que aquellos atrapados en la ciudad fueron consumidos por hambre y pestilencia. Enfrentando la hambría, muchos cedieron al canibalismo. Aquellos que sobrevivieron fueron matados más tarde o cayeron en cautiverio cuando los Babilonios quebraron las paredes. En cuanto a la ciudad, las casas grandiosas de Jerusalén y el sagrado templo fueron quemados por completo. Los israelitas perdieron todo porque rehusaron rendirse a sus enemigos como Dios les había dicho.

En el comienzo de mi encarcelamiento, me parecía a la ciudad de Jerusalén, atacada y negando tirar la toalla. Por mi resistencia, yo también fui destruida por Dios, repetidamente castigada en las manos de mis captores hasta que me quebrantaron. Una vez que pare de pelear y agaché mi cuello bajo la yunta de mi carcelero, como la escritura arriba lo dice, yo empecé a "vivir" y experimentar victoria en mi cautiverio. Déjeme decirte algo muy importante, es natural resistir al ataque, pero es la naturaleza de Dios de usar los ataques para quebrantar nuestra resistencia.

¿Por qué Dios mandaría a que Su propia gente se rindiera a un grupo tan vicioso? Porque el cautiverio prevalente de Israel era su obra. Él lo ordenó. Dios levantó a la nación de Babilonia para que pudieran atacar a su ciudad y aprisionar a Su gente. Miremos las pruebas de esto en el libro de Habacuc.

*"Mirad entre las naciones, y ved, y asombraos; porque haré una obra en vuestros días, que aun cuando se os contare, no la creeréis. Porque he aquí, yo levanto a los caldeos, nación cruel y presurosa, que camina por la anchura de la tierra para poseer las moradas ajenas.... Toda ella vendrá a la presa; el terror va delante de ella, y **recogerá cautivos como arena**. (Habacuc 1:5-6,9)*

Los Babilonios fueron los instrumentos que Dios escogió para llevar a cabo en Judá la maldición del cautiverio. Por más duro que haya sido de creer esto para los israelitas, no debió de sorprenderlos ya que no era la primera vez que Dios había usado una nación pagana en contra de Su gente desobediente. Más de cien años atrás en el año 722 A.C. el reino del norte después de siglos de idolatría fueron llevados al exilio por la mano de Asiria. En el libro de Isaías, Dios dijo esto sobre cómo uso a Asiria contra el reino del norte;

"Oh Asiria, vara y báculo de mi furor, en su mano he puesto mi ira. Le mandaré contra una nación pérfida, y sobre el pueblo de mi ira le enviaré, para que quite despojos, y arrebate presa, y lo ponga para ser hollado como lodo de las calles. Aunque él no lo pensará así, ni su corazón lo imaginará de esta manera, sino que su pensamiento será desarraigar y cortar naciones no pocas." (Isaías 10:5, 6,7)

Asiria sin saberlo, como Babilonia, estaba operando bajo el control soberano de Dios cuando llevaron a los israelitas al exilio. La historia nos comprueba a través de todos los siglos que Dios usaba cualquier medio que Él deseaba para llevar a cabo la maldición del cautiverio a Su gente. ¿Pero cómo se relaciona esto con usted y con su encarcelamiento? La escritura dice: "Yo, El Señor, no cambio" (Malaquías 3:6). Lo cual le dice que lo que hizo en el pasado, lo volverá hacer en el presente.

¿Creerías que Dios ha traído todo el sistema judicial para arrestarte y aprisionarte? Las escrituras en Habacuc dicen que usted no creería aunque se lo digieran. De cualquier forma, si es verdad. Hoy, los instrumentos que Dios ha escogido para llevar a cabo su plan son la policía, los federales, jueces, cortes, centros de detención y prisiones. Cada persona y parte del sistema de justicia son la Babilonia y Asiria de hoy día. Como en los tiempos antiguos Dios esta divinamente dirigiendo sus acciones concernientes a su exilio. Déjeme explicárselo.

Dios usa el sistema de justicia para lograr Sus propósitos específicos. Para descubrir cuáles son, vamos a ver lo que Habacuc dijo referente a como Dios usó a Babilonia como los captores de Israel.

"...Oh Señor, tú has puesto [los caldéanos] **para ejecutar [tu] juicio** *y tú, Oh roca tú* **has establecido para castigo y corrección"** (Habacuc 1:12).

Los Babilonios (también conocidos como los Caldéanos) fueron apuntados por Dios para lograr tres tareas con los cautivos de Israel, *"juicio"* y *"castigo y corrección"*. Vamos a analizar cada tarea.

Primero, el sistema de justicia es usado para establecer *"juicio"* a los que rompen la ley. Pecar tiene sus consecuencias. Cuando estaba afuera de la cárcel en las calles usted rompió la ley y consecuentemente fue arrestado y le encarcelaron a causa de su pecado. Este proceso se llama juicio. Es lo que Dios usa para pararte fríamente y le previene continuar en el camino que andaba. Vea que, antes de comenzar su camino hacia su verdadero propósito, tiene que salir de las calles. **Para que pueda estar separado de las cosas que le llevan al pecado.** Dios usa el proceso del juicio para lograr esto. Aunque ser prisionero es doloroso, es realmente el primer paso hacia los maravillosos propósitos que el Padre tiene para usted.

Segundo, el sistema de justicia es apuntado por Dios para establecer el *"castigo"*. El castigo, quiere decir disciplinar. Una de las mayores funciones del sistema judicial es parar lo malo por medio del castigo. Cuando se impone una ley a alguien, hasta cierto punto se va a parar de que continúen con su comportamiento ilegal por miedo del castigo que van a recibir. Lo que me pasó en admisiones es un buen ejemplo, pero déjeme darle otro.

Mis acusadores y yo peleamos nuestro caso casi por dos años. Durante ese tiempo fuimos transportados a la corte federal para numerosas audiencias. Bueno, en esos viajes yo traía desorden total a los oficiales federales. Yo los amenazaba y los intimidaba verbalmente, rehusaba entrar en la celda de admisiones, pateaba y daba golpes a las puertas metales de los inodoros, y tiraba cosas a las cámaras. Una vez, me robé las llaves de la caja de pistolas con la intención de escapar.

Por mis acciones, me molestaban mucho los oficiales federales. Me arrastraban físicamente por los pasillos agarrados de mis brazos y mis piernas, me tiraban contra la pared, me esposaban las manos y los pies por horas mientras me tenían en la celda de detenciones. ¡Los oficiales federales estaban tan molestos que llamaban al centro de detenciones antes de llegar para decirles que me metieran al hoyo cuando regresara de mi audiencia! ¿Cual es mi punto en decirle todo esto? ¡Finalmente me cansé tanto de ser castigada por ellos, que paré de estar actuando mal! La disciplina que "Babilonia" me había aplicado logró lo que Dios mandó a hacer: Darle fin a mi comportamiento pecaminoso.

Cuando ya paré la rebeldía, tomé el segundo paso en el proceso de Dios, empezando a actuar de la manera correcta. Por eso es que en las escrituras dice que Babilonia fue establecida para **"disciplinar y corregir."** Las dos van mano en mano. Una vez que el comportamiento pecaminoso para, en ese momento y solo en ese momento el comportamiento correcto puede tomar su lugar y los cambios empiezan a ocurrir.

Nuestra Babilonia de hoy en día es la herramienta que Dios usa para cambiar tu actitud. ¿Sabía que repetidamente en el viejo testamento Dios llamó a Asiria y Babilonia nombres de instrumentos? En Jeremías 27: 6 llamó al rey Nabucodonosor de Babilonia *"mi instrumento"*. En Jeremías 50:6 Babilonia misma es llamada *"el martillo de la tierra entera"* En el libro de Isaías; Asiria es referida como *"el palo,"* *"un hacha"*, *"un serrucho"* y *"una macana"*. (Isaías 10:15) Dios llamó a estas naciones por los nombres de herramientas porque Él las usaba como tal, para parar viejas actitudes en su gente cautiva y re-edificar nuevas en ellos. Yo sé que esto sí es verdad por los golpes que yo recibí por el **"martillo"** babilonio. Pero justo como un soldador golpea la materia prima para hacerlo en

47

un instrumento perfectamente formado, mi martilleo fue bueno porque hizo lo mismo por mí.

Pensar que esto es *"bueno"* puede ser duro de aceptar porque para el convicto común el sistema judicial es considerado nuestro enemigo. Creemos que los policías son corruptos, los jueces están mal y las leyes son injustas. El consenso es de que el sistema legal puede hacer lo que quiera y salirse con la suya. Bueno, puede estar seguro de que los israelitas sintieron lo mismo sobre sus carceleros, así como lo sentimos nosotros. Lea de nuevo, la descripción Habacuc dio de los Babilonios.

"...los Babilonios, esa gente ruda e impetuosa...Son su propia autoridad..." (Habacuc 1: 6,7).

¿Suena común? Esto es exactamente como vemos el sistema judicial de hoy. Nada ha cambiado por miles de años pero nuestra actitud prejuiciosa en contra de ellos debe cambiar ya que solo nos hace daño. Debemos echar a un lado el resentimiento, rebelión y sospecha y someternos a su autoridad porque es la voluntad de Dios que lo hagamos. Vamos a ver lo que el libro de Romanos dice sobre esto.

"Sométase toda persona a las autoridades superiores; porque no hay autoridad sino de parte de Dios, y las que hay por Dios han sido establecidas [por su permiso, su sanción]" (Romanos 13:1 NVI)

Primero, vamos a ver a qué autoridades usted se debiera de someter. ¡De acuerdo a esta escritura, **a todas**! La Biblia lo aclara, no hay ni un policía o juez que no haya sido puesto en su posición por Dios, de modo que usted se tiene que someter a ellos. ¿Qué pasa cuando no lo hace?

"De modo que quien se opone a la autoridad, a lo establecido por Dios resiste; y los que resisten, acarrean condenación para sí mismos. [En orden divino] [Recibiendo la multa merecida]. (Romanos 13:1,2 NVI).

Yo sé que esta escritura es verdadera por experiencia propia. Si resiste la autoridad, está en realidad directamente resistiéndose a Dios y pagará las consecuencias por hacerlo. Cuando a Jerusalén lo atacaron los babilonios, Dios le dijo a Su gente que se rindieran, pero ellos se rehusaron. ¡Porque no obedecieron, pagaron un juicio severo y perdieron todo incluyendo su libertad!

El plan de Dios de someterle está diseñado para bendecirle. Esto será muy duro para algunos de ustedes de creer especialmente si usted necesita someterse a un oficial que parece totalmente injusto. Pero la Biblia promete que si obedece a esa persona Dios le traerá **bien** por medio de ellos. Mire la prueba en la siguiente escritura en Romanos.

*"Dejen que cada persona que es un sujeto leal a las autoridades gobernantes...**porque él es un sirviente de Dios para tu bien**."*(Romanos 13:1,4 NVI).

¿Puede pelear con el oficial federal que le maltrata o el juez que le dio tanto tiempo como puede posiblemente ser un sirviente para su bien? Bueno, déjeme decirle. Mi juez me dio una sentencia de 13 años y gracias a Dios que me los dio. Todo ese tiempo me asustó tanto y me apuré en buscar a Dios de una manera intensa.

¡El resultado de mi búsqueda desesperada fue que conocí al Señor y Él me cambió, me dio poder, y me dio el futuro y el ministerio que tengo hoy! ¡Referente a mi sentencia, bueno, Dios la quitó de cualquier manera! ¡Todas las cosas increíbles que tengo ahora son un resultado de que un juez fuera un servidor para mi bien cuando él me dio mucho tiempo!

Dios trabaja en todo por el bien de aquellos que lo aman. (Vea Romanos 8:28). Miren a mi acusadora quien testificó en contra mía en juicio. Yo no hubiera sido condenada si no hubiera sido por ella. ¡Esto quería decir que me hubieran dejado salir y hubiera vuelto a mis viejos comportamientos, nunca hubiera tenido la vida increíble que tengo hoy!

Mientras que las autoridades gobernantes no contradigan las leyes de Dios está usted obligado a someterse. De modo que la siguiente vez que crea que un oficial le ha hecho mal o por una situación, recuerda, Dios lo usará para traerle más bendiciones de las que usted pueda imaginar si tan solo confía en lo que Él está haciendo y obedece.

LECCIÓN SEIS

1. Habacuc 1 e Isaías 10 explica que las naciones de Asiria y Babilonia fueron usadas por Dios para llevar a cabo la maldición de la cautividad de los israelitas. Malaquías 3:6 dice: *Hijos de Jacob, yo soy el Señor, y no cambio. Por eso ustedes no han sido consumidos.* ¿Qué cree usted que estas Escrituras dicen con respecto al sistema judicial, su arresto y su encarcelamiento?

2. La Biblia dice: Todos debemos someternos a las autoridades, pues no hay autoridad que no venga de Dios. Las autoridades que hay han sido establecidas por Dios. (Romanos 13:1) Nombre algunas de las autoridades con las que ha tratado desde su arresto. Sea específico. ¿En el presente, cuál es su opinión de estas personas?

3. ¿De acuerdo a la escritura mencionada arriba, cuál de esas personas fueron puestas a su posición por Dios?

4. ¿De acuerdo a la Biblia, que pasa cuando obedece? Escriba Romanos 13:2

5. La Biblia dice, "Cuando obedeces las autoridades, estas obedeciendo a Dios. Después, Él le traerá lo bueno a través de ellos" (Romanos 13:1). Escriba un instancia cuando ahora puedes ver lo bueno que le vino a través de uno de los oficiales, especialmente si fue una situación difícil.

LOS PROPÓSITOS DEL TIEMPO

Capitulo Siete

"En tu mano están mis tiempos; líbrame de la mano de mis enemigos y de mis perseguidores."
Salmos 31:15

Si quiere ver a un prisionero chillar, solo mencione la palabra "tiempo" porque en esencia es lo que nos ha aprisionado. La mayoría de las personas en cautiverio calcula el tiempo de acuerdo a cuantos días, meses o años les queda hasta que salgan, si algún día saldrán. Cuando un prisionero entiende como Dios ve el tiempo, les da miedo y se sienten confusos. Las escrituras como Salmos 90:4 dicen que "mil años son como un día para Dios" nos hace pensar que Dios ve una sentencia de vida como una gota en un balde. ¿Habrá algo bueno en el tiempo a menos que sea corto?

Nuestra imagen del tiempo necesita cambiar. Necesitamos aprender sobre la calidad redentora del tiempo y a usarlo para nuestro beneficio en vez de dejar que el tiempo nos use a nosotros. En este capítulo vamos a ver cómo Dios usa el tiempo para lograr sus propósitos en nuestras vidas y ver la diferencia entre el tiempo del hombre y el tiempo del favor de Dios.

Dios no vive en tiempo pero él lo creo y lo usa para lograr Su voluntad. De acuerdo al tiempo que tiene usted que servir, **Dios quiere propósitos específicos en usted que trabajen a través del vehículo de su tiempo.** Para saber cuáles son esos propósitos vamos a referirnos al libro en el Antiguo Testamento en 1 Reyes.

El versículo que vamos a estudiar es de la series de oraciones que el rey Salomón dio cuando dedico el templo recién hecho en Jerusalén. Durante esta ceremonia, Salomón oró por los israelitas quienes eventualmente irían en cautiverio en las próximas generaciones. Su oración es importante para usted ahora, porque le dará una clave de los propósitos que Dios quiere que complete durante su encarcelamiento. Vamos a ver la oración de Salomón y vamos a descubrir lo que esta oración quiere decir para usted.

"Si pecaren contra ti (porque no hay hombre que no peque), y estuvieres airado contra ellos, y los entregares delante del enemigo, para que los cautive y lleve a tierra enemiga, sea lejos o cerca, y ellos volvieren en sí en la tierra donde fueren cautivos; si se convirtieren, y oraren a ti en la tierra de los que los cautivaron, y dijeren: Pecamos, hemos hecho lo malo, hemos cometido impiedad; y si se convirtieren a ti de todo su corazón y de toda su alma, en la tierra de sus enemigos que los hubieren llevado cautivos, y oraren a ti con el rostro hacia su tierra que tú diste a sus padres, y hacia la ciudad que tú elegiste y la casa que yo he edificado a tu nombre, tú oirás en los cielos, en el lugar de tu morada, su oración y su súplica, y les harás justicia." (1 Reyes 8:46-49).

El rey Salomón oró por los cautivos que hicieran tres cosas durante su tiempo de exilio; *"que tengan un cambio de corazón en la tierra donde serán cautivos..." "que se arrepintieran y que rogarían contigo en la tierra de sus conquistadores..."* y *"que regresan ti con todo su corazón y su alma en la tierra de sus enemigos..."*

Dios quiere que cambie, que se arrepienta, y que regrese completamente a Él mientras está en la prisión. ¡Su deseo es que usted se transforme en una nueva creación, que reconozca y que se arrepiente de su modo de vida de antes, y que se devuelva completamente a Él en forma de entregándole su voluntad para usted y su vida; esto significa preparándose para su Fin Esperado! Estos son los propósitos de Dios para usted y su tiempo y Él quiere que lo complete mientras que está aquí. Tome nota que en la oración de Salomón él pidió repetidamente que estos propósitos ocurrieran en los cautivos **mientras que fueran prisioneros**. Vea la oración de nuevo.

"Si tienen un cambio de corazón en la tierra donde están siendo cautivos...arrepentirse y rogar contigo en la tierra de sus captores...y si se voltean a ti con todo su corazón y alma en la tierra de sus enemigos..."

Estas escrituras lo hacen tan obvio, que Dios quiere que usted cumpla Sus propósitos mientras está adentro todavía. ¿Por qué? ¡Porque si no, no lo cumplirá cuando salga! O va a terminar viviendo una vida a medias por el resto de su vida.

Desde que yo salí, he pasado una vida llena de abundancia. Tanto que si no supiera mejor, pensaría que tuviera buena suerte. Bueno, la suerte no tuvo nada que ver con esto. ¡Mi vida es tan buena ahora porque yo cumplí el propósito que Dios me dio mientras estaba cumpliendo mi tiempo adentro! ¡Durante mi tiempo, me arrepentí y le di la espalda a mi pasado, fui eternamente cambiada! ¡Y tome posesión de mi Fin Esperado! Todas esas cosas combinadas me dieron el poder para ser victoriosa y reclamar mi derecho a mi herencia una vez que me dejaron salir. Ahora estoy viviendo en mi tierra de leche y miel porque completé los Propósitos de Dios.

Ahora déjeme darle una advertencia, las escrituras dicen que si no los cumple durante su tiempo adentro, puede que tenga que quedar más tiempo o regresar después de que salga. Vea lo que el profeta Jeremías dice referente a esto.

"Porque mi pueblo es necio, no me conocieron; son hijos ignorantes y no son entendidos; sabios para hacer el mal, pero hacer el bien no supieron." (Jeremías 4:22 NVI).

¡De acuerdo a este versículo, el castigo de su cautiverio continuará hasta que cumple el propósito de Dios para su tiempo! Esto no es broma. Lo he visto pasar a literalmente cientos de prisioneros quienes salieron pero eventualmente terminaron regresando. Vea que de cualquier manera, o forma esa gente no cumplió los propósitos de Dios cuando estuvieron encerrados, y por eso no lo hicieron cuando salieron. En los próximos capítulos le mostrare exactamente por qué estos propósitos son tan importantes y como puede asegurarse que nunca volverá al cautiverio otra vez.

¿Qué hará Dios por el prisionero que se esfuerza para completar sus propósitos? ¡La pregunta debía de ser que no haría! Dios posee poder y habilidad ilimitada para ayudarle con cualquier cosa. De hecho, nadie tiene idea de todas las cosas maravillosas que Dios está listo para hacer para Su gente en cautiverio. Sin embargo, hay una condición para que la mano de Dios pueda moverse a su beneficio. Mira otra vez a la oración de Salomón y toma nota del orden en la cual el ora por los prisioneros.

"...si tienen un cambio de corazón en la tierra donde están siendo cautivos...y se arrepienten...y si se voltean a ti con todo su corazón y alma en la tierra de sus enemigos...entonces...escucha sus oraciones y apoya su causa."

Salomón aclaro que "si" los cautivos se esfuerzan para llenar los propósitos de Dios en su tiempo **"entonces"** Dios va a escuchar sus oraciones y apoyarles en su causa. Dios está listo y puede soltar su poder para tu beneficio pero debe primeramente comprometerse a hacer su voluntad. No piense que tiene que ser perfecto para recibir la ayuda de Dios. Solamente tiene que tener un corazón que busca obedecer a Dios. Es un hecho según las escrituras que la obediencia de nuestra parte nos trae recompensa. De modo que **"si"** usted escoge seguir los propósitos de Dios **"entonces'** puede esperar ser bendecido.

Me encanta como Salomón al final de la oración le pide a Dios que escuche el llanto de los cautivos y *"apoye su causa".* ¿Puede adivinar cuál era la causa mayor de Israel? ¡Bueno las mismas cosas que usted y yo; irnos a casa! ¿Sabía que unas de las definiciones de la palabra "causa" es la palabra "demanda" (Diccionario Webster's)? ¡Piénselo! muchos de nosotros estamos rogando a Dios que nos apoye en nuestra causa en corte para que nos podamos ir a casa. Bueno, de acuerdo a esta escritura Dios va a contestar su oración si trabaja en cumplir sus propósitos.

¡En el principio de mi tiempo, yo recuerdo orar fervientemente para que Dios nos trajera victoria en nuestro caso pero cada vez que íbamos a la corte perdíamos! Me di cuenta más tarde, después de conocer más el carácter de Dios que no me estaba dejando salir por una razón. Porque no estaba lista todavía. ¡No había completado sus propósitos y no la iba hacer si salía! Dios no quiere que fracase. Él quiere que pase una transformación duradera y que viva abundantemente por el resto de sus días. Completando Sus propósitos va asegurar esto.

Ahora, muy rápido, quiero hablar sobre la diferencia del tiempo del hombre y el tiempo del favor de Dios. ¿Cuál le tocó a usted? Muchos prisioneros sienten que fueron sentenciados al tiempo del hombre, lo que significa que les dieron más tiempo de lo que debían. Si este es su caso, necesita aprender sobre el tiempo del favor de Dios. ¿Vamos a mirar que es exactamente lo que esto es, confirmando primero quien está en control de su tiempo, Dios o el hombre? La Biblia dice,

"En tu mano están mis tiempos; Líbreme de la mano de mis enemigos y de mis perseguidores" (Salmos 31:15).

¡El salmista reconoció esta verdad es muy importante: Dios está en control de todo su tiempo incluyendo la cantidad de tiempo que tiene que servir! Él es soberano y como lo dice la escritura de arriba, se puede entregar de todo incluyendo el tiempo a que el hombre le ha sentenciado. Esta liberación del enemigo del tiempo tiene un nombre bíblico; es llamado "El tiempo del favor de Dios." Vea esta escritura de Isaías.

*"Esto es lo que el Señor dice: En el tiempo de mi favor yo le contestare, y en el día de salvación yo le ayudare; yo le mantendré y le hare un convenio para la gente, para restaurar la tierra y reasignar sus herencias desoladas, **para decir a los cautivos, 'salgan,' y a esos en la oscuridad, sean libres'** "* (Isaías 49: 8-9).

¡La palabra "favor" quiere decir **hacer una excepción a las reglas!** ¡Así que, aunque su papel diga veinte años, el favor de Dios puede hacer una excepción y cambiar su sentencia! ¿Pero bajo cuales condiciones es usted elegible para recibir el tiempo de favor de Dios? Bajo las condiciones que está tratando de cumplir los propósitos que Dios le tiene ordenado para su tiempo. Recuerde lo que Salomón dijo, "*si*' tú estás persiguiendo los propósitos de Dios "*entonces*" Él va a "*apoyar su causa*".

En los siguientes capítulos vamos a estudiar en detalle tres propósitos de Dios para que pueda empezar a caminarlos durante su estadía. ¡Mientras empiece a tomar pasos hacia la rendición total a Dios, lo verá venir a su rescate y enseñarle cosas que usted nunca se ha podido imaginar!

1. Salomón oró la siguiente oración para los cautivos, *Si pecaren contra ti (porque no hay hombre que no peque), y estuvieres airado contra ellos, y los entregares delante del enemigo, para que los cautive y lleve a tierra enemiga, sea lejos o cerca, y ellos volvieren en sí en la tierra donde fueren cautivos; si se convirtieren, y oraren a ti en la tierra de los que los cautivaron, y dijeren: Pecamos, hemos hecho lo malo, hemos cometido impiedad; y si se convirtieren a ti de todo su corazón y de toda su alma, en la tierra de sus enemigos que los hubieren llevado cautivos, y oraren a ti con el rostro hacia su tierra que tú diste a sus padres, y hacia la ciudad que tú elegiste y la casa que yo he edificado a tu nombre, tú oirás en los cielos, en el lugar de tu morada, su oración y su súplica, y les harás justicia.*(1 Reyes 8:46-9) Salomón oró para que los cautivos lograrían tres propósitos durante su tiempo. ¿Cuáles son esos propósitos?

2. ¿Según las escritura mencionada arriba, dónde quiere Dios que estos propósitos se cumplan?

3. La Biblia dice: *En tu mano están mis tiempos; Líbrame de la mano de mis enemigos y de mis perseguidores*. (Salmos 31:15) ¿Según esta escritura, quien está en control de su tiempo, incluyendo el tiempo que sirve?

4. La palabra "favor" puede significar "hacer una excepción a las reglas del juego". La gracia de Dios puede incluir haciendo una excepción a la cantidad de tiempo que tiene que servir. Dios puede mostrar el tiempo de su favor a aquellos que están completando su propósito durante su encarcelamiento. Escriba Isaías 49:8-9. Esta es la promesa de Dios de favor a los cautivos.

SOLO DI LO SIENTO

Capitulo Ocho

"Si ellos...arrepentidos y ruegan contigo en la tierra de sus captores y dicen, 'hemos pecado, hemos hecho la maldad'... entonces del cielo tu lugar de morar, escucha su oración y su ruego, y apoya su causa." 1 Reyes 8; 47-49

El Primero de los Propósitos de Dios Para Su Tiempo de la Oración de Salomón

¿No sería bueno si tan solo pudiera decir que lo siente por los crímenes que ha cometido y que le dejaran ir a casa? Puede que se ría de esta idea pero hay más posibilidades que esto se realice de lo que usted piensa. Diciendo lo siento en una manera bíblica tiene tanto poder que pudiera literalmente afectar su tiempo.

La palabra Bíblica para decir lo siento se llama estar arrepentido. Hay dos cosas que realmente mueven a Dios-pecado y arrepentimiento. En cuanto a tu pecado, Dios le trajo aquí por él pecado. Déjeme repetirlo – su pecado motivó a Dios a que moviera todo el sistema judicial: jueces, policías y todo, para traerle aquí. ¿Dándole cuenta de esta verdad, le puede dar cuenta ahora cómo Dios responderá a su arrepentimiento? ¡Cuando verdaderamente pida perdón y pare de pecar, lo motivará a Él a que moviera hasta las montañas para su beneficio!

Hay millones de gente en las prisiones por todo el mundo pidiéndole a Dios que mueva sus montañas pero muchos no reciben una respuesta. ¿Por qué? Porque están pidiendo ayuda sin primero arrepentirse de sus pecados. La Biblia dice;

"He aquí que no se ha acortado la mano de Jehová para salvar, ni se ha agravado su oído para oír; pero vuestras iniquidades han hecho división entre vosotros y vuestro Dios, y vuestros pecados han hecho ocultar de vosotros su rostro para no oír." (Isaías 59:1-2).

De acuerdo a esta escritura Dios no escucha las oraciones de aquellos que no piden perdón. Este mismo principio Bíblico es lo que el rey Salomón dijo en su oración. '*si ellos... arrepienten...**entonces** del cielo tu escucharas sus oraciones y su llanto, y apoyaras su causa."* La Biblia lo aclara, debe pedir perdón por sus pecados en orden para que sus requerimientos sean escuchados.

Le sorprendería la cantidad de personas en la prisión que nunca admiten sus crímenes. Mis acusadores y yo somos un ejemplo perfecto. Nos pasamos años quejándonos de los agentes federales que nos entregaron. Aunque éramos completamente culpables, negábamos nuestros cargos porque queríamos salir. Mentimos a todos incluyendo a nuestras familias. Pensábamos que podríamos

56

mentirle a Dios también en la espera de que dejaría pasar por alto nuestro pecado y nos liberaría de nuestro cautiverio. Pero lo que mis acusadores y yo no entendíamos era esto: Dios es un Dios virtuoso que no puede pasar por alto el pecado y **no apoyará la causa de aquellos que no se arrepienten de ello.**

Ahora mismo hay un gran porcentaje de prisioneros que están actuando de la misma manera que mis co-acusadores y yo. Se quejan de haber sido agarrados por las cortes o claman que no lo hicieron y que alguien más lo hizo. Algunas personas han mentido por tanto tiempo sobre su caso, que se han convencido a ellos mismos de que no son culpables. Esta enfermedad de negación y falta de arrepentimiento esta fuera de control y ha alcanzado un nivel epidémico en la población de las prisiones de hoy.

¿Sabías que los israelitas actuaban de la misma manera cuando estaban en cautiverio? Ignoraron por completo su propio pecado, ellos seguidamente clamaban su inocencia y hasta culpaban a Asiria, Babilonia, y hasta a Dios mismo por su encarcelamiento. El hecho de que Israel ignoró su pecado y rehusaron arrepentirse mientras estaban en cautiverio, terminó en consecuencias catastróficas. Los que entraron al exilio en Asiria nunca vinieron a casa y la gente de Babilonia casi sufrió la misma consecuencia.

Aunque los dos grupos le rogaron a Dios que los soltase de su encarcelamiento, solo los exiliados Babilonios regresaron a la tierra prometida. ¿Por qué? Porque ellos eventualmente completaron los propósitos de Dios para su tiempo, incluyendo el propósito de arrepentimiento. Cuando digo eventualmente, es porque tomó a Israel casi 70 años para arrepentirse de su pasado, durante ese tiempo ellos rogaron a Dios pero Él no les respondió.

Afortunadamente, un hombre llamado Daniel reconoció el pecado de Israel y tomó la iniciativa él mismo de rogar a Dios en oración para el beneficio de sus compañeros cautivos. ¡En este capítulo, vamos a estudiar el poder sobrenatural de la oración de Daniel y ver como afectó dramáticamente al tiempo de cautiverio de Israel y cómo puede afectar su tiempo también! La oración de Daniel empieza así.

"En el primer año de Darío hijo de Asuero(un mede por descendencia), quien fue hecho mandatario sobre el reino de Babilonia- en el primer año de su reinado, Yo, Daniel, entendí de las escrituras, de acuerdo a la palabra del Señor dada a Jeremías el profeta, la desolación de Israel durará setenta años." (Daniel 9; 1-2)

Daniel comienza su oración diciendo que el leyó la escritura de Jeremías 29, el cual decía que el exilio duraría *"setenta años"*. Verso 10 en capítulo 29 de Jeremías dice:

"Porque esto dice el Señor que cuando setenta años sean completados por Babilonia yo le visitaré y mantendré Mi buena promesa hecha a ti causándote regresar a este lugar."(Jeremías 29:10 NVI).

Aquí, el Señor promete darle a los cautivos de Babilonia el tiempo de su favor. Pero Daniel sabía de la oración de Salomón que para que los cautivos pudieran recibir esta promesa ellos debían de perseguir los propósitos de Dios. Como los setenta años estaban por cumplirse y la mayoría de los cautivos no se habían arrepentido, Daniel se dio cuenta de que debía tomar acción inmediata. De modo que empezó a rogar a Dios en oración.

*"Ore al Señor mi Dios y **confesé**: 'O Señor, el grande y maravilloso Dios, quien cumple su convenio de amor con aquellos que lo aman y obedecen sus mandamientos, hemos pecado y hecho el mal. **Hemos sido malvados y nos hemos rebelado; nos hemos vuelto de tus mandamientos y tus leyes"** (Daniel 9:4-5).*

La primera cosa que Daniel hace en su oración es cumplir el propósito de Dios de arrepentimiento. El inmediatamente comenzó a confesar sus pecados y los pecados de los exiliados. La próxima cosa que hizo es reconocer la razón por la cual se necesita arrepentirse.

*"SEÑOR, tú eres derecho, **pero este día estamos cubiertos de vergüenza**...en todos los países por los cual tú nos has esparcido por nuestra infidelidad hacia a ti."* (Daniel 9:7).

¡Daniel empezó su oración con arrepentimiento porque el resto de los cautivos no lo habían hecho!, ¡lo cual indica que seguían cubiertos con la vergüenza de sus pecados que habían cometido 70 años atrás!

¡Esta misma vergüenza está en miles de prisioneros hoy! Esos que todavía están en negación de sus crímenes, pero están constantemente quejándose sobre la injusticia del sistema judicial y todo lo malo que le han hecho. Mientras Daniel continua orando, él dice que los pecados de la gente son los que los trajeron al cautiverio.

"Todo Israel ha transgredido tu ley y vuelto en contra, rehusando obedecerte. De ahí a que las maldiciones y juramentos prometidos escritos en la ley de Moisés, el servidor de Dios, han sido desparramados en nosotros, porque hemos pecado contra ti" (Daniel 9:7 y 11).

Daniel lo dice muy claro, que la maldición del cautiverio fue desparramado en Israel por sus propios pecados, no por los de alguien más. Pero los prisioneros en Babilonia fallaron en reconocer esto y afectó grandemente su relación con Dios y su habilidad de recibir favor de Él. Lo siguiente que Daniel dice confirma esto.

*"Justo a cómo está escrito en la ley de Moisés, todo este desastre a caído sobre nosotros, **y aun así, no hemos buscado el favor del Señor, volviéndonos del pecado** y dar atención a la verdad.* "(Daniel 9:13).

Israel había estado clamando por el favor de Dios pero no lo habían recibido porque no lo pedían de la manera correcta, **a través de su arrepentimiento**.

Por los primeros dos años que yo estaba encarcelada, oré mucho por el favor de Dios en cuanto a mí tiempo, pero nunca lo tuve. Al contrario, me sentenciaron a 13 años. Pero después de leer la oración de Daniel y Salomón, me di cuenta de que había pedido favor de una manera en que Dios no respondería. ¡Una vez que paré de mentir sobre mi caso y empecé a confesar mis pecados, Dios empezó a moverse en los requerimientos de mi oración y hasta apoyó mi causa en corte quitando siete años de mi sentencia!

Daniel pidió favor de la manera adecuada. Solo después de que confesó y arrepintió entonces rogo a Dios de llenar su promesa favorable de llevar a Israel a casa. La siguiente parte de su oración dice,

"OH Señor, en guardando con todos tus actos justo, aleja tu coraje y tu furia de Jerusalén... escucha las oraciones y peticiones de tu sirviente. ¡Por tu bien Señor, mira con favor a tu desolado santuario Oh Señor, escucha y actúa! Por tu bien, Oh mi Dios, no dilates, porque tu ciudad y tu gente portan tu nombre." (Daniel 9:16,17 y 19).

Aunque la petición de Daniel era urgente porque los 70 años estaban por llegar, todavía se tomó el tiempo de hacer sus peticiones en el orden apropiada. Daniel confeso y pidió perdón **primero** antes de atreverse a pedir a Dios que lo trajera al tiempo de su favor. ¿Cuál fue el resultado de la oración de Daniel?

*"**Mientras** que yo hablaba y oraba, **confesando mi pecado y el de mi gente de Israel** y haciendo mi petición a el Señor mi Dios por su santa colina-mientras que yo aún estaba en oración, Gabriel, el hombre que yo había visto antes en visión, vino a mí en un vuelo fugaz sobre el tiempo del sacrificio de la tarde. El me instruyó y me dijo, 'Daniel, yo he venido hoy a darte visión y entendimiento. **Tan rápido a como tú empezaste a orar, una respuesta ha sido dada'"** (Daniel 9:20-23).

¡El momento en que Daniel empezó a confesar los pecados de los cautivos, su oración fue contestada! ¡Esto demuestra que tan poderoso es el arrepentimiento para Dios! Toma nota que Daniel menciona dos veces que *"mientras"* que el confesaba, una respuesta fue enviada. ¡Yo creo que él resaltó este punto para que tú y yo podamos realmente entender el poder que tiene el arrepentimiento en que tus oraciones sean respondidas!

El arrepentimiento cambia nuestra situación. Los escolares Bíblicos están de acuerdo que esta oración tan poderosa de Daniel, fue responsable por la realización del favor de Dios para Israel. Por su oración de arrepentimiento la "promesa buena" de una sentencia de 70 años (véase Jeremias29) vino a ser. La primera ola de retornos fueron a casa después de que los primeros cautivos llegaron a Babilonia.

Quiero parar aquí para hacerle una pregunta muy importante, ¿Qué tan lejos iría para evitar cumplir con su tiempo? ¿Continuaría mintiendo y tratando de trabajar los huecos del sistema judicial aunque sea culpable? La Biblia dice que si usted confiesa sus pecados vas a recibir piedad (véase Proverbios 28:13) Tal vez por todo este capítulo el Espíritu Santo le hablo de decir la verdad sobre sus crímenes. No ignore su insistencia, y no tema hacer lo que le está mandando. Aunque probablemente sea una de las cosas más difíciles que haya tenido que hacer en su vida, **Dios garantiza que él va apoyar su causa si le tiene confianza y *le obedece*.**

Finalmente, quiero discutir con brevedad la importancia de pedir el favor de Dios en la forma adecuada. Porque ese es la manera en que Daniel se acercó a Dios lo que hizo que su oración fuera todavía más eficiente. Vamos a regresarnos al verso 3 del capítulo 9 de Daniel.

"De modo que me volví al Señor Dios y le rogué en oración y petición, en ayuno, y en tela de saco y cenizas."

Daniel no se acercó a Dios con una oración casual de un minuto, faltándole corazón y tristeza. Las escrituras dicen que él se quitó sus túnicas y las remplazó con tela de saco, para mostrar su lamento sobre los pecados de los cautivos. También se sentó en cenizas para simbolizar la destrucción traída sobre la gente por su pecado. El literalmente le rogó a Dios mientras que pasaba un periodo de ayuno.

Las acciones de Daniel nos dan el ejemplo perfecto de la manera en la cual debemos buscar a Dios durante confesión. La versión NVI de la Biblia de Daniel 9:13 nos da más profundidad de cómo debemos acercarnos a Dios en oración.

*"...aun así no le hemos **rogado fervorosamente por perdón implorado el favor** del Señor nuestro Dios para que nos vuelva de nuestras iniquidades..."*

El ser ferveroso quiere decir "el ser serio e intenso' y "de actuar de una manera determinada". El "implorar" quiere decir "para implorar" o literalmente "el rogar".

¿Ha venido seriamente ante el Señor a confesar? ¿Está determinado a buscar su perdón y ser lavado limpio de sus pecados? Pienso que tomamos el viejo "solo pide perdón" dicho un poco a la ligera. Desafortunadamente, a la mayoría de nosotros nos han enseñado que todo lo que necesitamos es murmurar unas cuantas palabras en oración para ser perdonados, y después nos da lo que queremos.

Cuando al fin entendí que necesitaba hacer mucho más que casualmente pedirle a Dios por perdón, me sentí muy extraño. Mi corazón estaba endurecido y todavía de todos mis años de mentiras y negación yo realmente no me sentía mal por mis pecados. Sin embargo, si me acercara "rogándole" a Dios por su perdón estaría fingiendo y claro Él lo sabrá. Allí es cuando el Espíritu Santo me mostró que yo solo necesitaba ser obediente y hacer lo que las escrituras instruían.

Y ore la oración de Daniel y lo hice en la misma manera que él lo hizo ayunando y pidiéndole a Dios en una manera determinada. Mientras tomé esos pasos de obediencia, Dios se encargó de lo demás. Lentamente con el tiempo, empezó a mostrarme los alcances y lo feo que eran mis pecados. Entonces, seguramente comencé a arrepentirme de verdad. Esto es cuando mis llantos fueron reales, llenos de la profundidad de mi corazón. Eventualmente, Dios me dio hasta la fuerza para tomar el siguiente paso y confesar mis mentiras a mi familia y a las autoridades. Desafortunadamente, me tomó mucho tiempo hacerlo. Yo oro que no cometas el mismo error que yo.

Hazte un favor- haz que la oración de Daniel sea tuya. Léela, medítala, y después ora a Dios. Se completamente humilde como Daniel. Te sorprenderás que tan rápido Dios le va a responder. ¡La oración de Daniel de confesión y arrepentimiento cambió el futuro de Israel y puede cambiar el tuyo también!

1. La Biblia dice: *He aquí que no se ha acortado la mano de Jehová para salvar, ni se ha agravado su oído para oír; pero vuestras iniquidades han hecho división entre vosotros y vuestro Dios, y vuestros pecados han hecho ocultar de vosotros su rostro   para no oír. (*Isaías 59:1-2) ¿De acuerdo a esta Escritura, que prohibiría en que Dios le escucha y responda a sus oraciones?

2. Este es el primer propósito Salomón oró por su tiempo. "Si ellos se arrepienten ... y ruego que en la tierra de los conquistadores y decir: 'Hemos pecado, hemos hecho lo malo'; ... entonces desde los cielos, lugar de tu morada, escucha su oración y su súplica, y defiende su causa" (1 Reyes 8:47-49). De acuerdo con este versículo, ¿qué se puede hacer para mover a Dios a escuchar sus oraciones y defender su causa?

3. Después de que los antiguos israelitas pasaron casi 70 años en cautividad sin arrepentirse de sus crímenes, Daniel intercedió por ellos en oración. En su oración, Daniel les da la razón por la cual los israelitas no habían recibido la gracia de Dios. *Conforme está escrito en la ley de Moisés, todo este mal vino sobre nosotros; y no hemos implorado el favor de Jehová nuestro Dios, para convertirnos de nuestras maldades y entender tu verdad. (*Daniel 9:13)Según Daniel, ¿por qué no había Israel recibido el favor de Dios?

4. ¿Ha confesado sus crímenes (o pecados) ante Dios y el hombre?

5. ¿De qué manera el hecho de no confesar afectará su relación con Dios? ¿Cómo afectará en que Dios escuche sus oraciones? ¿Cómo afectará su capacidad para recibir la misericordia de Dios y obtener su favor?

6. Pase tiempo con el Señor. Vaya delante de Él buscando su perdón por sus crímenes. Pídale la gracia de arrepentimiento. ¡Creo que una vez hecho esto, usted va a escuchar más de Dios, y su mano poderosa se moverá por usted!

FORZADO A CAMBIAR

Capitulo Nueve

"...si tienen un cambio de corazón en la tierra donde han sido cautivos...entonces del cielo tu lugar de morada, escucha su oración y su ruego, y apoya su causa." 1Reyes 8:47 & 49

El Segundo Propósito Para Su Tiempo, de la Oración de Salomón.

Otro propósito decretado para su tiempo es cambiar mientras que estás aquí. Dios quiere que el viejo usted, quien siempre reaccionaba con la gente y circunstancias con coraje, impaciencia, celo, inmoralidad y egoísmo, sea transformado en otra persona. Uno que va operar en el fruto del Señor en el espíritu de Dios: amor, gozo, paz, paciencia, amabilidad, bondad, fidelidad, gentileza, y dominio propio. (Véase Gálatas 5:22) Estas son las características que Dios quiere que desarrolle mientras que está aquí, pero en orden para que esto pase, debe tener un cambio de corazón. La Biblia dice.

"¿El corazón es traicionero sobre todas las cosas, y es excesivamente perverso y corrupto y severamente, mortalmente enfermo! quien lo sabe [perciba, entienda, encuéntrese con su propio corazón y mente]? (Jeremías 17:9 NVI).

De acuerdo a esta escritura nadie tiene una idea de la severidad del corazón enfermizo. En la Biblia el corazón representa su mente, voluntad, y emociones entonces lo que está en su corazón controla su comportamiento. Esto quiere decir que cada decisión que tome, cada palabra que piense o acción que usted tome, sale de un corazón que la Biblia dice es perverso y corrupto. ¿Es sorprendente que pasamos por tanto drama en nuestras vidas? Nuestros corazones traicioneros están dirigiendo todo lo que hacemos.

Su corazón debe de cambiar para que su comportamiento pueda cambiar. El cambio es uno de los propósitos de Dios para su tiempo y como la oración de Salomón indica, afecta el sí o no en que Dios escuche y responda a sus requerimientos mientras que esté en cautiverio.

Su deseo de cambiar afectará su habilidad para ser exitoso por el resto de su vida. ¡Dios tiene un Fin Esperado! para usted, uno que requiere el carácter de Dios. Pero el comportamiento venenoso en su corazón ahorita va a sabotear cualquier futuro que tenga. Para que usted esté listo para tomar posesión de su Tierra Prometida, debe de cambiar. ¿Cómo exactamente empieza? La Biblia dice,

"Nuestras iniquidades, nuestro corazón secreto y sus pecados [los cuales nos gustaría esconder hasta de nosotros], que has puesto en la [reveladoramente] luz de tu semblante." (Salmos 90:8 NVI).

La única forma que puede sanar su corazón traicionero es poniéndolo en la luz reveladora del semblante de Dios, el cual se encuentra en las páginas de su palabra. La Biblia es un libro lleno de instrucciones de cómo vivir la vida al máximo de una manera en que agrade a Dios. También contiene poder sobrenatural para ayudarle a cambiar. (Hebreos 4:12 NVI).

"Porque la palabra de Dios es viva y eficaz, [haciéndolo activa, operativa, energizado, y efectivo]; y más cortante que toda espada de dos filos; y penetra hasta partir el alma y el espíritu [inmortal], [de la partes más profundas de nuestra naturaleza] las coyunturas y los tuétanos, y discierne los pensamientos y las intenciones del corazón".

La forma en que la Palabra trabaja es primero exponiendo los motivos equivocados de su corazón y después aplicando su poder a las partes más profundas de su naturaleza para cambiar esos motivos. Los resultados de este proceso es que esté transformado, pasó por paso, en una nueva persona llena de carácter santo. La Palabra posee la habilidad para hacer todo esto, pero hay un anzuelo. **Debe poner atención a la Palabra para que trabaje.** Esto significa que **tiene** que leer la Biblia y hacer lo que dice. Leer solamente no es suficiente. También tiene que tomar lo que aprendió y ponerlo en práctica. La Biblia dice,

"Pero sed hacedores de la palabra, y no tan solamente oidores, engañando os a vosotros mismos." (Santiago 1:22).

En el principio de mi camino con Dios yo leía la Biblia todo el tiempo, pero desafortunadamente fallé en lo que aprendí. ¡El resultado fue que yo permanecía sin cambiar! Por eso era que seguía yendo al hoyo todas esas veces porque era una leedora no hacedora. **¡Tiene que dar su atención a la Biblia a diario, leyéndola, y poniéndola en práctica, para que le cambie!**

¿Sabía que muchos de los israelitas antiguos que estaban en Babilonia no cambiaron mientras estaban allí? Después de décadas de estar encarcelados muchos de ellos retuvieron la misma mala actitud y comportamientos qué tenían desde el principio cuando fueron a la prisión por primera vez. ¿Por qué no cambiaban? Déjeme mostrarle. ¿Recuerda lo que dijo Daniel en su oración?

*"Justo como está escrito en la ley de Moisés, todo este desastre a caído sobre nosotros, **aun así no hemos buscado el favor del Señor** nuestro Dios alejándonos de nuestros pecados y **dándole atención a tu verdad"** (Daniel 9; 13).*

Primero, Daniel dijo que Israel tardó en recibir el favor de Dios mientras que estaban en cautiverio porque no se arrepintieron de sus pecados. Pero en la misma escritura Daniel da una segunda razón porque las oraciones de los cautivos no fueron contestadas. No estaban *"poniendo atención"* a la *"verdad"* de Dios.

La Biblia es la verdad de Dios. Es la única cosa que verdaderamente puede cambiar el corazón de una persona. Lo que Daniel quiso decir con que los cautivos no están *"poniendo atención"* a la verdad de Dios era que no estaban activamente leyendo las escrituras o tratando de vivir por ellas. ¡Por eso es que no cambiaron!

Recuerde lo que Salomón dijo en su oración, *"si"* la gente tenía un cambio de corazón mientras que estuvieran en la tierra de cautiverio *" entonces"* Dios escucharía sus oraciones y apoyaría su causa. Mientras estuve en la prisión, vi mucha gente rehusándose a cambiar. Hasta los Cristianos (a veces incluyéndome a mí misma) actuaban mal regularmente. Mi prisión era como una novela. Siempre había algún tipo de drama ocurriendo. Todos chismeaban. Siempre habían peleas en el cuarto de televisión sobre quién podía ver su programa. Se metían en la línea para usar el microondas o para la comida. Había celos en el trabajo y siempre había una persona en el cuarto que les hacia la vida miserable a los otros. Habían aún una constante discusión entre la gente de la iglesia y del coro. ¿Por qué? Porque la gente no cambiaba.

Como pecadores humanos, somos naturalmente egoístas y orgullosos. Por eso es que la prisión puede ser tan difícil. Hay cientos de personas atrapadas en un cerco de alambre de púas juntos, y todas peleando para que le den lo que quieren. ¿Hay duda porqué no recibimos más respuestas a nuestras oraciones? Debemos aprender a cambiar.

Sin embargo, cambiar es en absoluto una de las cosas más difíciles de hacer para un ser humano. Nuestros malos comportamientos están tan arraigados en nuestro ser, que toma mucho tiempo para quitarlos. **Para la mayoría de nosotros es tan duro que si no estuviésemos en alguna situación donde estamos forzados a cambiar nunca lo haríamos.** Aquí entra tú cautiverio. Dios lo usa para forzarte a cambiar. La Biblia dice,

"Antes de que fuera yo afligido, descarriado andaba; mas ahora guardo tu palabra" (Salmo 119:67).

De acuerdo al diccionario de "Webster's", "afligir" quiere decir: "lanzar hacia abajo, golpear, ser humilde, problema o daño." Antes de que el salmista fue afligido fue desobediente, **pero cuando los problemas llegaron su camino él empezó a obedecer la palabra de Dios.** Lo que esto prueba es que la **aflicción produjo cambio.** La realidad es que la mayoría de la gente necesita ser afligida antes de que puedan finalmente obedecer. Por eso es que Dios usa lo que está a su alrededor en la prisión para forzarle a cambiar. La aflicción que su cautiverio provee está diseñado para darle problemas al punto donde quiera empezar a obedecer la palabra de Dios para sentir alivio de su sufrimiento. Déjeme mostrarle cómo funciona. La Biblia dice;

"En ese día [la gente de Judá va a ser despojado de sus pertenencias] El Señor va a rasurar con el rastrillo que es contratado de las partes más allá del río [Éufrates] aun con el rey de Asiria [el rastrillo va a rasurar] la cabeza y el cabello de las piernas, y también consumirá la barba" (Isaías 7:20 NVI).

En esta escritura, Dios dijo que El usaría a Asiria para rasurar a su gente cautiva. Él se asegura de quitarles todo lo que tenían. En el viejo testamento el ser rasurado a la fuerza era estar en conflicto, golpeado, y humillado. Estas son las definiciones de la palabra afligido.

Para forzarle a cambiar, el Señor le rasurará por medio de las manos de la Asiria de hoy en día. Él les permite que le quiten todo, su familia, sus posesiones materiales, y hasta lo más frustrante, el control que una vez tuvo sobre su vida.

Detrás de las barras, usted no puede decidir cuando despertarse, cuando se va a dormir, cuando y que va a comer, o dónde va a trabajar. Diariamente, forma fila para tomar su medicamento, la comida, la lavandería, y hasta un baño. Ahora, usted no tiene de donde escoger, tiene que vivir en una celda de 6x10 con otros a los cuales tal vez usted no les agrade. Diariamente, sufre aflicción cuando tiene que tratar con toda clase de gente y circunstancias. Dios dejó que Asiria le rasurara y le quitara todo porque la aflicción produce cambio. **La serie de problemas que enfrentará en cautiverio son usados por Dios para guiarle hacia Su Palabra para que el poder de la Palabra le pueda transformar.**

Como está manejando sus situaciones problemáticas? ¿Está enfurecido, siendo grosero e insistiendo a su modo? ¿O se está humillando? Cada segundo de cada día su cautiverio le va a proveer la oportunidad de ser paciente o no, de perdonar o no, de decir lo siento o no, o de chismear o no. Para que pueda cambiar tiene que, paso a paso, decidir responder de la manera correcta en cada circunstancia. La manera en que esto se hace es viendo lo que dice la Biblia en esas circunstancias, y después **HÁGALO.**

¿Quiere decir que tiene que aguantarse todas las cosas indeseables o personas mientras que está aquí? No, Dios se moverá a su beneficio y cambiará su situación pero solo cuando Él esté seguro de que está cumpliendo su propósito de cambiar. Recuerde lo que Salomón dijo, *"Si"* tienes un cambio de corazón mientras que estés en la tierra de exilio *"entonces"* Dios va a escuchar sus ruegos.

¡De hecho, Dios hará cosas maravillosas por la gente que se esfuerza para cumplir Su propósito de cambio! Si está constantemente tratando de cambiar la Biblia le llama *"intransigentemente honrado."* ¡Vamos a ver rápidamente algunas de las increíbles bendiciones que hay en la Biblia para usted!

"Porque tú, Oh Jehová, bendecirás al justo; [aquel el cual es derecho y está en bien parar contigo] Como un escudo lo rodearas de tu favor.... (Placer y favor)"(Salmos 5:12 NVI).

Si decide cambiar, Dios promete de *"rodearle"* con buenos deseos, *"placer y favor"*. ¡Un pequeño favor con su abogado, un oficial, su familia o hasta un completo extraño puede ayudarle, así que imagínese lo que pasa si está rodeado de esto!!! ¡Tendrá favor en el trabajo, favor en su cuarto, favor en las cortes y hasta tiempo de favor con Dios!

Otra bendición que le trae el cambio es un aumento en la habilidad de escuchar al Señor. Cuando está tratando de caminar en las instrucciones de la Biblia todos los días, Dios le dará guía extraordinariamente sobrenatural. Proverbios 3:32 dice,

"Porque Jehová abomina al perverso; Mas su comunión íntima es con los justos.."

Dios no comparte Su comunión confidencial con todos. De acuerdo a las Escrituras, las personas que están tratando de caminar derecho reciben su consejo secreto. Piensa en los increíbles beneficios de poder escuchar los secretos de Dios. ¡Una palabra de Él puede cambiar tu vida entera! ¡Yo sé esto por experiencia, porque fue Dios que me dijo que apelara mi caso y lo hice y gane! ¡Fue también Dios quien me dio mi fecha de salida 6 meses antes de mi victoria en corte!!! Estos son solo unos pequeños ejemplos de cosas milagrosas ¡Que puede pasar a aquellos que desean cambiar!

Cuando estaba en la prisión había veces que lo echaba todo a perder porque trataba mal a alguien. Aun así, Dios me hablaba sus maravillosos misterios. ¿Por qué? Porque aunque él sabía que no era perfecta, él sabía que en mi corazón yo realmente quería cambiar.

La Biblia dice que la gente que quiere cambiar va a recibir los deseos de su corazón.

"Lo que el impío teme, eso le vendrá; Pero a los justos les será dado lo que desean" (Proverbios 10:24 NVI).

¿Qué deseos tiene usted? Dios se los concede si encamina Su propósito de cambio. ¿Sus oraciones están siendo contestadas? Sino, chequee su actitud. ¿Cómo vs en el camino de su cambio? Hágase estas preguntas. ¿Cómo reacciona cuando el conflicto se levanta en su cuarto? ¿En el cuarto de televisión cuando no puede mirar su programa? ¿En la línea de comida o en la línea del microondas cuando se meten en frente de usted? ¿En el cuarto de ejercicios cuando hay desacuerdo? ¿En su grupo cuando son bullosos o cuando la gente está hablando "disparates" de usted o en su cara? Examine como está respondiendo a cada situación. Haga un esfuerzo de ser honesto consigo mismo sobre sus errores, aunque le hagan ver mal (especialmente cuando se vea mal). Deje que la Palabra de Dios le guíe en su comportamiento en cada circunstancia. Mientras camina a lo largo de las Escrituras, verá que su poder transformará su vida.

¡Imagínese cómo serían las prisiones si todos tuvieran la misma misión, de ser cambiados! Recuerde que los episodios de drama que ocurren a diario es lo que Dios usa para rasurarle y demostrar el comportamiento de su corazón. Alegrase en cada situación difícil que tenga que pasar, porque es otra oportunidad para usted, de ser bendecido. Créalo o no, Dios está dejando que sea afligido para ayudarle a cambiar y que esté listo para su futuro. ¡Agradezca que perdió todo porque ahora lo tendrás todo!!!

LECCIÓN NUEVE

1. De acuerdo a la oración de Salomón en 1 Reyes,'...si *tu pueblo recapacita en el país de su cautiverio... escucha desde los cielos, donde habitas sus oraciones, y lamentos, y hazles justicia.* ¿Qué le pide esta Escritura?

2. Según la Escritura, la única cosa que realmente puede cambiar su corazón es la Palabra de Dios. Escriba Hebreos 4:12 en el siguiente espacio.

3. La Biblia dice: *Pero sed hacedores de la palabra, y no tan solamente oidores, engañándoos a vosotros mismos.* (Santiago 1:22) Según la Escritura, ¿qué dos cosas debe hacer para qué la Palabra tome efecto en usted?

4. El salmista dice: *Entonces no sería yo avergonzado, Cuando atendiese a todos tus mandamientos.* (Salmos 119:6) ¿Liste todas las maneras diferentes en que su cautiverio le ha afectado? ¿Cómo le han traído más cerca a Dios?

5. Liste todos los diferentes comportamientos y procesos de pensamiento, que usted sabe que tiene que cambiar.

ESTA COSA DE DIOS REALMENTE FUNCIONA

Capitulo Diez

"También, busca la paz y la prosperidad de la ciudad a la cual le he cargado en tu exilio. Ora al Señor por ella porque si prospera tú también prosperaras." Jeremías 29:7

¡Increíble, estaba en el hoyo otra vez! Esta vez sí lo eché a perder todo. Empujé a un oficial de correcciones. Cuando miré hacia arriba de la puerta vi la cara del Mariscal de campo, quien era el líder de la disciplina, se apareció en la ventana de mi celda. Escuché el cerrojo magnético soltarse y dio paso adentro con dos oficiales directamente atrás de él. Con un gran suspiro, puso sus manos en su cadera y me miró fijo hasta que me hizo sentir tan incómoda que viré la mirada. Después de lo que pareció una eternidad dijo, "Señorita Caple, usted ha demostrado varias veces esta clase de comportamiento, al extremo de que no tenemos otra alternativa más que ponerla en segregación administrativa por 90 días. Durante este tiempo, le mantendrás aquí y tienes que ver a una siquiatra quien le evaluara cada siete días. Al final de este periodo de tres meses, vamos a revisar tus evaluaciones. Si en ese entonces creemos que está lista, la devolveremos a la población general. Si no, su estadía aquí será prolongada..."

Cuando terminó su sobrio anuncio, se volteo para irse pero cuando alcanzó la puerta paró, y se dio la vuelta otra vez. "Francamente, Katie," él dijo, "Yo pienso que nunca vas a estar lista para estar con la población general otra vez." Con eso y una mirada final de disgusto, sacudió su cabeza y se fue.

"¿Noventa días? ¡Esta vez sí que me fregué!" pensé. Yo podría hacer esa cantidad de tiempo en una celda regular, pero 90 días en una celda de admisiones seria duro, aun para mí. Mientras la realidad de mi predicamento me penetró la mente, me regañé a mi misma. ¿Cómo había dejado que esto pasara otra vez? Lo estaba haciendo tan bien, realmente cambiándome en otra persona diferente: pero uno de las guardias no paraba de molestarme, y me sacó de quicio.

Aunque había echado todo a perder, uno de los tenientes, quien había reconocido mi transformación, dejó que llevara mi Biblia conmigo al hoyo. De modo que, armada con la palabra de Dios, sentada arropada en una cobija de lana en un colchón de plástico tirado en el piso, repasaba las páginas para estar cómoda.

Desafortunadamente, estar en segregación no era mi único problema. Ya había hecho más de un año y ya había ido a juicio y perdido. Ahora, solo estaba esperando ser sentenciada y estaba enfrentando más de 15 años en una prisión federal. Mi co-demandado y yo estábamos peleando por un nuevo juicio y coincidentemente nuestra moción iría ante las cortes el siguiente día.

Ahora, era casi media noche. Sabiendo que la dirección de mi vida podría cambiar drásticamente de una manera u otra en unas cuantas horas, hizo que se me subiera la tensión. Por esto es que me pase los últimos tres días y noches en el encierro orando, cantando y leyendo la Palabra. Buscaba alguna clase de ayuda sobrenatural de Dios. La parte chistosa eran las policías. Cuando pasaban por mi ventana me miraban como si yo fuera una loca. No me habían visto así. Estaba pasando mi tiempo en el hoyo de diferente manera, porque yo era diferente.

Desafortunadamente, las cosas afuera de mi celda estaban igual. Admisiones estaba lleno de diferentes clases de personas, como adictos a la heroína enfermos porque no tenían la droga y hasta gente común y corriente con órdenes de arresto por infracciones de tráfico. Todos ellos estaban congelados y sucios y sin donde acostarse por varios días, más que en el cemento frio. Cansados de esperar, todos estaban gritando y rogando por medio de las puertas a las policías que los procesaran. Sentada ahí orando, rogando un poco por mí también.

"Señor, necesito tu ayuda" empecé, y por un segundo dudando si realmente hablaba con Dios o era conmigo misma.

"¿Dime que va a pasar conmigo?" Continúe, ignorando mis pensamientos previos. "¿Voy a ir a prisión por el resto de mi vida o qué?"

Con esta pregunta cerré mis ojos y pausé. Entonces abrí mi Biblia y miré abajo. El Señor me llevó a Jeremías 29. ¡Mientras leí el título del capítulo *"Una carta a los exiliados,"* mi corazón dio un salto!

"Oye, yo soy un exiliado." Yo pensé, ahora de seguro Dios me daría un mensaje. Rápidamente traje la Biblia más cerca a mis ojos y empecé a leer el verso numero 4.

"Esto es lo que el todopoderoso Señor, el Dios de Israel, dice a todos a los que acarreé dentro del exilio de Jerusalén a Babilonia: 'Construye casas y establécete; planta jardines y come lo que producen..."

"Caramba" dije, mi emoción se volvió pánico de repente. *"Construye casas y sienta cabeza."* Al solo pensar lo que esto pudiera implicar me hizo sentir enferma.

"¿Señor, esto quiere decir que me tengo que sentir en casa porque voy a estar un buen rato?"

Tomé una pausa para ver si me respondía, pero cuando nada vino más que silencio, decidí seguir buscando por otra respuesta diferente. Y leí más en verso 7,

"También, busca la paz y prosperidad de la ciudad a la cual le he llevado a exilio. Ruega al Señor por ella porque si prospera, tú también prosperaras."

¿Qué quiere decir todo esto? Me pregunte, mientras paré por un segundo, pero comencé a buscar de nuevo. Afortunadamente los versos 10-14 eran exactamente lo que estaba buscando.

*"... 'Cuando setenta años se hayan completado por Babilonia, yo vendré y llenare mi graciosa promesa de traerlos de vuelta este lugar. Por qué yo se los planes que yo tengo para ustedes,' declaro el Señor, 'Planes para prosperarte y no para dañarte, planes de darte una esperanza y un futuro. Entonces tú me llamaras y vendrás a orarme y yo le escuchare. Tú me buscaras y me encontraras cuando me busques con todo tu corazón. Yo seré encontrado por ti,' declara el Señor, **y le traeré del cautiverio"*** (vs. 10-14).

Las últimas palabras causaron que mi corazón se acelerara. ¿Era esta mi respuesta? En mi mente una pequeña guerra de tire y afloje comenzó mientras que yo trataba de racionar lo que acababa de tomar lugar. Era coincidencia, lo que abrió mi Biblia en esas páginas o era Dios. ¿Quién me había llevado ahí? ¿Si era Dios, porque me dijo que me sintiera como en casa si realmente iba a sacarme? ¿Sentí que las dos Escrituras eran para mí pero como podría esto ser si se veían totalmente opuestas?

Agobiada, me senté clavada inquisitivamente mirando a la sangre desparramada en la pared tratando de separar todo. Finalmente, llena de frustración se me salió,

"¿Bueno, cual es, Señor? ¿Me vas a sacar de aquí o debo de ponerme cómoda porque me voy a quedar un rato?

En eso paré, una vez más para escuchar una posible respuesta pero esta vez no escuché silencio, en vez, escuche otra vez una extraña vocecita tratando de decirme que estaba hablando sola.

"¿y qué hay de esto?" dije, escogiendo una segunda vez de ignorarlo mientras marcaba al versículo en la Biblia.

"...busca la paz y la prosperidad de la ciudad a la cual le lleve al exilio. Órale al Señor por ello, porque si prospera, tú también prosperaras."

"¿Si, qué hay de eso?" yo misma dudaba. ¿Qué era exactamente lo que quería decir? Después de todo era confuso el concepto de orar por los mismos oficiales que les pagaron para aterrorizarnos. Me reí de tan solo pensarlo, pero rápidamente fui silenciada y devuelta a la realidad.

Al fondo del pasillo escuché una sola voz llorando en medio de todo este ruido. Era una mujer pidiendo ayuda.

"¡Por favor alguien que traiga un doctor, oficial llame por ayuda, necesito medico!"

Sus llantos continuos, sonaban desesperados. Después de unos minutos hasta algunos de los otros prisioneros empezaron a llamar por ella. Pronto media docena de reclusos estaban pateando las puertas de metal, gritando a los guardianes que vinieran, sin respuesta. Después de todo el ruido que se creó, el resto de los reclusos empezaron a gritar para que se callaran. Finalmente, después de que todos hicieron un alboroto los guardias si se presentaron pero no para ayudar.

En vez de hacer algo, lo tomaron como deporte. Mientras que la mujer continuaba llorando por atención médica, uno de los oficiales respondió mofándose de sus ruegos.

"¿Qué le pasa? ¿Necesitas un doctor? Chilló imitando a un bebe llorón. "¿Te vas a morir?" preguntó tanteándola.

En esto, todos los guardianes se comenzaron a reír. Los podía escuchar avanzando por el fondo del pasillo pateando puertas y amenazando cuando pasaban. Pero, en vez de intimidar a los reclusos para calmarlos, solamente les provocó que clamaran más porque estaban felices de que habían recibido alguna clase de respuesta después de ser ignorados por tanto tiempo.

El ruido y la confusión estaba creciendo en intensidad y el llanto de la mujer se transformó en gritos. Todo era demasiado. Mientras que escuchaba, traté de ahogar el coraje que sentía subiéndose dentro de mí. ¡Embargada por la locura, grité en frustración, "Haz algo Señor, tiene que haber algo que puedas hacer para parar todo este caos!" pero otra vez no escuché respuesta. Agarrando la Biblia todavía en mis brazos, mis ojos se enfocaron otra vez en el mismo verso que había leído unos minutos atrás.

"...busca la paz y la prosperidad de la ciudad a la cual le he llevado al exilio. Ora al Señor por ella, porque si prospera, tu prosperaras."

¿Cuándo lo leía otra vez, sentí una revolución dentro de mí como si algo me estuviera empujando, pero qué? *"ora por ella"* decía. ¿Estaba Dios hablándome? Miré abajo y una sola palabra parecía llenar la página. ***"¡Ora"!***

De repente, la realidad me golpeó como un rayo y salté como electrificada. "esta bien Señor" dije furiosamente paseando por mi pequeña celda. "Yo no sé si me voy o me quedo pero mientras que estoy aquí voy hacer todo lo que dices". Ahí mismo empecé a orar por esa gente fuera de mi celda. Rogué a Dios que les tuviera piedad. Pidiéndole que removiera las drogas de su sistema, calma su dolor e inúndalos con paz.

Después ore por los guardias, rechazando el espíritu de arrogancia, burla y odio y que los llenara del espíritu de compasión. Le pedí también al Padre, que les diera a esos oficiales el corazón de Jesús para que quieran ayudar a los reclusos y no acosarlos. Me paseaba enérgicamente hacia atrás y hacia adelante por toda mi celda orando con fervor como nunca antes lo había hecho. Entonces sucedió algo que cambió mi vida para siempre.

Mientras oraba, caminé rápidamente hacia el fondo de mi celda, me dí vuelta y en ese momento un hombre grande apareció dentro de mi celda por la puerta.

Inmediatamente me paralicé. Cuando digo que era grande, quiero decir que él era muy grande, que tuvo que encorvarse porque el techo era de 12 pies de alto y muy bajo para su cuerpo masivo. Instantáneamente supe en mi espíritu que él era un ángel, aunque él no lucía como un ángel como yo los había oído. En lugar de estar vestido con una túnica blanca que cae, él vestía pantalones vaqueros y una camiseta rasgada. Él no era de apariencia celestial, como era de esperar, por el contrario era de apariencia gangster. El rostro y el cuerpo parecía desgastados. Todo en él parecía duro como una roca. De hecho sus puños estaban listo para una pelea. La mejor manera de describirlo es que él se veía exactamente como un matón dispuesto a destruir a alguien.

Pronto me di cuenta que él no estaba de pie junto a la puerta de la celda, sino que la custodiaba desde el interior. Es entonces cuando me di cuenta que él era mi ángel de la guarda y el aspecto que él tenía, mostraba el cansancio del contante hostigamiento de los guardias, hacía mi persona. Obviamente, él estaba allí para asegurarse de que eso no vuelva a suceder. No me había dado cuenta hasta ese momento que él no había venido sólo para ayudarme a mí si no a toda la sección!

El miedo y el temor se apoderaron de mí. Fue tan genial que aún sigo asombrada si es que yo estaba viendo cosas. Yo necesitaba ver esto bien y me acerqué lentamente para tocarlo echar un vistazo y lo toqué lentamente. Repentinamente le dí la mano para saludarlo. Me asusté tanto que le jalé mi mano con fuerza y el tirón me empujó a la pared. Cuando levanté la vista, él ya se había ido, pero de alguna manera sabía que él estaría de vuelta a penas lo necesitara.

Me tomó un minuto para salir del shock y luego me dí cuanta que todo estaba tranquilo afuera de mi puerta.

La calma se sentía en todo el pasillo. Mientras escuchaba, pensé, "¿Caramba, todos se han ido a dormir?" Obviamente, yo no sabía el poder de la oración. De hecho, ni siquiera había conectado mi oración con lo que estaba sucediendo hasta que unos pocos minutos más tarde cuando los guardias regresaron por el pasillo rompiendo el bendito silencio.

Mientras caminaban hacia mi ventana, me saludaron con la mirada de los oficiales yendo de celda en celda distribuyendo cobijas y colchones. "Ya era tiempo." Pensé mientras miraba a los reclusos recibirlos. Después noté a un hombre que se miraba medio inocente aborde de uno de los oficiales.

"Tengo un dolor en el cuello", lo escuche decir. "¿piensa usted que puedo tener otra cobija para usar como almohada?

Cuando escuche esto, me reí por dentro. "Lo dudo mucho" pensé, esperando que el guardián cerrara la puerta en su cara. Pero para mi sorpresa total, el oficial dijo que si con su cabeza y le dijo, "Claro," mientras que le daba la preciosa provisión al hombre.

¿Estaba anonadada- una cobija extra? Esto no había sido escuchado nunca en este lugar. Todavía sorprendida, mire a los oficiales regresar a cada celda para asegurarse de que no había faltado nadie. Era realmente sorprendente pero era solo el principio.

Treinta minutos más tarde, los guardias regresaron. Esta vez con sacos de lonche, que sobraron del medio día. Estos normalmente los tiraban o lo comían los guardias pero nunca se los daban a los reclusos. Ahora era medianoche y galletas y emparedados estaban siendo repartidos entre las celdas.

Después, dos minutos más tarde lo imposible pasó. La mayoría de los prisioneros estaban esperando por una llamada por algún tiempo pero como es usual sus derechos son delatados indefinidamente. Ahora uno de los guardias más malos, quien de pronto estaba actuando muy amigable, abrió una celda y dijo,

"Yo no puedo sacar a nadie ahorita a hacer llamadas de modo que traje el teléfono inalámbrico, anden úsenlo."

Esto fue sorprendente. Esto ya era demasiado. Una mujer en una celda en frente a la mía me estaba viendo todo lo que pasaba. Me miró a través del vidrio con los ojos anchos maravillados y sacudió su cabeza como diciendo, "no lo puedo creer" sentí lo mismo. Cuando finalmente me fui a dormir, los únicos sonidos que escuché fue las voces de felicidad charlando en el teléfono.

Me di cuenta a la siguiente mañana que todos en la celda hablaron en el teléfono hasta que acabaron con la batería. Varias de las personas pudieron hablar con sus familias, amigos o los afianzadores y los dejaron salir. Nunca supe si la mujer que necesitaba atención medica la tuvo o no pero no la escuche llorar más. Toda la cosa era tan increíble que daba miedo.

Dos días más tarde escuché la llave magnética soltarse en la puerta de mi celda. Miré hacia arriba y el jefe de los oficiales disciplinarios entró. "Bueno, Señorita Caple, tengo buenas noticias y malas noticias. "¿Qué quieres escuchar primero?"

"Las malas." Dije secamente.

"Bueno," respondió. "Va a tomar un par de horas para procesarla fuera de aquí pero vas de regreso a la población general."

Mi quijada debe haberse caído porque no pude contestar por un momento. Entonces incrédula dije,

"Un par de horas no son malas noticias, Señor. Gracias"

Menos de media hora más tarde, yo me paseaba por el pasillo de regreso a mi unidad. Mi segregación de 90 días había sido tirada por el inodoro (baño). ¡Era un milagro!!! ¿Qué decía la escritura de Jeremías? ¡Si oraba por mi lugar de exilio y prosperaba, yo prosperaría también!!! ¡Sentía ganas de correr por el pasillo gritando, "esta cosa de Dios realmente funciona!!!" Estaba temblando. Podía sentir el amor de Dios y su poder. El me mostró algo increíble y era solo una muestra de lo que estaba por venir.

Años más tarde yo recibí la confirmación que el ángel que yo vi ese día era real. Yo estaba en un estudio filmando un programa para "God TV" y esperaba en el cuarto de maquillaje con otra invitada llamada Ángela Greening. Después del show caminaba por el pasillo y de repente ella llegó disparaba hacia el vestíbulo hacia mí.

Yo retrocedí a la vez que ella gritaba "¡Yo la conozco!"

Impresionada le dije: "¿En serio?" Yo nunca la había conocido en mi vida.

Ella respondió: "Yo la conozco, porque puedo ver a sus ángeles. Ellos son el tipo de ángeles que sacan a Satanás a patadas! "

En ese momento me dije a mí misma, "tengo que conocer a esta mujer." Así que después de la sesión almorzamos juntas. Mientras comíamos y platicábamos, Ángela me describió exactamente como lucía uno de mis ángeles.

Ella dijo: "Este es su ángel de la guarda, y lo que le pasó en las calles fue para protegerla y él quedó con una ala sangrando."

Luego hizo una pausa por un segundo antes de añadir: "Ni siquiera parece un ángel se parece más a un gánster".

Asombrada, todo lo que pude decir fue: "Es él".

LECCIÓN DIEZ

1. Describa una situación en la cual, durante su cautiverio, sintió a Dios dándole una respuesta directa a sus oraciones. Anote todos los detalles que pueda recordar sobre el evento. Además, describa las revelaciones espirituales que recibió durante el mismo. Incluya cualquier Escritura el Señor le dio y cualquier palabra personal que Dios le habló en su Espíritu.

¡PREPARACIÓN PARA SU FIN ESPERADO!

Capitulo Once

"Y si se vuelven a ti con todo su corazón y alma en la tierra de sus enemigos quienes los tomaron cautivos... entonces escucha sus oraciones y su ruego y apoya su causa." 1 Reyes 8:48-49

El Tercero de los Propósitos de Dios Para Tu Tiempo de la Oración de Salomón

"Estas son las palabras de la carta que el profeta Jeremías envió de Jerusalén a los ancianos que habían quedado de los que fueron transportados, y a los sacerdotes y profetas y a todo el pueblo que Nabucodonosor -Nos llevó cautivo de Jerusalén a Babilonia. Así ha dicho Jehová de los ejércitos, Dios de Israel, a todos los de la cautividad que hice transportar de Jerusalén a Babilonia: Edificad casas, y habitadlas; y planta huertos, y comed del fruto de ellos. Casaos, y engendrad hijos e hijas; dad mujeres a vuestros hijos, y dad maridos a vuestras hijas, para que tengan hijos e hijas; y multiplicaos ahí, y no os disminuyáis. Y procurad la paz de la ciudad a la cual os hice transportar, y rogad por ella a Jehová; porque en su paz tendréis vosotros paz..." (Jeremías 29: 1 & 4-7)

"Porque yo se los pensamientos que tengo acerca de vosotros, dice Jehová, pensamientos de paz, y no de mal, para daros el fin que esperáis" (Jeremías 29:11).

La primera escritura arriba mencionada es de la oración de Salomón. Es el tercer y último propósito que Dios quiere para su tiempo. La siguiente escritura es de una carta mandada a los antiguos exiliados que fueron encarcelados en Babilonia. El motivo por la cual puse estas escrituras juntas es porque su contenido va en ese mismo orden para su propósito final.

Hay muchos libros en la Biblia que comenzaron como una carta. Los cuatro evangelios de Marcos, Mateo, Lucas y Juan, tanto como las epístolas del nuevo testamento de Pablo son buenos ejemplos. Las cartas de Pablo, fueron escritas por él mientras estaba cautivo en una prisión Romana.

La segunda escritura que puse es del capítulo 29 de Jeremías titulado *"Una carta para los exiliados."* Esta carta es única porque **es la única en la Biblia que Dios mandó dentro de la prisión.** Escrita por el profeta Jeremías por el año 597 A.C., la carta fue mandada mediante una bolsa diplomática a los cautivos que estaban en Babilonia. En ella, bajo la inspiración y dirección del Espíritu Santo, Jeremías escribió una lista de instrucciones para los cautivos para que siguieran mientras estaban en exilio. Al final de la lista, estaba la promesa de un plan futuro que Dios les había preparado para cada uno de ellos. Las instrucciones en la carta fueron diseñadas para preparar a los prisioneros para su futuro.

¡Dios tiene un plan para usted también! Un propósito único que exaltara a Su Reino en la tierra y bendecirá su vida de gran manera. ¡Este plan se llama tú *"Fin Esperado!"*. Las instrucciones en la carta de Jeremías son específicamente diseñadas para prepararle durante tu cautiverio. Mire la oración de Salomón. El tercer propósito que el oró para el tiempo de usted era esto,

"Y si se vuelven a ti con todo su corazón y alma en la tierra de sus enemigos quienes los tomaron cautivos… entonces escucha su oración y su ruego y apoya su causa" (1 Reyes 8:48-49).

¿Cómo haría para lograr este propósito? ¿Qué va a necesitarse para que usted vuelva a Dios con todo su corazón y su alma? **Tiene que comprometer su vida entera a Él y ser la persona que Él creo.** ¡Lo cual indica que debe prepararse para tomar posesión de su Fin Esperado!

Mientras esté aquí, Dios quiere moldearlo en un instrumento perfectamente formado el cual Él pueda usar para edificar Su Reino. Dios tiene una misión de salvar al mundo. Su plan es que usted también vaya en esa misión con Él. Ahora es el tiempo para prepararse y juntarse con Dios en Su misión. Este es el propósito final que Dios quiere durante el tiempo de usted en la cárcel. Es la razón principal porque Él lo trajo a la cautividad. ¡Para prepararle para su tarea en el futuro!

Esta es la base de la carta de Jeremías - preparación. El motivo por el cual Dios mandó la carta a Su gente en Babilonia, era para que ellos pudieran usar su tiempo adentro para prepararse para los propósitos de Su Reino. La Biblia contiene muchos ejemplos donde Dios usa el cautiverio de una persona como un vehículo para entrenarlos para su tarea.

¡José paso 13 años en la prisión preparándose para ser segundo en mando sobre todo Egipto y para salvar el mundo de la hambruna! ¡El apóstol Pablo escribió sus cartas mientras estaba en la prisión, las que hoy llegan a millones de personas en el mundo! ¡También habían seis otros prisioneros en la Biblia, todos del exilio Babilonio, quienes tomaron posesión de su Fin Esperado! por medio del vehículo del cautiverio.

¡Durante su exilio, Daniel recibió el entrenamiento que necesitaba para ser el tercer mandatario más alto de Babilonia y el profeta más importante de la llegada de Cristo en los últimos días!

¡Mientras era prisionera en el palacio del rey, Ester paso un año entero de preparación para ser reina! Cuando ella tomó el trono, la matanza salvaje de todos los israelitas que permanecía, fue evitada.

¡Zerubabel y Josué estaban aún en Babilonia cuando recibieron la orden de ir a Jerusalén y reconstruir el templo quemado de Salomón!

¡Esdras fielmente estudió las Escrituras durante su cautiverio! ¡Cuando lo dejaran ir a casa, él estaba preparado para enseñar la Palabra a los exiliados que regresaron!

¡Nehemías era el copero del rey en la tierra del cautiverio cuando recibió su tarea de ir a Jerusalén y reconstruir las paredes caídas!

¡Para un grupo de ex convictos esa una buena lista de acontecimientos! ¿Cómo lo hicieron? Estos seis cautivos se relacionaban en una forma muy específica. ¡Todos fueron producto del exilio de Babilonia de modo que todos leyeron la carta de Jeremías, la cual los ayudó a tomar posesión de su Fin Esperado!!

Las instrucciones en la carta de Jeremías fueron diseñadas para prepararle para su tarea. ¡Durante todos los años de mi encarcelamiento, yo viví estas instrucciones! ¡Y ahora soy la fundadora del Ministerio del Fin Esperado! ¡Cuando las sigues, estas guías funcionan! Por esto es que vamos a pasar los próximos siguientes capítulos repasando por la carta. Voy a enseñarle como aplicar directamente las instrucciones a su cautiverio, para que pueda prepararse para poseer su futura misión.

¡Ahora, quiero poner énfasis en un punto importante! Tomar posesión de su Fin Esperado es uno de los propósitos de Dios para el tiempo de usted, así que debe tenerlo para que el castigo de su cautiverio termine. ¿Recuerda la advertencia que Jeremías dijo referente a esto? *"[Su castigo va a continuar hasta que haya completado su propósito]..."* (Jeremías 4:22).

Dios quiere que ciertos propósitos se cumplan durante para el tiempo de usted. ¡El último propósito es de prepararle para que posea su Fin Esperado! ¿Porque el castigo de su cautiverio seguirá si usted no llena este propósito? Porque su Fin Esperado-Es lo único que le permitirá ser libre, esté afuera o adentro. Teniendo posesión de él, le causara que esté lleno de esperanza y gozo sobrenatural. Le ayudará a aguantar cualquier situación y superar cualquier tentación. Le dará poder, para que haga su tiempo con propósito y asegurar su éxito cuando salga.

¡Los beneficios de poseer su Fin Esperado son infinitos y **poderosos!** Son suficientemente poderoso para cambiar su vida radicalmente mientras que está aquí y **asegurarle de que no regrese al cautiverio una vez que salga.** ¡Por eso, es que debe tomar posesión de su Fin Esperado ahora! ¡Es la única cosa que puede llevar el círculo de su cautiverio a un final!

¡Cuando estaba en la prisión, yo me preparé y tome posesión de mi Fin Esperado! Teniendo mi propósito por el cual fui creada cambió por completo la manera en que terminé mi tiempo. Estaba constantemente llena de entusiasmo por el futuro maravilloso que Dios estaba preparando para mí. El gozo sobrenatural que recibí al poner en acción mi tarea, hizo que mis días volaran. De hecho, habían varias veces que ni siquiera sentía estar en una prisión.

¡Una vez que salí, continúe persiguiendo mi misión, los beneficios de poseer mi Fin Esperado! fueron hechos aún más aparentes para mí. Impulsada por mi propósito, nunca fui tentada a hacer drogas o regresar a mis estados anteriores. El tener mi misión puso una llama de fuego dentro de mí, la cual me ayudo a superar cualquier obstáculo. Encima de eso, estaba rodeada de poderes sobrenaturales a mi favor dondequiera que iba. Bendiciones innumerables me llegaron porque yo estaba persiguiendo el propósito para el cual fui creada.

Pero a otros convictos que yo conocía, no les estaba yendo tan bien. Ya estaban luchando a diario con su existencia. Varios violaron probación y los devolvieron a la prisión. **¡Hasta los Cristianos que estaban siguiendo a Dios estaban regresando!** ¿Por qué? No se enfocaban la única cosa que podría prevenirlos a fracasar y asegurarles su éxito. ¡Su Fin Esperado!!

Por esto, es que Dios insiste en que agarre su Final Esperado mientras que está aquí. ¡Es lo **ÚNICO** que puede traer satisfacción total a su vida, previniéndole de volver a los pasos de antes, y **asegurarle la vida con la cual siempre soñó!** Dios quiere que viva su vida abundantemente. ¡Poseer su tarea asegurará que lo hagas!

Tiene que usar su tiempo aquí para estar listo para su tarea. Los siguientes tres capítulos de este estudio son de suma importancia para su futuro de modo que no solo lo lea pero también ponga lo que aprendió en práctica. Si no, nunca entrará a la herencia que Dios tiene para usted; su tierra prometida de leche y miel.

LECCIÓN ONCE

1. Este es el tercer y último propósito de Salomón para su tiempo, *"y si se convirtieren a ti de todo su corazón y de toda su alma, en la tierra de sus enemigos que los hubieren llevado cautivos...tú oirás en los cielos, en el lugar de tu morada, su oración y su súplica, y les harás justicia."* (1 Reyes 8:48-49)¿Cómo haría usted para cumplir este propósito?

2. Escriba Jeremías 29:11.

3. El resto de su cautividad debería estar dedicado a la preparación para su Fin Esperado. Es de suma importancia que usted se equipe para su Fin Esperado creado por Dios ahora, mientras aún está en cautiverio. Al hacerlo, determinará si usted tendrá una vida de plenitud o volverá al cautiverio de nuevo. Nombre tres antiguos israelitas cautivos que fueron entrenados para su Fin Esperado durante su cautiverio. Haga una lista de lo que lograron.

4. ¿Cree usted que esas personas podrían haber completado su misión si no se hubiesen preparado durante su cautiverio? ¿Por qué?

EDIFICA Y PLANTA

Capitulo Doce

"Esto es lo que el Señor todopoderoso, el Dios de Israel, dice a todos esos que lleve al exilio de Jerusalén a Babilonia: 'Edifica casas establécete; planta jardines y come lo que produzca."
Jeremías 29:4,5

*"Porque yo se los pensamientos que yo pienso hacia ti." ¡Dijo el Señor, pensamientos de paz y no de maldad, de darte un Fin Esperado!"*Jeremías 29:11

¡La primera instrucción de la carta de Jeremías ligada a la promesa de su Fin Esperado! es este, *"Edifica casas y establécete"* ¡Debe de empezar a prepararse para poseer su Fin Esperado! edificando su casa. ¿Cómo empieza? La carta misma se lo dice. La única manera correcta de 'edificar casas' es de "sentar cabeza" en una clase de vida centrada en Cristo. ¿Qué quiere decir esto?

Vivir una vida centrada en Cristo dependiendo completamente en Dios. Saber que necesita Su sabiduría y presencia para guiarle cada día. La forma de reconocer esto es buscar a Dios continuamente por medio del estudio de la Biblia, oración, y meditación. Asentándose en esta clase de vida centrada en Cristo es como edifica su casa. **Pasando tiempo personal con Dios todos los días es la primera disciplina que necesita desarrollar para poder ser exitoso por el resto de su vida.** Para esto es la primera instrucción de la carta de Jeremías.

Escogiendo asentarse en una vida centrada en Cristo significa tener que hacer las decisiones de cómo pasaras su tiempo mientras que está adentro. ¿Se envolverá en las cosas de Dios o en las del mundo? Las Escrituras dicen:

"...Pero cada uno debe tener cuidado en cómo edifica. Por qué ni uno puede echar ni una fundación que la que ya está echada, la cual es Jesucristo. Si algún hombre edifica en esta fundación usando oro, plata, piedras costosas, madera, pasto o sácate, su trabajo será enseñado por lo que es, porque el día lo va a traer a la luz. Sera revelado con fuego, y el fuego probara la calidad del trabajo de cada hombre. Si lo que él edifico sobrevive, él recibirá su recompensa" (1 Corintios 3:10-14).

Ahora está edificando para su futuro. Cristo es la fundación en que se basa la casa de sus sueños. Esto significa que tiene que construir el resto de su casa con materiales de Él. Cuando usa la fundación correcta, como la oración y el estudio de la Palabra, su casa se mantendrá firme por medio de cada prueba. Si escoge edificar con las cosas que le ofrecen el mundo, su casa será destruida.

Durante mi tiempo adentro, yo hice el compromiso de poner a Dios como mi prioridad número una. Cuando tenía que escoger entre leer mi Biblia y orar o jugar baraja y mirar tv, yo puse a Dios primero al elegir leer y orar. No me malinterpreten. Hubieron momentos en que me di el gusto en otro tipo de actividades, pero siempre me aseguré de que la mayoría de mi tiempo lo pase persiguiendo a Dios.

Como resultado, ahora estoy dirigiendo un ministerio muy victorioso, pero déjeme decirle que mi éxito no vino fácil. Vino después de años de vivir una vida centrada en Cristo. ¿Usted cree que puede edificar su vida jugando cartas y mirando telenovelas todo el día? No, a lo contrario, su futuro éxito dependerá mayormente en su compromiso de estudiar la palabra de Dios y de pasar tiempo con Él. Hay muchas otras actividades disponibles en la prisión para distraerle de su vida centrada en Cristo. ¿La pregunta es: va a permitir que todas esas distracciones le roben sus futuros sueños? No me interprete mal; Dios no quiere que elimine toda la recreación de su vida. Él quiere que se divierta mucho. Pero, también quiere que use su tiempo sabiamente, estudiando y preparándose para su llamado. Esto significa eliminando cualquier cosa que le atrase en su crecimiento.

Desafortunadamente, la mayoría de las personas consideran que las actividades involucradas con Dios son aburridas. ¿Después de todo, que emoción puede tener cuando ora o lee la Biblia? ¡Bueno, si se siente de esa manera es porque verdaderamente no ha probado la vida con Dios porque si lo hace, se prende ¡Mi vida es tan emocionante desde que vivo una existencia centrada en Cristo! Tener una relación profunda y personal con mi Dios es como tener una gran aventura. ¡Constantemente Él me sorprende! ¡Siempre quiero anticiparme por saber qué es lo siguiente que va hacer!

Una de las cosas más grandiosas que hace vivir una vida centrada en Cristo es que le ayuda a desarrollar su oído para escuchar a Dios y su corazón para obedecerlo. Mientras se sienta en la presencia del Señor a través de la oración, el estudio de la Biblia, la adoración, o la meditación, Él le dará conocimiento sobrenatural, y guía que cuando es usada, traerá su milagroso poder en su vida. Déjeme darle un pequeño ejemplo.

Recuerdo en una ocasión, cuando estaba en una junta de oración, me pidieron que orara por la madre de una reclusa. Después de que fue examinada por los doctores, esta mujer tenía una cita para cirugía del corazón porque tenía numerosos coágulos de sangre bloqueando sus arterias. Empecé mi oración pidiéndole al Señor que guiara las manos del cirujano durante la operación. Pero Dios me rebeló que yo estaba orando una oración equivocada. Él dijo que no orara por el cirujano pero que <u>orara específicamente para que los coágulos de sangre se disolvieran.</u> De modo que lo hice. El día siguiente, el grupo recibió el reporte de que la cirugía había sido cancelada porque durante el chequeo pre-quirúrgico los doctores descubrieron que los coágulos no estaban más ahí. ¡Habían desaparecido completamente!

Jesús oró para que el reino de Dios viniera y que su voluntad se hiciera en la tierra al igual que en el cielo. (Véase Mateo 6:10) ¿Cómo piensa que Dios va a lograr su voluntad en la tierra? ¡Lo hace por medio de nosotros! ¡Tener la habilidad de escuchar a Dios es muy importante porque nos da la habilidad de que es especificadamente su voluntad! Déjeme decirle lo que hubiera pasado si yo hubiera continuado orando por esa mujer en mi propia sabiduría. ¡Nada!

Son tantas las razones por las que amo el poder de escuchar a Dios. Él es mi amigo quien me dirá cuando estoy pecando en contra de Él o lastimando a otras personas y a mí misma. El me guía cuando yo tengo que tomar una decisión crítica. El me guía fuera del peligro y hacia mi destino. Cuando llevo una vida centrada en Cristo, Dios dirige el camino de mi vida hacia su gloria y mi ventaja.

Hay muchas personas que dicen que son Cristianas, pero, porque no están viviendo una existencia centrada en Cristo, y no tienen el poder de Dios acompañando su reclamo. Ve, entre más tiempo pase con Dios en su palabra y por medio de la oración, lo más que Él le cambiara y le dará más poder. Hubo un tiempo que oraba en tres grupos diferentes al día además de mi propio tiempo de meditación. ¡Eso es mucha oración! El resultado fue que me acerque más a Dios. Y Él aumento mi unción para poder orar más efectivamente.

Una noche, una hermana me dijo que era escéptica acerca de las cosas de naturaleza sobrenaturales, me dijo que estaba perpleja sobre un fenómeno que pasaba. Sucedía que cada vez que el grupo se juntaba y yo me paraba de casualidad junto a ella, algo raro pasaba. Cuando yo oraba, a ella se le erizaba la piel pero solo en un lado de su cuerpo. El lado donde yo estaba agarrando su mano. De hecho, la diferencia que ella sentía de un lado de su cuerpo y la otra era tan distinto que parecía que había una línea dividiendo por la mitad a lo largo de su cuerpo. En el lado que yo le tomaba de la mano sentía escalofríos y nada en la otra. Este fenómeno duraba solo mientras que yo oraba y cuando terminaba paraba.

No le estoy diciendo esto para alardear si no para establecer un punto. ¡Esto no pasaba porque yo era más espiritual que los demás, sino porque yo estaba pasando mucho tiempo con Dios en oración y Él se aseguraba de que yo poseyera el poder para que esas oraciones fueran contestadas! Dios le da poder cuando vive una vida centrada en Cristo. ¿Quiere llevar a cabo efectivamente el trabajo de Dios? Si es así, debe engancharse a Él diariamente en comunión con Él y buscando Sus Escrituras.

Aun cuando salí de prisión, yo continúe en mi disciplina diaria de leer y orar. ¡Y cuando todos estaban siendo devueltos a la prisión o luchando a diario en su día, mi esposo y yo estábamos siendo bendecidos inmensamente en cada área de nuestras vidas! ¿Cuál es la diferencia entre nosotros y los otros ex-convictos que no lo estaban haciendo? ¡Dos cosas: nosotros practicamos diariamente vivir centrados en Cristo y poseemos nuestro Fin Esperado!!

Necesito parar aquí y resaltar un punto muy importante. ¡El enfoque mayor de este libro es el de prepararle a que posea su Fin Esperado! **Pero viviendo una vida centrada en Cristo es más importante que su tarea y debe venir primero!** Por eso es la primera instrucción de la carta de Jeremías. ¡Es la fundación fundamental necesaria para que usted posea su tarea! Sin una relación cercana al Señor no podrá escuchar su dirección referente a su misión. Sin el estudio diario y oración no tiene las herramientas que necesita para ministrar efectivamente mientras que encamina su tarea. ¡Sin una dependencia diaria a Dios, vas a fracasar en su misión porque va a estar caminando bajo su propia fuerza limitada en vez de su poder ilimitado!

Como un año y medio después de que había salido, momentáneamente caí en un hábito de no leer y orar todos los días. Yo estaba ocupada escribiendo este estudio, trabajando tiempo completo, siendo esposa, pasando tiempo con mi familia, y manteniendo mi nueva casa en orden. Sin embargo, continuaba trabajando en la *Series Cautiverio* a diario, y justifiqué que no necesitaba estudiar. Después de todo estaba haciendo una cosa de "Dios."   ¡Bueno, unos meses más tarde el Señor me dejó saber que no consideraba el trabajo en mi Fin Esperado! un substituto por mi tiempo personal con Él. Él también lo hizo claro de que si no volvía a mi hábito de mi vida centrado en Cristo, mi habilidad para completar mi tarea empezaría a sufrir.

Debemos de ser cuidadosos sobre qué cosas empezamos a substituir por nuestra relación personal con Dios. Novelas Cristianas no son malas, ni tampoco televisión Cristiana o las actividades. Pero cualquiera de estas cosas pueden ser peligrosas cuando las dejamos remplazar nuestro tiempo diario uno-a- uno con Dios.

Aquí hay un punto final para los que ya están viviendo una vida centrada en Cristo. Tiene que poner atención a este capítulo porque es fácil de sentirse presumido cuando ya ha desarrollado una disciplina diaria de oración y estudio. Créame cuando le digo que aunque esté haciendo muy bien ahora, cada nuevo día se le presentará la oportunidad de resbalar en su práctica. Especialmente cuando salga. Va a estar tan ocupado, que pensará que no tiene tiempo para orar o leer. Como sea, cuando esto pase, recuerde de apartar tiempo porque su vida, su sobrevivencia, y su futuro dependen de ello.

Esfuércese a pasar su tiempo sabiamente. Considere su encarcelamiento como Academia Bíblica, un tiempo para estudiar y crecer. Dios le instruyó a *"Edificar casas y sentar cabeza"* porque es la única manera para asegurar éxito duradero por el resto de su vida.

Regresemos y veamos otra vez al primer verso de la carta de Jeremías. *"Edifica casas y establécete, planta jardines y come lo que produzcan.....* "La segunda mitad de este verso contiene instrucción conectada a una promesa. La instrucción dice *'planta jardines'* mientras que está en exilio porque si lo hace podrá *"comer lo que producen"*

¿Cómo planta un jardín mientras que está en prisión? Bueno, si mira el verso completo otra vez verá que el edificar su casa y plantar su jardín van juntos. La instrucción de plantar está directamente conectada con asentarse en una vida centrada en Cristo. Cada vez que usted escoge hacer las cosas de Dios usted está plantando semillas en su jardín.

Usted ve, cada vez que usted habla una de las Escrituras a su familia, usted planta una semilla en sus vidas. Cada vez que ora por su futura tarea, está plantando una semilla en su futuro. Cualquier tiempo que le sirve a alguien, usted está plantando una semilla. Cualquier vez que lea la palabra está plantando una semilla. Y la lista sigue y sigue. ¡Cada vez que hace algo para llevar una vida centrada en Cristo, usted está plantando semillas en su jardín, lo cual un día van a producir una cosecha, la escritura promete que podrá comer de ella un día!

Vamos a mirar cómo trabaja este proceso estudiando la ley de sembrar y cosechar. Dios ha establecido leyes por las cuales el universo funciona. La ley de gravedad es una de ellas. La gravedad es constante. Nunca flotará fuera en el espacio porque la gravedad siempre lo detendrá en la tierra. Así es la ley de sembrar y cosechar. Es constante. Nunca cambia y siempre trabaja. Investigaremos como esta ley opera empezando con la primera parte- sembrando.

"No seas engañado: Dios no puede ser burlado. Un hombre cosecha lo que sembró" (Gálatas 6:7).

La ley de sembrar garantiza que lo que plante es lo que va a cosechar. Por ejemplo: Si usted fuese a sembrar un grano de maíz no vas a agarrar sandias, cosecharía maíz. La ley de Dios de sembrar trabaja así cada vez con todo, incluyendo las cosas del espíritu.

¡La segunda parte de la ley de sembrar y cosechar es de que cosechará más de lo que plantó! Déjeme explicarle. Si usted pone un grano de maíz en la tierra, le daría una rama con más o menos seis orejas de elote, cada una con 100 o más granos. Es es **600** granos de maíz cosechados de una semilla plantada. Que tan increíble crecimiento y porque Dios lo ha hecho una ley **el crecimiento es garantizado**. Por esto es que Dios le instruyó a que planteara *"jardines"* mientras que está en exilio porque su ley de sembrar y cosechar garantiza una cosecha abundante si lo hace.

Sabía que una de las definiciones de la palabra *"jardín"* es "una región muy bien cultivada; área fértil, de tierra desarrollada."(Webster) eso quiere decir que Dios en su gracia y su piedad se aseguró que la tierra de su cautiverio esté bien cultivada y fértil. ¿Por qué? Para que esos que escojan plantar mientras que están en exilio sean recompensados con una cosecha extraordinaria. Mire a lo que el Salmo 126 dice sobre de esto.

"Cuando el Señor hiciere volver la cautividad de Sion, seremos como los que sueñan. Entonces nuestras bocas se llenaran de risa, Y nuestra lengua de alabanza; entonces dirán entre las naciones: Grandes cosas ha hecho Jehová con estos. Grandes cosas ha hecho Jehová con nosotros; Estaremos alegres. Los que sembraron con lágrimas, con regocijo segaran. Ira andando y llorando el que lleva la preciosa semilla; Mas volverá a venir con regocijo, trayendo sus gavillas" (vs. 1-3, 5-6).

Los antiguos cautivos de Babilonia escribieron este Salmo cuando ellos regresaron a Jerusalén después de sus años en el exilio. En él, ellos comparten que tan irreal se sentían estar en casa. Como Dios hizo cosas tan maravillosos por ellos en su cautiverio que hasta las otras naciones reconocieron que estaban bendecidos. En este verso, los exiliados nos dicen el secreto de cómo fue que ellos recibieron todas esas bendiciones.

"Ira andando y llorando el que lleva la preciosa semilla; Mas volverá a venir con regocijo, trayendo sus gavillas." ¡Mientras que en cautiverio la gente obedeció a Jeremías en las instrucciones de plantar jardines y de ahí que estaban cosechando lo que esos jardines estaban produciendo! ¡De hecho, la cosecha de Israel fue tan grande **que ya tenían bultos de ello antes de que llegaran a la tierra de leche y miel!**

Mientras estuve en la prisión, yo planté semillas en todas partes. Yo oré por mi familia. Yo hablé escrituras sobre mi futuro. ¡Y desde que salí, he recibido tantas cosechas grandes, todos alrededor de mi continúan maravillándose de lo que Dios está haciendo en mi vida! ¡Como la antigua Israel, he sido bendecida en más formas de las que puedo contar y estoy literalmente dándome una fiesta de lo que mi jardín produce!

Dios quiere que su cosecha sea abundante también pero para que esto pase tiene que plantar la semilla. Semilla en oración para su futuro, semilla en la palabra, semilla en servicio a Dios. ¡Recuerde que su ley de sembrar y cosechar está **garantizada,** lo que quiere decir es que su potencial es ilimitado! Lo único que le puede poner límites es usted. Piénselo cuidadosamente- la medida de su cosechas depende de usted y de la cantidad de semillas que plante. Entre más semillas, más grande la cosecha.

Pero déjeme advertirte sobre lo que va a pasar cuando decida seguir las instrucciones de edificar y plantar. Su enemigo, Satanás, conoce está promesa tan dolorosa para él, de la cosecha garantizada en la carta de Jeremías. La última cosa que él quiere es que usted obedezca sus instrucciones. ¡Tenga cuidado! El intentará cada truco sucio que hay para que pierda la oportunidad de plantar semillas en su vida. Toda clase de problemas sutiles y también ataques directos le van a pasar mientras trate de vivir una vida centrada en Cristo. De repente se siente con sueño cuando lee la Biblia. El diablo usará a otra persona para distraerle de su camino. Hasta provocará un desacuerdo entre usted y otro Cristiano para que no siga yendo a oración, servicio y alabanza. Estos ataques son del enemigo que crea situaciones para hacerle parar de sembrar. ¡No caiga en eso! Cuando para de continuar haciendo las cosas de Dios por otra gente o circunstancias, ha caído en uno de los trucos más viejos de Satanás y él va a tener éxito en haberle robado su cosecha.

Ahora, tenga cuidado de lo que planta. Recuerde cualquier semilla que use, buena o mala, es lo que va a cosechar en abundancia. Si usted está plantando las cosas de Dios, vas a ser bendecido pero si planta las cosas del mundo, cosechará miseria y fruta agria. La Biblia dice;

"No seas engañado: Dios no puede ser burlado. Un hombre cosecha lo que sembró. El que siembra para agradar a su naturaleza pecadora, de esa naturaleza va a cosechar destrucción; el que siembra para agradar a su espíritu, del espíritu cosechara vida eterna" (Gálatas 6:7-8).

Cuando siembra en el espíritu, usted cosechará las bendiciones que Dios tiene guardadas en el reino espiritual. Sin embargo, cuando siembra cosas de su naturaleza pecaminosa, como orgullo, avaricia, chisme, criticismo, coraje o pereza, usted va a cosechar la fruta que esos comportamientos traen. De modo que asegúrese que su semilla es buena o su cosecha va a ser abundantemente mala.

Por último, necesita saber que siempre hay un tiempo de espera entre el tiempo que planta y el tiempo que cosecha. Piénselo. ¿Si pusiera una semilla en la tierra ahora, se pararías y esperaría que la planta brotara inmediatamente? No, eso sería ridículo. No sea muy impaciente de ver su cosecha, porque cada semilla toma tiempo para germinar. Siempre habrá un tiempo de espera. Desafortunadamente, la mayoría de la gente se da por vencida durante este tiempo y dejan de hacer las cosas de Dios porque no están teniendo ningún resultado. Gálatas 6:9 dice,

"No nos dejes cansar en hacer el bien, porque al tiempo apropiado levantaremos una cosecha si no nos damos por vencidos"

Desde el principio de mi encarcelamiento, yo planté semillas en todas partes pero al principio nada pasaba. ¡A veces, yo sentía ganas de darme por vencida pero porque continúe haciendo las cosas de Dios, mi cosecha llegó y no ha parado! De hecho, en mi mejor día, nunca hubiera soñado tener las bendiciones que he recibido. ¡Así que manténgase en Dios! ¡No se de por vencido! Edifique y plante mientras que está aquí y prepárese para recibir su cosecha.

LECCIÓN DOCE

1. Las instrucciones contenidas en la carta de Jeremías son para prepararle para su Fin Esperado. La primera instrucción: *"Así ha dicho Jehová de los ejércitos, Dios de Israel, a todos los de la cautividad que hice transportar de Jerusalén a Babilonia: ⁵ Edificad casas, y habitadlas; y plantad huertos, y comed del fruto de ellos."(Jeremías 29:4-5)" Porque yo sé los pensamientos que tengo acerca de vosotros, dice Jehová, pensamientos de paz, y no de mal, para daros el fin que esperáis."*(Jeremías 29:11)¿Cómo comienza la construcción de su casa mientras está en cautiverio?

2. Apunte varias cosas que usted puede hacer para convertir su manera de vivir en una vida centrado en Cristo, mientras usted está adentro.

3. Apunta varias maneras en que puede *"plantar jardines"* mientras se encuentra en cautiverio.

4. Si decide ser obediente a la instrucción de Jeremías de *"plantear jardines"* mientras está en cautiverio la escritura dice que será capaz de _____*lo que producen"*. (Llene el espacio en blanco) ¿Qué significa esto para usted?

5. Explique la ley de sembrar y cosechar. ¿De qué manera esta ley beneficiará a aquellos que prefieren obedecer las instrucciones de Jeremías de *"plantear jardines* "mientras está en cautiverio?

PROSPERANDO EN LA FAMILIA

Capitulo Trece

"Casaos, y engendrad hijos e hijas; dad mujeres a vuestros hijos, y dad maridos a vuestras hijas, para que tengan hijos e hijas; y multiplicaos ahí, y no os disminuyáis. Jeremías 29:6

"Porque yo se los pensamientos que tengo acerca de vosotros, dice Jehová, pensamientos de paz, y no de mal, para daros el fin que esperáis." Jeremías 29: 11

¡La segunda instrucción de la carta de Jeremías está atada a la promesa de su Fin Esperado!, le dirige a construir una familia mientras que está en exilio. ¿Qué es *familia*? El diccionario de "Webster's" define de esta manera *"fraternidad"*, un grupo de gente unida por ciertas convicciones (como de religión o filosofía)."

Familia es "fraternidad, el cuerpo de Cristo juntándose, estudiando las escrituras, adorando a Dios, y sirviéndole a Él y otra gente. ¡Dios quiere que usted sea parte de esto mientras está adentro, porque estar involucrado en el cuerpo le ayuda a prepararse para su Fin Esperado! Por eso es que la instrucción de construir la familia es seguido por la promesa de su futuro.

"Casaos, y engendrad hijos e hijas; dad mujeres a vuestros hijos, y dad maridos a vuestras hijas, para que tengan hijos e hijas; y multiplicaos ahí, y no os disminuyáis, declara el Señor planes para darte esperanza y un futuro... ¡para daros el Fin Esperado!"

El mandato de construir familias y la promesa de un ¡Fin Esperado! están directamente relacionados porque están unidos. Es durante su envolvimiento en la fraternidad que va a recibir el entrenamiento que necesita tener para calificar para su futura misión. Solo en el cuerpo puede aprender oficios y lecciones importantes necesitadas para encaminarlo hacia el propósito para el que fue creado.

José es el ejemplo perfecto bíblico de alguien que recibió entrenamiento para su ¡Fin Esperado! mientras estuvo activo dentro de un grupo de gente en la prisión. La Biblia dice que durante su cautiverio, *"Y el jefe de la cárcel"* entregó en manos de José el cuidado de todos los presos que había en aquella prisión... " (Génesis 39:22)

El trabajo de José en cautiverio lo envolvía directamente con sus compañeros de la prisión. Por 13 años el manejó, distribuyó y supervisó todas las necesidades de los otros prisioneros. ¿Qué hizo la participación de José en esta familia por él? Pulió y perfecciono sus habilidades. ¡Las mismas habilidades que más tarde usaría para manejar, distribuir, y supervisar los almacenes de grano, las cuales salvaron las vidas del entero país del hambre! José fue puesto segundo en mando sobre todo Egipto porque **estaba calificado para el trabajo**. Por eso usted tiene que estar activo en la fraternidad en su prisión porque su participación le calificara para su futura tarea.

Mirando atrás, yo puedo ver como Dios usó mi actividad en la fraternidad de la prisión para entrenarme en este ministerio. Todo comenzó en la cárcel del condado, donde empecé estudios de la Biblia con dos personas. Rápidamente, el grupo creció a diez, demasiados para mi celda, así que tuve que mover el estudio afuera en el "pasillo". Ahí empecé a instruir y a orar con todas las mujeres, llevando a los nuevos convertidos a Cristo, y destacando a todos en adoración.

Mientras, nuestra pequeña "familia "creció y yo funcionaba como líder sobre el cuerpo, mi sabiduría y mi oficio aumentaron permitiéndome tomar más responsabilidad. Eventualmente, el capellán de la prisión me pidió que hiciera estudios de la Biblia al otro lado, lo que significaba que podía enseñar a todos los grupos de mujeres y no solo a mi grupo.

El próximo paso de mi entrenamiento llegó cuando fui trasladada a la prisión federal. En menos de nueve meses después de que llegue, Dios llevó a cuatro otras hermanas y a mí a iniciar un ministerio. Una vez más, empecé a enseñar estudios de Biblia y llevar a cabo adoración pero de un nivel mayor. Porque tuve que estudiar e ir constantemente ante el Señor para tener guía para manejar un ministerio más grande, mis habilidades fueron aumentadas. Eventualmente, mis habilidades fueron sintonizadas hasta al punto de que ya estaba lista para el paso final; ¡este ministerio de hoy! Ve, que como a José, Dios uso mi actividad en el cuerpo para prepararme para mi ¡Fin Esperado!

A través del plan de Dios, no solo yo pero también otras mujeres se beneficiaron de su participación en el mismo ministerio. Cuando primeramente llegué a la prisión, habían solo algunos grupos desparramados de Cristianos serios. Aunque cada uno de ellos estaba viviendo una vida centrada en Cristo, edificando casas y plantando jardines, lo estaban haciéndolo separados de un cuerpo de creyentes.

Una noche el Señor corrigió esta situación dándonos la misma idea de empezar una fraternidad Cristiana, a 5 de nosotras que ni nos conocíamos. ¡Cuatro días más tarde nos juntamos para lo que vendría a ser nuestra fiesta fraternal mensual y cincuenta mujeres atendieron! Inmediatamente, Dios tomó a lo que una vez había sido un grupo desparramado de Cristianos y nos transformó en un cuerpo de creyentes.

Mientras el ministerio continuó creciendo, añadimos más actividades como un estudio de Biblia adicional, un sistema de diezmos para ayudar a los recién llegados, un equipo corporal de oración para orar por la prisión. Tener estos sub-ministerios proveyó bastantes oportunidades para las mujeres que se envolvieran directamente en su fraternidad y agarrar el entrenamiento que necesitan para su futura tarea. ¡Algunas mujeres que escogieron ser activas están ahora en la calle usando su experiencia para llegar a obtener sus sueños!

Desafortunadamente, mucha gente de hoy son negligentes para involucrarse en la fraternidad de la prisión. De hecho, hay un nivel epidémico de división y aislamiento en la población de reclusos, aun entre los Cristianos. Bueno, déjeme advertirle, esta división es más peligrosa que un virus mortal y si le infecta, le puede literalmente robar su futuro.

Una de ellas dijo "yo tengo mi propia relación con Dios" esta declaración implica una falta de conocimiento de la importancia que Dios pone en la fraternización. ¡Reclusos que no entiendan el principio de estar involucrado en el cuerpo van a perder el entrenamiento que necesitan para prepararse para su Fin Esperado! Imagine que hubiera pasado si José hubiese decidido hacer su tiempo solo y no ser activo entre sus compañeros prisioneros. ¡Cuando la oportunidad vino para que el aplicara para la posición de cabeza sobre Egipto, a él nunca le hubieran dado ese trabajo porque no hubiera calificado!

Esos que creen que necesitan hacer su tiempo con Dios y con Él solamente se pierden todas las maneras emocionantes en que Dios quiere usarlos adentro de la fraternidad. Recuerdo un tiempo cuando estaba con un grupo de mujeres hispanas orando y había una petición de alguien que necesitaba sanación. Diez minutos después de que empezamos a orar, escuché al Señor hablarme. Me dijo que alcanzara y pusiera mi mano sobre ella, y eso hice. Cuando la toqué, algo como electricidad empezó a dispararse de un lado a otro en mi costilla. Esto duró un poco menos de un minuto durante el cual no dije nada. Solamente mantuve mi mano sobre ella hasta que la "electricidad" paró, y la quité. Ella estaba curada ¡De hecho, una mujer quien estaba parada junto a ella fue sanada de un dolor de espalda crónico al mismo tiempo porque inadvertidamente tocó a la misma mujer cuando el poder sanador de Dios se emitió!

Déjeme decirte porque pasó esto. Primero, porque yo paso tanto tiempo con el Señor que yo reconocí su voz cuando el habla. **Segundo, pasó porque yo era activa en el cuerpo**. Tan solo mi presencia le dio la oportunidad para que Dios me usara para activar Su poder de sanación. Créame cuando le digo que si es constantemente fiel en su participación en la fraternidad, Dios lo usará solo porque está ahí.

La segunda excusa más frecuente que escucho de los prisioneros que no fraternizan es esta: "yo no voy a la iglesia por todos los hipócritas que hay ahí. "Desafortunadamente, gente que no atiende a la fraternización por los "hipócritas" en realidad tienen un problema con ellos mismos. Más que nada, estos son los que son los más difíciles. Esta es otra razón por la cual debe de ser activo en el cuerpo, para que pueda reconocer sus debilidades en su comportamiento hacia los demás.

Lo conflictos y la división entre el cuerpo son los enemigos más grandes. Estos son causados usualmente por fallas en el carácter de nosotros mismos, no de las otras personas. Cuando se aísla de otros, las fallas de su carácter también se mantienen escondidas, envenenándole y saboteando su futuro. Pero cuando empiece a funcionar con la familia empezará a descubrir que le gusta juzgar a los demás, que tan pronto está para chismear, o que tan orgulloso puede actuar. Mientras más activo sea en el cuerpo, más situaciones se presentaran para exponerle a esta clase de comportamientos.

La autora Elizabeth Elliot hace un comentario duro y provocador sobre esto en su libro, "Una Lenta y Cierta Luz". Ella escribe; "Dios aísla al hombre para que se revele a Él mismo. Allí es cuando un hombre puede reconocer claramente quien es Dios. Pero es en las relaciones con sus compañeros que Él viene a conocerse a sí mismo. Buscando la voluntad de Dios como si no tuviera nada que ver con los demás le lleva a la distorsión."

La Señora Elliot menciona dos verdades muy poderosas. Primero, toma involucrarse con la gente para que usted sepa lo que está pasando dentro suyo. Segunda, la voluntad de Dios para su vida siempre involucrará a otra gente. Por esto es que debe aprender a tratarlos de una manera santa.

¡Cualquiera que sea su Fin Esperado! involucrará a la gente. Dios está en el negocio de salvar a la gente. De hecho, Él mandó a su único hijo a morir por nosotros de modo que obviamente la gente es su prioridad número uno. Habrá muchas veces en su vida y durante su tarea en la cual se verá requerido a tratar con alguien que tiene un comportamiento apartado de Dios.

Pero piénselo. Si fueran perfectos, no necesitarían su ayuda. Como lo dijo Jesús, son los enfermos los que necesitan a un doctor no los que están sanos. (Vea Mateo 9:12) Necesita atender la fraternidad aunque esté alguien que no le agrade. ¡Después necesita cambiar su actitud sobre esta persona y empezar a amarlos como Dios nos ama a nosotros, con o sin errores! Es fácil amar a la gente que es amorosa. Su desafío y su crecimiento vendrá cuando aprenda a abrazar a alguien que es difícil, pesado y odioso. Recuerde, que en el trabajo de sus sueños siempre tendrá que trabajar con gente que no es perfecta.

Hasta ahora, hemos visto razones muy importantes del porqué el involucrarse en el cuerpo es esencial. Sería negligente si no le mostraría un último principio referente a la "familia". Esta verdad bíblica es sumamente importante porque afectará dramáticamente su estabilidad financiera futura.

Usted sabe muy bien como yo, que la falta de dinero es lo que nos hizo a muchos de nosotros escoger el crimen como parte de nuestras vidas. Como sea tratamos de adquirir libertad financiera por medio de nuestras actividades criminales, terminamos en cautiverio. ¿Quiere que esto le pase otra vez?

Imagínese estar conforme y tener todas sus necesidades ya arregladas y hasta ser próspero. ¿Cómo puede pasar esto? Bueno, para comenzar Jesús lo prometió. (Véase Mateos 6:24-34) También, las Escrituras dicen que por medio de tu actividad en el cuerpo tú prosperaras.

Déjeme mostrarte prueba de esto en el libro de Salmos. *"Dios pone la soledad en familias y da a los desolados un hogar en el cual morar; el lleva a los prisioneros fuera para prosperar; pero los rebeldes a morar en tierra abrasada"* (Salmos 68:6 NVI).

Dios quiere poner a los Cristianos que se sientan "solos" dentro Su familia porque es ahí en fraternidad que *"El lleva al prisionero a la prosperidad."* ¿Cómo trabaja esto? Un famoso pastor llamado Mike Murdoc dijo una vez, "¡Tu prosperidad está en tu tarea!"!¡Por eso él quiso decir que mientras que persiga su Fin Esperado!, Dios se asegurara que usted pueda llenar todas sus obligaciones personales y las del Reino. ¿Por qué haría esto Dios? Porque cuando es libre de la preocupación financiera, se puede concentrar en hacer el trabajo que Él le asignó.

Piénselo. ¿Cree que pudiera poner toda su atención en seguir su misión si está constantemente preocupado de tener que pagar su renta? ¡Dios le provee a la gente que está siguiendo su Fin Esperado! para que sea libre para completar su trabajo. Pero este es el anzuelo: ¡**Para ser calificado para poseer su tarea, tiene que ser entrenado dentro del cuerpo!** Por esto es que el salmista dijo que Dios le prosperara **por medio de su lugar en la familia.**

Mientras que estuve en la prisión, fui entrenada para esta misión por medio de mi posición en la fraternidad. ¡Cuando salí de la prisión, yo continúe trabajando en mi Fin Esperado! y no hubo ni un solo día que mi esposo y yo no pudiéramos cumplir con nuestras obligaciones fináncliales. De hecho, aunque por el primer año y medio de nuestra salida trabajamos en trabajos de pago mediocre, estábamos tres meses adelantados en nuestros pagos, manejamos carros nuevos, dueños de nuestra propia casa, y viviendo muy cómodamente. ¿Cómo pasó todo esto? ¡Dios nos prosperó sobrenaturalmente porque estábamos persiguiendo nuestro propósito!

Cinco meses después de que nos mudamos a nuestra casa, el Señor direccionó a que mi esposo empezara su propio negocio. Nunca olvidaré la noche en que Dios le hablo a Bobby sobre su nueva compañía. Mi esposo llegó a la sala todavía mojada del agua del baño, mirándome con los ojos muy anchos y me repitió las palabras que el Señor le dijo: **"¡Yo aumentaré tu negocio para que ella atienda mi negocio!"**

¡Cuando mi esposo dijo esto, yo me sentí tan electrificada como que había sido golpeada por un rayo! Dios estaba comprobando su promesa escritural de proveer a esos quienes perseguirían sus tareas. ¡Él iba a aumentar los negocios de mi esposo para que me liberara para seguir Su negocio: Mi Fin Esperado!!

Inmediatamente, la compañía de Bobby despegó, trayendo tres veces más dinero en un solo día que en lo que había hecho en una semana previa. Esto eventualmente me permitió renunciar a mi trabajo de tiempo completo y agarrar el "¡ministerio del Fin Esperado!"¡A tiempo completo! Créame cuando le digo que Dios siempre financiará la gente que está haciendo sus proyectos. ¡Pero recuerde eso que **la única razón por la cual yo califiqué para mi tarea fue por el entrenamiento que recibí en el cuerpo de creyentes mientras estaba en prisión!**

¡Su prosperidad futura queda en su Fin Esperado! Debe prepararse para su tarea, involucrándose en el cuerpo. La escritura de Salmos dice que usted prosperará por su lugar en la familia, pero el mismo verso también da una advertencia a aquellos que no se involucran: *"pero los rebeldes vivirán en una tierra seca"* esta tierra seca es el lugar sin provisiones, espiritual o de ninguna otra manera y es lo que le espera si no es activo en el cuerpo hoy.

¡Involucrarse es fácil! Solamente únase y ofrezca los dones que Dios le dé. ¿Ha desarrollado sus habilidades de oración? Ahora vaya y ore por alguien. ¿Posee habilidades administrativas o de ayuda en general? Ofrézcale al cuerpo ayuda para organizar. ¿Ha estado estudiando la palabra de Dios? Enseñe un estudio de la Biblia. ¿No hay una fraternidad ahora mismo? Empiece una. Las oportunidades son ilimitadas, pero debe de perseguirlas. ¡Cuando lo haga, encontrara que la familia es el lugar donde se preparara para sus sueños!

LECCIÓN TRECE

1. Las instrucciones de la carta de Jeremías tienen el propósito de prepararle para su Fin Esperado. La segunda instrucción: *Casaos, y engendrad hijos e hijas; dad mujeres a vuestros hijos, y dad maridos a vuestras hijas, para que tengan hijos e hijas; y multiplicaos ahí, y no os disminuyáis. (Jeremías 29:6 Reina-Valera 1960) Porque yo sé los pensamientos que tengo acerca de vosotros, dice Jehová, pensamientos de paz, y no de mal, para daros el fin que esperáis. (Jeremías 29:11 (Reina-Valera 1960)* Dios quiere que usted se involucre en la construcción de la familia de Dios, mientras que están en cautiverio. ¿Por qué es tan importante que participe con otros cristianos?

2. ¿Qué persona en la Biblia fue entrenado para su Fin Esperado dentro de un grupo de presos? ¿Qué terminó haciendo esa persona?

3. ¿De qué manera su participación en el cuerpo de Dios, le ayudará a prepararlo para su Fin Esperado? Haga una lista de posibles razones.

4. En su caso, haga una lista de razones por las cuales pudiera haber dudado en involucrarse en el cuerpo de Dios.

5. ¡Mike Murdock dijo una vez: "Su prosperidad se encuentra en su tarea!" Quiere decir que el tiempo que demora en la búsqueda de su Fin Esperado, Dios proveerá todas sus necesidades y obligaciones. ¿Es capaz de encontrar aliento en todo esto? Si es así, ¿de qué manera?

ORA Y PROSPERA

Capitulo Catorce

"También, busca la paz y prosperidad de la ciudad a la cual le he llevado en exilio. Ora a el Señor por ello, porque si prospera, tú también prosperaras." Jeremías 29:7

"¡Por qué yo se los pensamientos que yo pienso acerca de ti, dijo el Señor, pensamientos de paz y no de mal, para darte un Fin Esperado!" Jeremías 29:11

¡Este es el último mandamiento en la carta de Jeremías relacionado a la promesa de su Fin Esperado! La instrucción le dirige a orar por el lugar de su cautiverio porque si prospera usted prosperará también. Para los antiguos israelitas cautivos, esto era una idea sin precedente. Nunca antes les habían dicho que oraran por sus enemigos, mucho menos por los que los tenían cautivos. ¿Y aquí estaba el sorprendente mandamiento de Dios de que lo hagan- porqué?

La oración cambia las cosas. Le ofrece provisiones almacenadas en el cielo, y hacen que se vengan a la tierra. La oración hace que se mueva la mano de Dios en su situación. Imagínese poder cambiar toda el sistema de la prisión. ¡Bueno, no tiene que imaginárselo porque lo puede hacer, a través de la oración!

Nunca olvidaré la última vez que estuve en segregación y Dios me rebeló el poder que el daría para aquellos quienes oraran por su prisión. Tampoco voy a olvidar el milagro de haber sido absuelta de servir 90 días en el hoyo porque obedecí las instrucciones de Jeremías. Lo que me pasó en admisiones puede pasarle a usted y a su prisión. ¡Es así de simple! Cuando Dios dice que Él le traerá paz y prosperidad a los dos a usted y su prisión Él lo dice de verdad, pero debe orar para que así sea.

Desafortunadamente, muy pocos prisioneros han realizado esta verdad. De hecho, la mayoría se quejan más de su prisión que orar por ella. ¡Yo creo que si pasamos la misma cantidad de tiempo en nuestras rodillas orando que quejándonos, nos sorprenderíamos de los resultados! ¡Nuestra prisión recibió una cantidad de bendiciones de Dios, como nunca se habían visto antes!

En este capítulo, le mostrare prueba en el libro de Daniel que orar por su prisión causara que usted y su prisión prosperen. El libro entero de Daniel tomó lugar en Babilonia. En 605 A.C. Daniel fue llevado a Babilonia en la primera deportación de los cautivos de Jerusalén. ¿Puede imaginarse cuanto tuvo que caminar, casi 1,000 millas en cadenas a la prisión? Daniel era solo un joven y su mundo había sido cambiado totalmente. En ese tiempo, nunca se imaginaba la cosa maravillosa que Dios haría por él a través de su exilio. ¡De hecho, Daniel prosperó tanto mientras estuvo en Babilonia que si no lo supiéramos diríamos que no era un prisionero!

En el principio, cuando Daniel llegó a Babilonia, fue llevado al palacio para ser entrenado en el servicio del rey Nabucodonosor. Inmediatamente, Dios bendijo a Daniel con toda clase de sabiduría y conocimientos y empezó a darle favor con los oficiales del palacio. ¡Pronto, Daniel fue promovido a gobernador de la provincia de Babilonia y gobernador mayoral de los sabios!

Después de algunos años mientras las habilidades de Daniel continuaron crecieron, así aumentó su estatus al punto que se prodigaba con todos los honores, regalos, y el respeto como fue promovido a posiciones más altas dentro de Babilonia. Su segunda promoción vino cuando el sucesor de Nabucodonosor, Belshazzar convirtió a Daniel el tercer mandatario más alto en el reino. ¡Después el sucesor de Baltasar, Darías eventualmente lo puso sobre la realeza entera! Imagínese eso, Daniel a cargo de la misma tierra en la cual estaba siendo cautivo. ¡Nada mal para un prisionero!

Aun en los tiempos de persecución y peligro extremamente mortal, las Escrituras dicen que Daniel salió sin un rasguño. ¿Cuál era su secreto? ¿Cómo fue que Daniel prosperó tanto en la prisión? La respuesta es oración. Daniel 6:10 lo dice. *"... tres veces al día él se puso en sus rodillas y oro dando gracias a su Dios, igualito como lo había hecho antes."*

¿Daniel era un hombre comprometido para orar, pero de que oraba? En el capitulo ocho de este estudio aprendimos que Daniel oró para que Dios perdonará a su gente cautiva y que los soltara de su cautiverio. ¿Pero de que más oraba? De acuerdo a lo que podemos deducir de las Escrituras, Daniel estaba orando por Babilonia. El lugar donde estaban detenidos al exilio. Capitulo nueve verso dos en el libro de Daniel 9:2 dice: *Yo, Daniel, entiendo las Escrituras, de acuerdo a la palabra del Señor dada a Jeremías el profeta que la desolación de Jerusalén duraría setenta años."*

Esta información sobre los setenta años vienen directamente de Jeremías de la carta a los exiliados donde dice. *"...cuando los setenta años sean completados por Babilonia, yo vendré a ti y cumpliré mi graciosa promesa de traerte de regreso a este lugar."* (Jeremías 29:10)

Lo que esto prueba es que Daniel leyó la carta de Jeremías. La misma que usted y yo estamos estudiando. Y como Daniel era un verdadero hombre de Dios, podemos asumir de seguro de que no solamente leyó la carta pero también obedeció sus instrucciones. Incluyendo la instrucción de orar por su lugar de exilio. Las Escrituras dicen: *"tres veces al día él se puso en sus rodillas y oró"* y por eso Babilonia floreció y él también.

Vamos a ver hasta qué nivel de prosperidad pasó por Babilonia durante el cautiverio de Israel. La historia nos dice que en el imperio Neo-Babilonio llevaron a cabo un programa de edificación masivo que produjo una de las más grandes y ricas ciudades en el mundo antiguo. Babilonia cubrió 500 acres de tierra. Fue rodeada de una pared protectora tan gruesa que hasta un carril de cuatro caballos podía dar la vuelta en él. La pared contenía 100 puertas y entradas, muchas alineadas con estatuas colosales de oro, leones decorativos, y dragones. Babilonia se jactó de más de 1,000 templos incluyendo un estado zigurat de 91 metros. ¡La ciudad también contenía los famosos jardines colgantes, los cuales son llamados uno de las siete maravillas del mundo antiguo!

La prosperidad fenomenal de Babilonia no era por suerte. Era Dios prosperando la ciudad porque su gente cautiva estaba orando por ella. Eran guerreros de oración como Daniel que dio paso a la riqueza de Babilonia. De hecho, cuando Nabucodonosor, rey de Babilonia, trató de tomar crédito por la prosperidad de Babilonia, Dios lo puso en su lugar. La escritura dice,

"... ¿Mientras el rey estaba caminando en el techo del palacio real de Babilonia, él dijo, 'no es esta la gran Babilonia que he edificado como la residencia real, por mi gran poder y por la gloria de mi majestad?' las palabras aún estaban en sus labios cuando una voz vino del cielo, 'esto es lo que he decretado para ti, rey Nabucodonosor: tu autoridad real ha sido tomada de ti. Vas a ser sacado de entre la gente y vivirás con los animales salvajes; comerás zacate como el ganado. Siete veces pasara por ti hasta que reconozcas que el más alto, es soberano sobre los reinos del hombre y les da lo que el desee.' Inmediatamente lo que había sido dicho sobre Nabucodonosor fue hecho realidad..." (Daniel 4:29-33).

Nabucodonosor estaba bajo la errónea suposición de que era responsable por la prosperidad de Babilonia, cuando en realidad era Dios respondiendo a las oraciones de los cautivos. ¡Imagine que su prisión sea prosperada como Babilonia! Nuevos dormitorios, aulas, y capillas serian construidos. El comedor pudiera proveer comida más nutritiva y saludable. ¡La prisión ofrecería mejores trabajos con mejores salarios! La educación dará más alto nivel de programación. Las necesidades médicas podrían cumplirse de inmediato y con exactitud. La recreación podría conseguir nuevos aparatos de gimnasia.

Basta pensar, esos son solo los bienes materiales. Si usted ora, la prisión será prosperada **espiritualmente** también. Le voy a enseñar lo que le pasó al rey Nabucodonosor después de que fue expulsado de su trono. Siete años después de haber atribuido responsabilidad por el aumento de Babilonia, el pasó por un despertar espiritual.

"al fin de ese tiempo, yo, Nabucodonosor, levante mis ojos al cielo, y mi sanidad fue restaurada. Entonces alabe al más alto; honre y glorifique al que vive por siempre al mismo tiempo que mi sanidad fue restaurada, mi honor y esplendor fueron retornados a mí para la gloria de mi reino. Mis consejeros y nobles me buscaron, y fui restaurado a mi trono y vine a ser más grande que antes. Ahora yo, Nabucodonosor, alabo y exalto y glorifico el rey del cielo, porque todo lo que hace está bien y todos sus formas son justas..." (Daniel 4:34,36-37).

El despertar espiritual de Nabucodonosor lo dejó alabando, honrando y glorificando a Dios. ¿Puede usted imaginarse lo que pasaría si los funcionarios en su prisión experimentaran lo mismo? ¡Todo el sistema cambiaría!

Este no es solo un sueño descabellado, pero también es una posibilidad muy real. Piénselo. ¡Si las oraciones de los cautivos israelitas pudieron cambiar a uno de los reyes más despiadados del mundo antiguo, sus oraciones pueden hacer lo mismo por los funcionarios en sus prisiones!

Ahora, ¿qué pasa con la prosperidad de los presos que estaban haciendo la oración? Echemos un vistazo a la promesa dada a los mismos.

*"también, busca la paz y prosperidad de la ciudad en la cual le he llevado a exilio. **Ora a el Señor por ella, porque si prospera, tú también prosperaras.**"* (Jeremías 29:7)

La Biblia dice que si ora para que su lugar de exilio prospere, usted también prosperara. ¡No solo en el aquí y ahora, sino también hacia su futuro, ya que, al igual que las otras instrucciones en la carta de Jeremías, **éste** está conectada a su Fin Esperado! Mire de nuevo, *"también, busca la paz y prosperidad de la ciudad en la cual le he llevado a exilio"* *"ora a el Señor por ella, porque si prospera, tú también prosperaras."*

"¡Porque yo sé los pensamientos que yo pienso sobre de ti, dijo el Señor, pensamientos de paz, y no del mal, para darte tu Fin Esperado!" (Jeremías 29:11).

¡Cuando usted ora, Dios le hará bien, por lo que le permite estar equipado para su Fin Esperado! Veamos algunos ejemplos de cómo Daniel y sus compañeros de cautiverio prosperaron hacia sus trabajos, ya que oró por su lugar de exilio.

Prosperando en la Sabiduría

¡Sabiduría- lo que sea necesario para navegar durante todo el día, u para tener éxito en su Fin Esperado! Dios le da dos tipos de sabiduría; *sabiduría práctica*, para ayudarle en lo cotidiano y la *sabiduría espiritual*, que le ayuda con las cosas del espíritu. Daniel y sus compañeros de cautiverio estaban orando por su prisión, por lo tanto, Dios los prosperó en los dos tipos. La Biblia dice:

"A esos cuatro jóvenes Dios les dio conocimiento y entendimiento de todas clases de literatura y aprendizaje. Y Daniel pudo entender visiones y sueños de toda clase" (Daniel 1:17).

En primer lugar, vamos a hablar de la sabiduría práctica. Es el tipo de conocimiento que Dios le da en todo, desde la literatura a los temas cotidianos. Tener la sabiduría práctica de Dios le permitirá tomar las decisiones correctas, para tener el tiempo adecuado y de tener éxito donde otros fracasan. De hecho, cuando Dios le prospera con la sabiduría práctica, se obtiene una gran ventaja sobre el resto del mundo. ¡La Escritura dice que la sabiduría que Dios le dio a

Daniel y a sus compañeros de cautiverio los hizo diez veces más inteligente que todos los sabios de Babilonia!

"En cada cosa de sabiduría y entendimiento sobre lo cual el rey les preguntaba, el los encontró diez veces mejor que todos sus magos y encantadores en su reino entero" (Daniel 1:20).

Cuando usted ora por su prisión, Dios le hará bien, en una mayor sabiduría, que se puso y prosperará en aumentada sabiduría práctica, lo cual pondrá sus cabezas arriba de la competencia del mundo. **¡Esta misma sabiduría práctica le ayudará a completar su Fin Esperado!!** Déjeme darte un ejemplo de mi propia vida.

Yo era una analfabeta que apenas sabia escribir a maquina. Durante años escribí "La Serie Cautiverio" a mano, luego lo envié por correo a mi amiga, Teresa quien las pasaba a máquina. Un día, Teresa ya no podía trabajar más en el manuscrito. Esta situación podría haber permitido que la misión parara. Afortunadamente, sin embargo, Dios me ayudó. Unas semanas antes de que esto sucediera, me desperté una mañana con una clara sensación de que el Señor me ha dado algún tipo de aumento de la sabiduría sobrenatural durante la noche. ¡La misma tarde me senté y empecé a escribir el libro por mi cuenta! ¿Qué paso? ¡Dios me ha prospero en la sabiduría práctica para que me permita terminar el trabajo que Él me asignó a hacer!

Ahora, ¿qué de la sabiduría sobre las cosas del Espíritu? La Escritura dice, *"... y Daniel pudo entender visiones y sueños de toda clase." (Daniel 1:17)* Poseer la capacidad de entender las cosas del Espíritu, es crucial. ¡Cuando usted tiene la sabiduría espiritual que no se limitan a la esfera natural, pero tienen acceso a la información sobrenatural! ¡El tipo de información que tendrá que ser colocado y tener éxito en su viaje a su Fin Esperado!

¡Si usted lee la Biblia, cada vez que Daniel fue promovido a su Fin Esperado! Que era a causa de la sabiduría sobrenatural que poseía. La primera vez que sucedió, Daniel interpretó el sueño del rey Nabucodonosor. La Biblia dice que el resultado de la sabiduría espiritual de Daniel fue, *"entonces el rey hizo a Daniel grande y le dio muchos grandes regalos, y lo hizo mandatario sobre la provincia entera de Babilonia y jefe gobernante sobre todos los sabios de Babilonia"* (Daniel 2:48 NVI).

La segunda promoción de Daniel se produjo cuando el rey Baltasar tenía una fiesta con mil de sus príncipes. Durante el banquete, apareció una mano desde el reino de lo sobrenatural para escribir un mensaje en la pared. Sacudido, Baltasar pidió a sus sabios para interpretar el mensaje, pero ninguno pudo. Sin embargo, cuando Daniel fue convocado, fue capaz de dar una interpretación correcta a causa de la sabiduría espiritual que poseía. La Escrituras dicen, *"...Daniel fue vestido con purpura y una cadena de oro fue puesta en su cuello, y una proclamación fue hecha concerniente a él, que debía ser tercero en mando en el reinado"* (Daniel 5:29 NVI).

¡Daniel fue promovido de nuevo! ¡De hecho, durante su tiempo de prisión, Daniel fue promovido en repetidas ocasiones hacia su Fin Esperado! a causa de la sabiduría espiritual que poseía. ¿De dónde Daniel había obtenido toda su sabiduría? Las Escrituras demuestra que leer y obedecer las instrucciones de Jeremías a orar por Babilonia. A cambio, Dios cumplió su promesa y a él le prosperó.

¡José es otro ejemplo de cómo Dios puede usar la sabiduría espiritual en la promoción a su Fin Esperado! José pasó años de entrenamiento en prisión por su misión, y Dios usó la sabiduría espiritual para abrir la puerta para su promoción. ¡José podía interpretar sueños y porque precisamente interpretó los sueños del Faraón, fue colocado como el segundo al mando de todo Egipto!

Una y otra vez, leemos en la Escritura como la sabiduría espiritual desempeñó un papel importante en la ubicación de un prisionero en su llamado. ¡Al orar por su prisión, Dios le hará bien, con la sabiduría espiritual, que le permitirá colocar su Fin Esperado!

Prosperando en Favor

¿Se acuerda de lo que significa la palabra el "favor"? Quiere decir "hacer" una excepción a las reglas. ¿Alguna vez ha necesitado una llamada de teléfono de su consejero, la atención médica de inmediato, una autorización de la correspondencia, o incluso un movimiento de cama? Como usted sabe, estas cosas aparentemente simples pueden ser muy difíciles en la cárcel, a menos que, por supuesto, usted tiene el favor de un funcionario. **¿Sabía usted que en seis ocasiones en la Escritura donde se menciona el favor, es en referencia directa a un funcionario de dársela a un preso?** Mira a José: *"...Pero mientras José estaba ahí en prisión, el Señor estaba con él; le mostró ternura y le concedió favor en los ojos del encargado de la prisión"* (Génesis 39:20-21).

La Biblia también habla de Daniel el de recibir el favor de un funcionario de Babilonia. *"Ahora Dios había causado a el oficial que le mostrara favor y simpatía por Daniel"* (Daniel 1:9).

Ester recibió el del rey cuando estaba cautiva en su harem. *"Ahora el rey fue atraído a Ester más que ninguna otra mujer, y ella ganó su favor y aprobación"* (Ester 2:17).

Esdras, el escriba, también recibió el favor de sus funcionarios en Babilonia. *"Este Esdras vino de arriba de Babilonia alabo al Señor, el Dios de nuestros padres quien ha extendido su buen favor hacia mi ante el rey y sus consejeros y todos los oficiales del rey poderosos"* (Esdras 7:6, 27-28).

Nehemías, mientras estaba en cautiverio, recibió el favor del rey. *"...si agrada al rey y si tu sirviente ha encontrado favor en su vista, déjelo mandarme a la ciudad de Judá donde mis padres han sido enterrados para que yo pueda reconstruirla'... agrado a el rey de mandarme..."* (Nehemías 2:5-6).

Todos estos prisioneros, excepto a José, fueron los productos del exilio Babilónico. ¡Todos leen la carta de Jeremías y estaban orando por su lugar de cautiverio, razón por la cual prosperaron con el favor!

Ahora, quiero que vuelvan a examinar las Escrituras para poder mostrar algo muy importante. ¡En cada caso, cuando los presos recibieron favor, él cual estaba en relación directa con su Fin Esperado!

Para José, el director le mostró el favor al ponerlo a cargo de la prisión. Esto permitió que el favor de José le permita recibir la formación que necesitaba para ser calificado para su Fin Esperado.

Mientras que Daniel era entrenado para entrar al servicio del rey, Dios hizo que su oficial le mostrara favor. ¡Ese favor hizo posible que Daniel pudiera ascender a su Fin Esperado! ¡Como cabeza sobre Babilonia y para también ser el profeta mayor quien predijo la venida de Cristo en el fin de los tiempos!

¡Para Ester, el favor con el rey abrió el camino para su Fin Esperado! ¡Ella se convierto en reina y salvó la vida de todos los Judíos que aún permanecían en la tierra de su cautiverio!

Esdras pasó su tiempo en cautiverio, estudiando las Escrituras. ¡El recibió el favor del rey que le permitió ir a su casa con la misión de restablecer el servicio en el templo en Jerusalén y enseñar a los exiliados que regresaron a la Palabra de Dios!

¡Nehemías recibió el favor que necesitaba para seguir su misión, para reconstruir los muros averiados de Jerusalén! ¡Cuando llegó a completar sus tareas, todos estos prisioneros recibieron el favor! Fueron prosperados con este favor, ya que estaban orando por su lugar de exilio. Si obedecen las instrucciones de la carta de Jeremías, Dios hará lo mismo para usted. ¡Él le dará la gracia que necesita para completar su Fin Esperado!

Cuando todavía estaba en la cárcel del condado, yo estaba tratando de obtener el permiso para enseñar los estudios de la Biblia a todas las unidades en mí cuadra. Se me negó en repetidas ocasiones hasta que la planta contrató a un nuevo pastor. ¡Dentro de una semana, él y su esposa me pidieron que yo dirigiera el estudio a pesar de que no me conocían! Ve, yo estaba orando por mi lugar de exilio y Dios me dio favor mediante estas personas. ¡A su vez, este favor que me permitió llegar más lejos en entrenamiento para mi Fin Esperado!!

Prosperando en la Persecución

El capítulo 6 del libro de Daniel es la historia de su persecución y ser arrojado a la fosa de los leones. En ese momento, Daniel fue prosperado constantemente en su posición dentro de Babilonia, que, desgraciadamente despertó muchos celos de otros funcionarios de otra resolución en el reino. Para empeorar las cosas, el rey Darío planeaba hacer gobernador Daniel sobre todo el reino. Cuando los demás funcionarios, oyeron esto, conspiraron para detener esa promoción.

Sabiendo que Daniel era un hombre serio de oración, los funcionarios engañaron al rey Darío en la emisión de un decreto por el que nadie podía orar a otro dios más que el rey durante 30 días. Si alguien violaba la ley, uno sería arrojado a la fosa de los leones. Cuando Daniel oyó el decreto, él no renunció su compromiso de orar. En cambio, él se fue a casa y, delante de una ventana abierta para que todos lo vean *él se puso en sus rodillas y oro, dándole gracias a su Dios, justo como lo había hecho antes." (Daniel 6:10)*

Cuando los oficiales vieron a Daniel orando, se apresuraron a contarle al rey que Daniel violó la ley. Cuando el rey oyó esto, él estaba muy angustiado porque sabía que su proclamación no podía ser derogada y que Daniel tuvo que ser arrojado a los leones.

Por lo tanto, el rey dio la orden. Arrojaron a Daniel en la fosa de los leones, y luego una piedra fue colocada en la entrada para sellarla. Toda la noche, el rey Darío se negó a comer o divertirse, sino que se mantuvo despierto hasta la mañana cuando se apresuró a la cueva para ver a Daniel.

¡Cuando el rey llegó, llamó a Daniel y, por supuesto, él todavía estaba vivo! De hecho, la Escritura dice que cuando Daniel fue sacado de la fosa, *"...ninguna herida fue encontrada en él..." (Daniel 6:23)* ¿Cómo sobrevivió Daniel? ¡Él estaba orando por su prisión y Dios protegió su vida!

Recuerdo una situación que ocurrió cuando estaba en la cárcel. Yo estaba trabajando en la cocina como la jefa del personal de planta. Un día, una chica nueva, que acababa de llegar de la prisión estatal, vino a mí buscando trabajo. Tratando de ayudarle, le convencí a mi supervisora que la pusiera en el grupo nuestro, pero poco después me di cuenta de que cometí un gran error.

De inmediato comenzó a buscar mi posición. Incluso atacó a mi cristianismo e hizo declaraciones falsas sobre mí para desacreditarme. ¡Finalmente, logró convencer a una de mis supervisoras en mi contra, que luego hizo que mi vida en el trabajo fuera un infierno! Hubo momentos en que quería volver a mi viejo yo, y solo agarrame a golpes con ella, pero sabía que Dios no honraría eso. Por lo tanto, yo seguía orando y creyendo que Dios me prosperaría a través de la persecución.

¡Justo cuando parecía que no podía ser peor, me ofrecieron un trabajo mucho mejor, limpiando los pisos en el cuarto de visitas! Entonces, como mi enemiga miraba, me pidieron que hiciera todo tipo de trabajos secundarios, que pagan los bonos como las bolsas de bingo, llena de golosinas. ¡Finalmente, el director de la oficina hizo una petición personal para que haga sus pisos! Me dijeron que mi perseguidora estaba muy descontenta con esto.

Pero, ¿qué tiene que ver el prosperar a través de la persecución con el Fin Esperado? Veamos de nuevo lo que sucedió con Daniel. En el comienzo de la historia, estaba a punto de ser ascendido a gobernador de todo el reino de Babilonia. *"Ahora Daniel se distinguió sobre los administradores y los sátrapas por sus cualidades excepcionales que el rey planeo de ponerlo sobre el reino entero" (Daniel 6:3)*

Daniel estaba a punto de ser puesto en una posición más alta y sus enemigos lo atacaron por eso. Satanás es su enemigo. ¡Él está muy consciente de que Dios está llevando a cabo un plan para promover su Fin Esperado! Por lo tanto, no se detendrá ante nada para evitar que suceda. ¿Por qué? **¡Debido a que no hay arma más poderosa contra el reino de la obscuridad de que cuando una persona está llevando a cabo su propósito por el que fue creado!**

¡Al tomar posesión de su Fin Esperado!, es como una flecha pulida en las manos de Dios; ¡listo y en posición para destrozar por completo al enemigo! Satanás quiere *"matar, robar y destruir"* sus sueños y su esperanza en el futuro. ¡(Véase Juan 10:10) Su objetivo es detener a todos los cristianos de alcanzar su Fin Esperado! Usted ve, siempre y cuando no tomamos posesión de nuestros proyectos, no podemos hacerle daño. Satanás usa al hombre para atacar a Daniel porque quería que Daniel se detuviera antes de que pudiera destruir el reino de la obscuridad. ¡Afortunadamente, el enemigo no tuvo éxito! ¡Daniel se convirtió en uno de los profetas que anunciaron la caída del reino de la obscuridad y la venida de Cristo en los últimos tiempos!

Hay una última cosa que quiero señalar sobre la persecución que pasó Daniel. ¿Qué hizo Daniel cuando fue atacado? ¡Él estaba orando! Cuando usted decide obedecer las instrucciones de Jeremías y orar por su prisión, va a enfrentar adversidad por ello. ¡Recuerde que la oración que prospera hacia su Fin Esperado!, lo que significa que la oración es letal para el enemigo. Satanás estaba tan decidido a detener a Daniel de poseer su misión, que hizo que los enemigos de Daniel emitieran una ley en contra de la oración. Me encanta como respondió Daniel. A pesar de que sabía que su vida estaba en peligro, el oraba de todos modos porque se dio cuenta que el peligro real vendría si no lo hacía.

¡Haga lo que Daniel hizo! ¡Ore! La Biblia dice "...*Daniel prosperó durante el reino de Dario y Ciro el Persa."* (Daniel 6:28). ¡Si usted sigue el ejemplo de Daniel, usted también será prosperado en su Fin Esperado!

LECCIÓN CATORCE

1. Las instrucciones de la Carta de Jeremías fueron escritas para prepararle para su Fin Esperado. La tercera instrucción: *"Y procurad la paz de la ciudad a la cual os hice transportar, y rogad por ella a Jehová; porque en su paz tendréis vosotros paz."* Jeremías 29:7 *"Porque yo sé los pensamientos que tengo acerca de vosotros, dice Jehová, pensamientos de paz, y no de mal, para daros el fin que esperáis.* "Jeremías 29:11. De acuerdo a estas Escrituras, Dios quiere que usted _____para su sitio de exilio porque si prospera, _____ prosperará también. (Llene los espacios en blanco)

2. Nombre algunas maneras en que Babilonia prosperó a causa de las oraciones de los prisioneros.

3. Nombre algunas maneras en que su prisión puede prosperar a través de sus oraciones.

4. ¿De acuerdo a sus estudios, cuáles son las tres maneras en que usted prosperará cuando ora para su prisión? Acuérdese que cada uno le ayudará en su camino hacia su Fin Esperado...

5. ¿Cuál es una de las armas más poderosas en el universo en contra del reino de Satanás? ¿Por qué?

6. Satanás no quiere que usted tome las riendas de su Fin Esperado. Como las oraciones le hacen prosperar más hacia su propósito, él tratará todo lo que pueda para hacerle parar. ¿Hay algo en este momento deteniéndole para que no pueda orar? Explicar.

MI REVELACIÓN

"Porque si guardas silencio en este tiempo, relevo y entrega para los judíos se levantara de otro lugar, pero tú y la familia de tu padre perecerán. "¿Y quién sabe más que tú que has venido a una posición real para un tiempo como este?" Ester 4:14

¿Alguna vez se preguntó qué pasaría si Dios le habla a usted, pero usted se perdiera lo que dijo? ¡Eso me pasó en un momento crucial en mi prisión: Dios me estaba dando la revelación de mi Fin Esperado!, ¡pero casi lo hice volar! El Señor comenzó una obra milagrosa en mi cárcel cuando tomó a cuatro hermanas y yo para comenzar un ministerio dentro de la prisión. Siguiendo las instrucciones en la carta de Jeremías, a *"casarse y tener hijos e hijas"* nuestra pequeña iglesia creció de la noche a la mañana. ¡Como resultado de nuestro crecimiento, más y más mujeres se involucraron en el ministerio y recibieron la capacitación que necesitaban para calificar para su Fin Esperado!

Yo estaba capacitando en mi lugar también, la enseñanza de estudios Bíblicos y dirigiendo la adoración. Sin embargo, de lo que se estaba preparando, yo todavía no sabía. A pesar de que pase prácticamente cada minuto del día en el servicio a Dios a través del ministerio, algo faltaba. ¿Cuál era mi futuro puesto de trabajo de Dios? ¿Cuáles eran los planes que Dios tenía reservado para mí? Me encantaba enseñar y me encantaba la música, pero yo no tenía ni idea de cómo Dios quería usar esos dones para Su gloria.

Seis meses después de la formación del ministerio, comencé a enseñar un estudio, llamado *"La Serie Cautiverio"*. Durante dos tercios de haber escrito la Serie, comencé a mostrar a mi clase de cómo reconocer cuando Dios les estaba enviando una revelación de su Fin Esperado. Para ilustrar mi punto, he utilizado la historia de una mujer en la Biblia llamada Ester. Ella fue el ejemplo perfecto para mis alumnos, porque ella también estaba siendo preparada para su llamado a través del vehículo de su cautiverio. Sin embargo, cuando llegó el momento de Dios para revelar a Ester su misión, casi declinó a la oferta y perdió su oportunidad.

La llamada tan cerca de Ester fue la mayor razón por la que decidí compartir su historia con mi clase. El Señor puso en mi corazón la urgencia de que lo que le pasó también está ocurriendo a su pueblo en la cárcel ahora. Que estaban siendo preparados para su misión, pero cuando llega el momento de recibir la revelación de su Fin Esperado, lo están perdiendo.

En una noche en particular, el estudio de la Biblia estaba lleno. La unción de Dios estaba presente. Al ver a mi clase, vi a las mujeres con los ojos abiertos, mientras escuchaban el mensaje. Había oído los "amen" y "aleluyas" venir de todos los rincones. En el momento en que terminaba la noche, pude ver a todas que estaban llenas de la anticipación de no solo escuchar de Dios, sino también responder a la oportunidad cuando llegase.

Mientras miraba a las damas de prisa fuera de las aulas con el rostro iluminado, yo sabía que era un mensaje muy necesario. ¡Sin embargo, no me di cuenta de que debí haber estado predicando para mí misma, porque al día siguiente el Señor empezó a hacer exactamente lo que hable- revelar mi Fin Esperado! Desafortunadamente, a pesar de que había enseñado la importancia de no perder la oportunidad, yo no actué inmediatamente en la mía.

En los siguientes días, el Espíritu del Señor empezó a poner los pensamientos en mi mente de convertir *La Serie Cautiverio* en un libro. En el trabajo, en la fila para comida, sola, básicamente, en todo momento, mi mente estaba ocupada pensando en esta "loca" idea. Digo loca porque mis inseguridades estaban también ocupadas, y me estaban diciendo que no era posible.

En primer lugar, yo no era una escritora. De hecho, la mayoría de las veces ni siquiera podía escribir correctamente. En segundo lugar, yo era una rea, así que ¿cómo iba publicar un libro? Nadie me tomaría en serio. En tercer lugar, me di cuenta que escribir un libro era una cantidad enorme de trabajo. Aunque no quiera admitirlo, tal vez yo era demasiada perezosa para hacerlo.

De todos modos, con todos los puntos negativos y muchos más bombardeando mi mente, yo tenía la esperanza de que Dios en realidad no quería que lo haga. Sin embargo, mi mente, siendo dirigida por el Espíritu Santo, no dejó de tener pensamientos acerca de escribir la serie. Los días, y luego las semanas pasaban, empecé a sentir como si estuviera en medio de un gran tirón de batalla de algún concurso. ¡Hazlo!, ¡no lo hagas!, de ida y vuelta por mi mente. Finalmente, puse fin al conflicto, trate de usar mi propio razonamiento para argumentar con Dios.

"Esto no puede venir de ti Señor", le dije, estoy segura de que había buenas razones para decirlo. "Soy una oradora, no una escritora", y además, continúe argumentando, "No hay demasiado trabajo para escribir un libro". Yo ni si quiera sabía por dónde empezar.

Desafortunadamente, esos argumentos no terminaron el asunto, sino más bien, el combate de lucha libre dentro de mi cabeza continuaba, creciendo en intensidad. Entonces, si esto no fuese suficiente, Satanás, que comprendió antes que yo, que estaba al borde de un descubrimiento que podría paralizar para siempre su reino, trató de detenerme con sus mentiras.

"¿Que te hace pensar que las revelaciones que has recibido son lo suficientemente especial como para estar en un libro?" Le oí susurrar. Como yo estaba encogida en sus palabras de menosprecio, el miedo me atrapó. Entonces vio una oportunidad para atacarme.

"¿Quién te crees que eres?," dijo desafiante. Entonces me dio muy poco tiempo para recuperarme, repitió, "¡Tú no eres nada!" una y otra vez en mi mente.

Llena de sentimientos de inseguridad, además de una paliza de la lucha, finalmente llegó a un final y estuve de acuerdo con el engañador "No puedo hacer esto," pensé, "Será muy duro para mí." Con esto como excusa, abandoné la idea y seguí mi camino. O por lo menos creí que lo hacía.

Por desgracia, ya no era feliz. Me entregué de nuevo en lo que siempre hacía: la enseñanza, el estudio, la adoración y la oración, pero no había alegría en ello como antes. De repente, sentí como si estuviera constantemente molesta, pero no sabía por qué. Yo estaba haciendo las cosas que siempre me habían traído la paz, pero en cambio, estaba impaciente e inquieta, incluso ofensiva hacia mis amigas. Me sentí muy mal.

"¿Qué hay de malo en mí, Señor?" Yo lloraba, pero Él solo me respondió poniendo más pensamientos en mi cabeza acerca de la escritura del libro.

Por último, no podía continuar con la lucha más, así que cedí. Decidí hablar con una hermana cristiana acerca de un libro en el cual ella había estado trabajando. La hermana Dana estaba escribiendo una historia sobre su vida. Tuve una sensación de que podía poner alguna luz sobre mi problema, me dirigí hacia el patio del edificio a buscarla. Mientras caminaba por el recinto, comencé a hablar en silencio con mi Señor.

"Si tú quieres que yo haga esto Padre", le dije en mi mente, "me darás una clara confirmación a través de Dana".

Cuando entré en el centro de recreación, vi a Dana que estaba terminando su entrenamiento y estaba empacando su bolsón de gimnasio. Por lo tanto, rápidamente me acerqué a ella, y me saludó, y luego fui directo al punto.

"No quiero parecer como una imitadora, pero creo que el Señor pueda estar diciéndome convierta *La Serie Cautiverio* en un libro.

Cuando lo dije esto, ella inmediatamente dejó lo que estaba haciendo para mirarme con una mirada de asombro. A continuación, haciendo un gesto amplio con los brazos, exclamó "¡No puedo creer que hayas dicho eso!". Mi corazón palpitó fuerte antes de que ella continuase: "¡Dios ha puesto en mi corazón para hablar contigo acerca de escribir la *Serie*!"

La confirmación por la cual había orado acababa de ser respondida. Me dejó un poco aturdida, pero Dana no pareció darse cuenta de mi estado, porque ella seguía hablando, lo que parecía estar bajo el control del Espíritu Santo.

"Los estudios Bíblicos de los cautiverios son increíbles," continuó con mucho entusiasmo. "¡Nunca he oído una enseñanza como esa antes!" En esto, el Señor repitió en mi mente las palabras exactas de lo contrario que había oído de Satanás, solo unos días antes. De hecho, esta revelación no impidió que mis temores surjan de nuevo.

"¡Pero no soy una escritora, soy un oradora!" Protesté contra ella. "Así que no sabría ni por dónde empezar."

"Solo tienes que escribir como si fuera una clase," respondió Dana con la confianza que yo no tenía. "Comienza por hacer un bosquejo de todo el libro, empieza levantando uno de los dedos como si contaras los pasos. A continuación, selecciona el número de páginas, sus capítulos y mantente dentro de su rango de páginas", agregó levantando un dedo. "¡Entonces todo lo que tiene que hacer a partir de ahí se empieza a escribir a partir de su esquema!" En este, su tercer dedo salió y entonces ella hizo un gesto amplio con ambas manos como para enfatizar su punto final.

Sin embargo, Dana no estaba ni cerca de haber terminado. De hecho, ella apenas se estaba calentando. Al darse cuenta de que el patio se cerraría pronto, ella siguió hablando mientras recogía el resto de sus cosas. A continuación, con pausas para tomar un respiro y ponerse sus gafas, empezó de nuevo mientras se giró para salirse del edificio.

Dana sistemáticamente empujaba mis inseguridades con declaraciones y con palabras determinadas sobre la importancia de la *Serie de Cautiverio*. Mientras la veía mover las manos, no podía dejar de pensar que con sus gafas, se parecía a un maestro de escuela. Sin embargo, a medida que continuaba escuchándola, me di cuenta que estaba ganando valor con cada palabra. Cuanto más hablaba, más sabía que tenía que dejar mi inseguridad y empezar.

Finalmente, llegamos al lugar en el recinto donde nos separamos. Es entonces cuando Dana se volvió de repente y me dijo algo que me preocupó: "Si tú decides que no vas a hacerlo, Katie, me gustaría escribirlo por ti."

Cuando le oí decir eso, me di cuenta de que, aunque Dios me puso como capitán principal en este partido, hay otros jugadores esperando ansiosamente en la banquilla de que mis brazos se cansaran. Esto significaba que, si yo no aceptaba su oferta inmediatamente, podría muy bien perder mi oportunidad. Este proyecto se va a llevar acabo si decido participar o no.

Esa noche en mi celda el Señor empezó a llenar mi cabeza con ideas de cómo empezar. De hecho, Él comenzó a darme tanta información que no podía dormir. Finalmente, decidí renunciar a su presencia abrumadora, y asustar a mis compañeras de celda, salí corriendo de pie en la cama y me dije en voz alta:

"¡Muy bien, ya Señor, por favor más despacio!" Luego de tomar un papel y lápiz, empecé a tomar notas. Al día siguiente, después del trabajo, fui a mi celda para empezar. Después de unas horas de escribir, me detuve a leer lo que escribí. "¡No está mal!" dije, hablando conmigo misma.

Pero cuando me levanté para ir a uno de mis juntas de oraciones, de la nada, de repente me puse a llorar. Aferrándome al borde de la pileta de apoyo, lloré incontrolablemente. De hecho, el llanto que siguió fue tan fuerte que puse un pedazo de papel en la ventana de mi celda para que la gente, que ahora curiosamente me estaba mirando, no pudiese verme.

Cuando mis lágrimas por fin cedieron, me preguntaba de dónde venía ese llanto. ¡Sin embargo, curiosamente, a pesar de que solo lloraba a moco tendido, me llenaba de un sentimiento de gratitud total a Dios! ¡Yo no lo entendía entonces, pero poco después, el Señor me mostró la respuesta! Mi respuesta inusual vino de mi obediencia al tomar una decisión sobre la revelación de mi Fin Esperado.

¡Desde ese día, yo estaba llena de una especie sobrenatural de gozo! A diferencia de la felicidad común, que dura un momento, experimenté un intenso sentimiento de emoción y satisfacción burbujeando dentro de mí, por meses e incluso años. A medida que continuaba trabajando en el libro, me di cuenta de que estaba recibiendo esta alegría celestial porque yo estaba siguiendo mi ¡Fin Esperado!: ¡El propósito para el cual fui creada!

Hoy en día, cada vez que miro atrás y veo como luché con mi revelación, estoy agradecida por el estudio bíblico que lo empezó todo. Saber que Ester casi dejo pasar su tarea me da esperanza. Desafortunadamente, hay miles y miles de prisioneros en cautiverio en este momento que están en peligro de perder la revelación de su futuro. Debido a que yo lo pasé, se lo fácil que puede suceder. Está es la razón por la cual quiero estar segura de que usted no pierda el suyo.

1. Describa en detalle, sus actividades actuales en el cuerpo de Cristo.

2. ¿Ha tenido algunas ideas o pensamientos repetidos en su mente? Descríbalos.

3. ¿Se ha tomado acción referente a esos pensamientos o los está ignorando? Si ha estado ignorándolos, anote las razones porqué.

4. ¿Cómo se ha sentido últimamente? Use palabras como, alegre, deprimido, energético, o confuso.

5. Ahora vuelva a leer la lista de sentimientos y asócielos directamente con si ya hubiese tomado acción con los pensamientos repetidos en su mente. *Ejemplo: No he tomado acción sobre esos pensamientos y me he estado sintiendo agitado.*

AGÁRRALO ANTES DE QUE TE VAYAS

Capitulo Dieciséis

"Había en Susa residencia real un varón judío cuyo nombre era Mardoqueo hijo de Jair, hijo de Simei, hijo de Cis, del linaje de Benjamín; el cual había sido transportado de Jerusalén con los cautivos que fueron llevados con Jeconías rey de Judá, a quien hizo transportar Nabucodonosor rey de Babilonia. Y había criado a Hadasa, es decir, Ester, hija de su tío, porque era huérfana; y la joven era de hermosa figura y de buen parecer. Cuando su padre y su madre murieron, Mardoqueo la adoptó como hija suya...." Ester 2:5-7

La genealogía anterior se encuentra en el libro de Ester. Se remonta a los descendientes de un hombre llamado Kish, uno de los primeros prisioneros llevados a Babilonia, a un hombre llamado Mardoqueo y su prima Ester. Estas dos personas, descendientes de los primeros cautivos de Babilonios, serán nuestro objetivo para los próximos capítulos. ¡De su ejemplo, voy a mostrar cómo reconocer, y luego actuar sobre la revelación de su Fin Esperado!

Su historia tiene lugar en Susa después de que los Persas conquistaron Babilonia. En ese momento, a pesar de que miles de Judíos fueron liberados para regresar a casa en Jerusalén, muchos más se quedaron en la tierra de su cautiverio. El libro de Ester detalla la historia verídica de como Dios, a través de Ester y Mardoqueo, impidió la aniquilación total de esas personas.

Este evento heroico tuvo lugar alrededor de 486 A.C. en Susa, la capital del Imperio Persa. El rey que estaba en el poder es ese momento era un hombre llamado Asuero. Después de tener una pelea con su esposa, la reina Vasti, Asuero la sacó del trono y comenzó la búsqueda de una virgen joven y hermosa para que la sustituya. El rey ordenó a los funcionarios en todas las provincias de Persia a que escojan doncellas calificadas a su harén.

Ester, era muy hermosa por lo que estaba en la custodia del rey. Mardoqueo, temiendo por su seguridad, le advirtió que no hablara con nadie de su herencia judía. Él estaba tan preocupado por ella que se pasaba el día caminando ante el patio del harén para saber la situación de su prima.

En el interior del palacio, Ester fue puesta bajo el cuidado de Hegai, el guardián del harén del rey. Inmediatamente, Ester ganó el favor de Hegai. Quien le proporcionó siete de las criadas del propio palacio, y luego la trasladó a la mejor parte del harén. Para los próximos 12 meses, Ester, y todas las otras vírgenes, recibieron los tratamientos de belleza que se necesitaban para su noche con el rey Asuero. Cuando llegó el momento, cada doncella fue enviada por separado al rey, teniendo un regalo de su propia elección. Después de pasar la noche, era devuelta al harén. Ninguna de las doncellas retornaban a Asuero de nuevo a menos que él estuviese tan encantado con ella que la llamaría por su nombre.

Cuando llegó el momento para que Ester vaya a ver al rey, optó por llevar con ella solo lo que Hegai, eunuco del rey, sugirió. Ahora, Asuero se sintió atraído más a Ester que a cualquier otra mujer. Porque ella ganó su favor, el rey optó por establecer una corona real sobre su cabeza, haciéndola su reina.

En la corte del rey había un siervo, llamado Aman, a quien el rey puso por encima de todos los otros oficiales reales. Cada día Aman pasaba por la puerta del rey y toda la gente se inclinaba y le rendía homenaje al rey. Todo el mundo, es decir, excepto Mardoqueo, quien se negó a hacerlo. Esto continuó día tras día, enfureciendo a Aman. Luego, cuando se enteró de que Mardoqueo era un Judío, trató de eliminar no solo a Mardoqueo, pero a los otros Judíos también.

Con su plan en mente, Aman se presentó ante Asuero y afirmó falsamente que los israelitas, que estaban dispersos por todo el reino, no obedecían a las leyes del rey por lo que debían ser aniquilados. El rey todavía sin conocer la descendencia de Ester, estando de acuerdo con Aman, le dio permiso para hacer lo que quisiera. Por lo tanto, un edicto fue emitido en nombre de Asuero para que todos los israelitas en todo el reino sean aniquilados y sus pertenencias incautadas como botín. Una copia del edicto se envió a cada una de las provincias. Entonces, un gran duelo comenzó entre los exiliados. Cuando Mardoqueo se enteró, rasgó sus vestidos, se vistió de cilicio y ceniza, y se puso a llorar delante de la puerta del rey.

Mientras tanto, en el interior del palacio, la reina Ester estaba totalmente desinformada de la sentencia mortal. Cuando se enteró de la conducta de Mardoqueo en la puerta, ella envió a una de sus doncellas para averiguar lo que estaba aconteciendo. Sin embargo, Mardoqueo se negó a hablar con ella, por lo que la reina envió a uno de los eunucos del rey en su lugar. Esta vez, Mardoqueo le explicó lo que sucedía. Él le dio al eunuco una copia del decreto para llevárselo a Ester, junto con un mensaje instando a que comparezca ante el rey Asuero para pedir por la vida de su pueblo."

Cuando Ester oyó lo que Mardoqueo le pidió que hiciera, le dio mucho miedo. Vea que, en Persia había una ley que establecía que nadie podía ver el rey a menos que se lo convocara en primer lugar. Quien rompía esta ley se sujetaba a la muerte, a menos que el rey le mostrase su gracia mediante la imposición de su cetro de oro. Para empeorar las cosas, parecía como si el rey no quería ver a Ester, porque no había llamado por ella en un mes. Temiendo por su vida, Ester envió un mensaje a Mordoqueo diciendo que no quería hacer lo que le pedía. Cuando Mordoqueo recibió la respuesta de la reina, ella respondió con un mensaje grave. Él dijo:

"...Entonces dijo Mardoqueo que respondiesen a Ester: No pienses que escaparás en la casa del rey más que cualquier otro judío. Porque si callas absolutamente en este tiempo, respiro y liberación vendrá de alguna otra parte

para los judíos; mas tú y la casa de tu padre pereceréis. ¿Y quién sabe si para esta hora has llegado al reino?" (Ester 4:13-14).

Ester estaba ante la decisión de su vida. ¿Debía permanecer en silencio y, posiblemente perder o arriesgar su vida al presentarse delante del rey? ¿Fue ella, como Mardoqueo dijo, colocada con un propósito en su posición real como reina para un momento como éste?

Basado en la respuesta de Mardoqueo, Ester decidió tomar medidas. Ella envió un mensaje de vuelta, dándole instrucciones para juntar a los Judíos y hacer que ayunaran durante tres días, mientras ella y sus doncellas hacían lo mismo. Al final del mensaje ella escribió, *"Ve y reúne a todos los judíos que se hallan en Susa, y ayunad por mí, y no comáis ni bebáis en tres días, noche y día; yo también con mis doncellas ayunaré igualmente, y entonces entraré a ver al rey, aunque no sea conforme a la ley; y si perezco, que perezca."* (Ester 4:16).

Tres días después, el ayuno terminó y llegó la hora. Ester se puso sus vestiduras reales. A continuación, entró en el patio interno del rey, aunque no fue convocada. Cuando Asuero miró a su reina, ella obtuvo gracia ante sus ojos. Extendió su cetro de oro, y luego anunció que le concediera lo que pidiese, incluso hasta la mitad de su reino. Por lo tanto, Ester pidió que el rey asistirá a un banquete que se preparó, y que llevara a Aman como su invitado.

La noche de la fiesta, el rey volvió a pedir a Ester que cual era su petición, pero sabiamente se quedó callada. En su lugar, optó por cultivar más el favor del rey, pidiéndole que asistiera a otro banquete, que es cuando se expondría la conspiración de Aman. La primera fiesta se acabó, sin que nadie supiera las intenciones verdaderas de Ester.

Esa noche, mientras Aman se iba a casa a través del portal de la ciudad, vio a Mordoqueo quien se negó a someterse a él. Enfurecido, Aman fue y le comentó lo sucedido a su familia. Sugirieron que Aman construyese una horca de 75 pies de altura en la que pudieran colgar a Mardoqueo. La idea le encantó a Aman e inmediatamente ordenó que se haga.

Mientras tanto, en el palacio, el rey estaba teniendo dificultades para dormir por lo que pidió a su asistente que le leyeran el libro de las Crónicas. Cuando la narradora empezó a leer los diversos eventos, que tuvieron lugar en el reino, se encontró con una historia acerca de Mardoqueo y la revelación de un complot para asesinar al rey. Cuando Asuero preguntó a su asistente que honor y reconocimiento recibió Mardoqueo por su obra, la respuesta fue nada.

¡En ese momento, Aman entró en la corte para hablar con el rey sobre lo que quería hacerle a Mardoqueo en la horca! Sin embargo, antes de que Aman pudiera hablar, Asuero le preguntó lo que pensaba que se debería hacer por el hombre que el rey deseaba honrar. Aman creyendo que el rey lo quería honrar, dijo que dicho hombre debe ser vestido con un manto real luego montado en un caballo y conducido alrededor como uno de los príncipes más nobles del rey, que debe proclamar: "¡Esto es lo que se hace con el hombre que honra el rey!"¡Al escuchar este consejo, el rey ordenó a Aman para ir inmediatamente a hacer lo que el sugería para Mordoqueo, el Judío!

Por lo tanto, Aman obtuvo el vestido y el caballo, vistió a Mardoqueo, a continuación, lo llevaron por las calles anunciando a todos que se sentía honrado por el rey. Después, Aman fue humillado por lo que corrió a su casa para decirle a su esposa, pero apenas pudo decirle, los eunucos del rey llegaron a toda prisa y apresuradamente lo llevaron al banquete de Ester.

Durante la segunda fiesta, el rey volvió a pedir a Ester que le dijera su petición. Asegurándole que, fuese lo que fuese, se le daría a ella, incluso hasta la mitad del reino. Fue entonces cuando Ester decidió actuar. Comenzó su solicitud por escrito con el rey de que no le quitara su vida, junto con la vida de su pueblo, ya que estaban al borde de la aniquilación total. ¡Cuando el rey preguntó a Ester quien se atrevió a hacer tal cosa, ella respondió diciendo que el adversario y el enemigo era el vil Aman! Enfurecido, el rey salió del salón y se fue a los jardines del palacio.

¡Aman estaba aterrorizado totalmente! Dándose cuenta de que Asuero ya había decidido su destino, se quedó en el palacio para pedirle a la reina por su vida. Justo cuando cayó en la banca donde Ester estaba reclinada, el rey volvió y en un ataque aún más enfurecido lo acusó de tratar de molestar a la reina. Mientras las palabras salieron de le boca del rey, los eunucos de palacio tomaron a Aman. Iba a ser colgado en la horca que el construyó para Mordoqueo.

Ese mismo día, el rey llamó a Mardoqueo ante su presencia, y a Ester se le dio todo el estado de Aman. Desafortunadamente, a pesar de que aunque el complot de Aman fue descubierto, el tiempo se les estaba acabando a los judíos. La orden de su aniquilación estaba solo a meses de ser ejecutada. Por lo tanto, Ester rogó al el rey para que se emitiese una segunda orden para anular la primera. Asuero respondió al mando de un decreto que daba permiso por escrito para que los israelitas pudiesen proteger sus vidas y sus bienes. Por lo tanto, Mordoqueo convocó a los secretarios reales y que este nuevo decreto fuese enviado por correo a caballo real a las 127 provincias que se extiendían desde la India hasta Cush.

El en día trece del mes duodécimo, el mes de Adar, el nuevo decreto fue ejecutado. Ese día, los enemigos de los Judíos que esperaba dominar a Israel se les volcó la suerte. ¡Los Judíos se reunieron y nadie pudo oponerse a ellos! Mataron a más de 75,000 de sus oponentes. El miedo hacia los Judíos se hizo tan grande que mucha gente optó por convertirse ellos mismos en Judíos. Fue un tiempo gozoso, que se conocía como la fiesta judía, Purim.

¡Las vidas de un incontable número de israelitas que vivían en la tierra de su cautiverio fueron salvados por una mujer que eligió actuar según la revelación de su Fin Esperado! Sin embargo, Ester casi rechazó al principio la oportunidad cuando fue presentada con su Fin Esperado.

Lo que casi le pasó a Ester, es exactamente lo que le está pasando a un gran número de prisioneros en la actualidad. Ellos no están actuando, cuando la revelación de su misión llega. ¡Pocas personas llegan a experimentar la plenitud del futuro que Dios tiene para ellos, ya que simplemente se lo pierden! En este capítulo y el siguiente, vamos a discutir la forma de evitar que esto le ocurra a usted. Antes de empezar, quiero aclarar algunos puntos rápidos acerca de la importancia de recibir la revelación de su Fin Esperado.

El Plan de Dios frente a su Plan

"Muchos pensamientos hay en el corazón del hombre; Mas el consejo de Jehová permanecerá." (Proverbios 19:21)

Los seres humanos son planificadores por naturaleza. Nos gusta pensar y hablar sobre todas las cosas que estamos planeando hacer. Sin embargo, la Biblia dice que toda nuestra planificación no sirve para nada, porque solo los propósitos de Dios para nuestras vidas se mantendrán. Es por eso que debe saber cuales son los propósitos de Dios para usted en particular.

Solo el Creador sabe para qué fue usted creado. Usted no puede saber lo que es, a menos que Él se lo diga. El autor Rick Warren habla de esto en su difundido libro, "The Purpose Driven Life" (Una vida con propósito).

"Si yo le entrego un invento que nunca había visto antes, no va a saber su propósito, y la invención en sí misma no sería capaz de decir lo que fuera. Solo el creador o el manual de usuario podría revelar su propósito."

Dios es su Creador, por lo que solo Él sabe exactamente para que fue usted creado. Es por eso que le debe consultar para saber su Fin Esperado. Desafortunadamente, muchas personas nunca se molestan en pedir al Padre por su futuro. Por el contrario, cada uno viene con sus propias ideas brillantes. Sin embargo, la Biblia dice que cuando usted decide seguir sus propios planes y no los de Dios, fracasará.

"Jehová hace nulo el consejo de las naciones, Y frustra las maquinaciones de los pueblos. El consejo de Jehová permanecerá para siempre; Los pensamientos de su corazón por todas las generaciones..." (Salmos 33:10-11)

Esta escritura es muy clara: Si usted decide perseguir sus propios planes en vez de los de Dios, Él en realidad le impide tener éxito en cualquier cosa que haga. ¿Por qué Dios le hará fracasar? No para castigarlo, sino para conseguir que renuncie a sus propias ideas y así poder unirnos a Él en Su obra eterna.

Vea usted que los planes de Dios son perfectos. Los propósitos del Reino tienen un largo alcance. Una llamado de Él puede dejar más impacto en el mundo que un millón de sus propias "buenas" ideas. En el próximo capítulo, voy a decirle cómo reconocer cuando Dios está revelando Su plan para usted.

¡El conocimiento de su Fin Esperado! Va a cambiar la forma de cumplir el resto de su tiempo.

No hay nada peor que cumplir tiempo en la cárcel, día tras día, año tras año, sin alegría. ¿Alguna vez ha tenido un día cuando se despertó en su celda pensando que no podía soportarlo más? ¡Dios no quiere que usted se sienta de esta manera! ¡Él quiere que usted sea capaz de cumplir su tiempo con alegría! Poseer el conocimiento de su Fin Esperado será administrado por la alegría.

Déjeme comprobárselo. Veamos de nuevo lo que Dios dijo a los cautivos de Babilonia en la carta de Jeremías: *"Porque yo sé los planes que tengo para ti... planes para darte esperanza... el fin que esperáis."*

Una de las razones por las que Dios revela su Fin Esperado es para darle esperanza. La esperanza Bíblica no es un sueño sin consistencia, sino más bien una certeza de las cosas por venir. Al tener posesión de su llamado significa que tiene un futuro esperanzador y **garantizado.** Esta garantía le dará esperanza. Si está lleno de esperanza, usted tendrá la capacidad de hacer frente, no importa cuál sea su situación.

Las Escrituras dicen: *"... el gozo de Jehová es vuestra fuerza"* (Nehemías 8:10). La Esperanza le da alegría. La alegría le dará la fuerza para soportar. ¿Sabe usted cómo Jesús soportó el dolor extremo de la cruz? ¡A través de la alegría que recibió de conocer su Fin Esperado, ser El Salvador y Redentor del mundo entero! Hebreos 12:2 dice: *"Fijemos la mirada en Jesús, el autor y consumador de nuestra fe, quien por el gozo puesto delante de él sufrió la cruz..."*

¡La alegría que Jesús recibió de saber cuál era su misión en la tierra y lo que lograría lo preparó para soportar ser azotado, golpeado y crucificado! La alegría le permitirá soportar la cruz de su encarcelamiento. El conocimiento de su Fin Esperado le traerá esta alegría.

Innumerables prisioneros, incluso los cristianos, se encuentran en una existencia sin esperanza. No tienen la alegría y nada de que ansiar porque no saben cuál es el futuro que les espera. ¡Tan pronto como recibí la revelación de mi Fin Esperado, los meses parecían volar! ¡Estaba llena de mucha emoción al pensar en mi futuro, hubieron días en que ni siquiera parecía como si estuviera en la cárcel! Cuando finalmente actúa en la revelación de su esperanza de futuro, el resto de sus días adentro estará llena de propósito. Este objetivo va a cambiar la forma de cumplir con su tiempo.

Dios quiere revelar su Fin Esperado, mientras que usted está adentro, para que puede hacerlo en el exterior

¿Se acuerda, en la oración de Salomón, el tercer propósito de Dios para su tiempo?

" y si se convirtieren a ti de todo su corazón y de toda su alma, en la tierra de sus enemigos que los hubieren llevado cautivos, y oraren a ti con el rostro hacia su tierra que tú diste a sus padres, y hacia la ciudad que tú elegiste y la casa que yo he edificado a tu nombre, tú oirás en los cielos, en el lugar de tu morada, su oración y su súplica, y les harás justicia. " (1 Reyes 8:48-49).

La forma de cumplir con el propósito de Dios es mediante la entrega total a su voluntad para la vida suya mientras está en la tierra de su cautiverio. **¡Esto significa tomar posesión de su Fin Esperado mientras sigue encarcelado!** ¿Por qué es tan importante para que usted consiga una revelación de su futuro en el interior de la cárcel?

La tasa de reincidencia de los ex convictos es de un 70%. ¡Esto significa que siete de cada 10 personas que salen de la prisión regresaran! ¿Por qué son los números tan altos? ¡Porque **cuando la gente salga, persiguen sus propios planes en vez de los de Dios, por eso fallan**! Recuerde lo que dice la Biblia, si no están llevando a cabo los propósitos que Dios tiene planeado para su vida, usted no tendrá éxito en cualquier cosa que haga. ¡Incluso si usted está haciendo una cosa "buena"! ¿Qué sucede cuando una persona sale y todos los planes que hacen no resultan? Vuelven a lo que saben para poder sobrevivir, lo que generalmente significa drogas, el crimen, y luego de vuelta a la cárcel.

¿Se acuerda de la advertencia que Jeremías dio a los israelitas? Dijo que el castigo de su cautiverio continuaría hasta que lograran su propósito. (Jeremías 4:22 NVI). ¡El castigo de su cautiverio continuará si no tiene el plan de Dios cuando salga! ¡Sin Su plan va a fracasar y volverá a la cárcel! Dios quiere que usted siga siendo libre y que viva una vida abundante. La mejor manera de asegurar esto es aferrarse de sus planes para su futuro ahora, mientras usted todavía está aquí.

Dios quiere darle su llamado mientras usted está adentro. Le voy a enseñar a prueba. Eche una mirada a la carta de Jeremías a los exiliados. Observe el orden en que fue escrita.

Lo **primero** que aparece en la carta son las instrucciones para prepararse para el Fin Esperado.

"Construye...y... ... la planta aumentó en número... orar..."

La **segunda** lista es la promesa de su Fin Esperado

"*Porque yo sé los pensamientos que tengo acerca de vosotros... para darte el fin que esperáis*".

La **tercera,** y última, es la promesa de que los cautivos se irán a casa.

. .. "*Le llevará de vuelta al lugar desde el que le lleva al exilio*".

"Ahora mira el orden cuidadosamente. ¡La revelación del final esperado viene antes de la salida para ir a casa! ¡Esto demuestra que Dios quiere darle la revelación, antes de salir! Me encanta la manera en que la versión Reina Valera de Jeremías 29:11 dice. Dice que Dios conoce los pensamientos del futuro Él piensa "sobre usted." Esto significa que, mientras esté aquí, Dios enviará los detalles de sus planes de su Espíritu "sobre" su mente para que pueda recibir el conocimiento de su Fin Esperado (1 Corintios 2:9-16).

Cada cautivo importante en la Biblia recibió una revelación acerca de su Fin Esperado, mientras estaban en cautiverio. José, Daniel, Ester, Zorobabel, Josué, Esdras y Nehemías se les dio todas sus tareas mientras aún estaban adentro. Cada uno de ellos, ya sea que se quedaron en el exilio o fueron liberados antes de volver a casa, terminaron su tarea y probaron la plenitud de la vida que Dios planeó para ellos.

¡Dios quiere que todos sus cautivos reciban la revelación de su Fin Esperado, mientras que están en el interior por lo que estarán armados con su plan indestructible cuando salgan! Recibí mi tarea de escribir este estudio, mientras yo todavía estaba en prisión. De hecho, escribí más de la mitad de este libro detrás de las paredes. Una vez que me dejaron ir libre, experimenté el poder de la posesión de mi Fin Esperado. Me permitió luchar contra la tentación y permanecer fuera de prisión. Es la facultad que necesitaba para ser exitosa en el que de otro modo hubiera fracasado. ¡Me llenó de alegría y me hizo vivir una vida abundante, llena de propósito de vida!

Es muy importante descubrir y actuar sobre la revelación de su Fin Esperado, mientras que está en cautiverio. En el próximo capítulo vamos a explorar por qué la mayoría de los prisioneros pierden su revelación. Usted también va a aprender cómo evitar que esto le ocurra.

LECCIÓN DIECISÉIS

1. ¿Ve usted algo de usted mismo o su situación en la historia de Ester? Si es así, ¿de qué manera?

2. ¿Qué significa el siguiente versículo para usted? *"Jehová hace nulo el consejo de las naciones, Y frustra las maquinaciones de los pueblos. El consejo de Jehová permanecerá para siempre; Los pensamientos de su corazón por todas las generaciones.* "(Salmo33:10-11).

3. De acuerdo con el versículo anterior, si usted sigue sus propios planes en vez de los del Señor, va a fracasar. ¿Por lo tanto, cuál plan le traerá éxito total? ¿El Suyo o el de Dios? ¿Por qué?

4. Tener el conocimiento dé su Fin Esperado, mientras que usted está adentro va a cambiarla forma de cumplir el resto de su tiempo. Tener posesión de su llamado significa que tiene un futuro garantizado por el cual ver hacia adelante y está **garantizado** darle esperanza. Si está llenos de esperanza, usted tendrá la capacidad enfrentar todo, no importa cuál sea su situación. Jeremías 29:11dice: "*Porque yo sé los planes que tengo para ti...planes para **darle esperanza**...un Fin Esperado.* "Escriba este versículo en el espacio de abajo y subraye las palabras" *a fin de darles esperanza"*.

5. Dios quiere revelar su fin esperado, mientras que usted está en el interior por lo que será capaz de hacer cuando salgas. ¿Te acuerdas de tercer propósito de Dios para su tiempo mencionado en la oración de Salomón? "Y si se vuelven a ti con todo su corazón y alma en la tierra de sus enemigos que los llevaron cautivos ... entonces ... escucha su oración y su súplica, y defiende su causa "(1 Reyes 8:48-49). Según este versículo, ¿de dónde Dios quiera que usted tome posesión de su Fin Esperado?

PORQUE TE LO PERDISTE

Capitulo Diecisiete

"¿Y quién sabe si para esta hora has llegado al reino?" Ester 4:14

"Por un momento como ese" es un sueño perdido por tantos. ¿Por qué es que la promesa de un Fin Esperado es tan difícil de alcanzar? Debe haber un ejército de prisioneros en el interior y un montón de ex-delincuentes en el exterior, apropiándose del territorio del Reino de Dios, pero no lo hay. En este capítulo vamos a explorar algunas de las razones por las cuales un gran porcentaje de los presos pierden la revelación de su Fin Esperado.

La razón por la que se contó la historia de Ester y Mardoqueo en el último capítulo fue para que yo pudiera usar su ejemplo en este capítulo para ayudarle a reconocer y actuar sobre su llamado. Ahora, yo le voy a enseñar las claves para recibir la revelación. Por lo tanto, vamos a empezar.

¿Se acuerda de lo que Mardoqueo hizo después que se enteró de la conspiración de Amán para destruir a los Judíos? Envió un mensaje a Ester, le pidió que fuera ante el rey Asuero para pedir por la vida de su pueblo. Sin embargo, cuando Ester escuchó lo que Mardoqueo quería que hiciera, tenía miedo y no quería ir. Bueno, cuando Mardoqueo recibió su respuesta, le envió un segundo mensaje tan profundo que lo utilizaremos como herramienta de estudio que le guiará a su Fin Esperado. Vamos a mirar la respuesta de Mardoqueo a Ester de nuevo en 4:13-14.

"... No pienses que escaparás en la casa del rey más que cualquier otro judío. Porque si callas absolutamente en este tiempo, respiro y liberación vendrá de alguna otra parte para los judíos; mas tú y la casa de tu padre pereceréis. ¿Y quién sabe si para esta hora has llegado al reino?"

¿Cómo puede asegurarse de que no pierda su Fin Esperado que Dios tiene para usted? Echemos un vistazo a cada parte de la respuesta de Mardoqueo para descubrir las maneras poderosas en que puede ayudarle a llegar a su objetivo. Vamos a comenzar con la última parte de su declaración.

*"¿Y quién sabe si no ha llegado a la **posición** real de un momento como éste?"*

La razón porque muchos de los reclusos no reciben la revelación de su Fin Esperado es porque no están en la posición correcta para recibirla. En el capítulo doce de este estudio, se examinó el principio de la participación en la familia de Dios. Las razones que Dios quiere que usted se involucre con el cuerpo son por dos motivos. En primer lugar, usted debe estar activo en la comunión para ser capacitado para su Fin Esperado. En segundo lugar, es necesario estar en su posición en el cuerpo con el fin de recibir la revelación de su llamado.

Permítanme explicarle. Note que Dios le reveló a Ester su misión después de que ella estaba en su *"posición real"*, como reina. ¿Qué hubiera pasado si a Ester se le hubiese pedido que detuviera la masacre de los Judíos antes de que ella fuera la reina? ¡Nada! ¡Ella no habría sabido qué hacer con el problema y no hubiera poseído ningún poder o la capacidad de cambiarlo! Como reina, sin embargo, Ester sabía exactamente cómo funcionaba la corte real. Sabía cuáles son los procedimientos necesarios para llegar al rey. Como reina, también poseía la capacidad y condiciones de presentarse ante el rey para pedir por la vida de su pueblo.

¡Usted tiene que estar en la *"posición real"* antes de poder recibir su revelación! Sólo después de haber servido en su lugar en el cuerpo va a ser capaz de entender y actuar en su llamado. Yo ya estaba en mi posición en la comunión cuando el Señor me dijo que escribiera *La Serie Cautiverio*. ¡De hecho, yo estaba enseñando este mismo estudio, cuando recibí mi revelación, por lo que había entendido y podía actuar en lo que Dios me estaba diciendo que haga!

Dios lo quiere en su *"posición real"* para que pueda estar listo para recibir el conocimiento de su Fin Esperado. Si usted no ha recibido una Revelación Divina acerca de su futuro, puede ser porque no está en su lugar en el cuerpo. Si siente que el Señor le está convenciendo para unirse ahora, no lo dude. Participe y esté listo para recibirlo.

La segunda razón porque la gente pierde la revelación de su Fin Esperado es porque no se dan cuenta cuando Dios les está hablando. ¿Cómo se puede saber con seguridad cuando usted está oyendo la voz de Dios y no sólo sus propios pensamientos?

La manera en que Dios habla es por medio del Espíritu Santo. El Espíritu de Dios planta Sus pensamientos en su espíritu mientras Él envíe la misma idea a su mente. En otras palabras, cuando usted recibe la dirección de Dios, usted "sabe" en su interior que tiene que hacer algo. Este conocimiento estará acompañado por un pensamiento paralelo.

Déjeme darle un ejemplo. Vamos a decir, que mientras usted estaba leyendo acerca de cómo estar en su posición real, usted *"sabía"* que se debe de involucrar en la fraternidad. Si se detiene a pensar en ese momento, se dará cuenta de que también recibió un pensamiento correspondiente. Puede haber parecido algo así como: "¡tengo que participar!"

Sin embargo, a veces no somos capaces de distinguir si era de Dios o de nosotros mismos. ¿Por qué? Porque muchas veces tenemos la dirección de Dios en primera persona, en la forma de "Yo". "¡Yo necesito unirme" y también lo oímos en **nuestra propia voz**! Lo cual puede sonar como su propia conciencia hablándole a usted. Entonces, ¿cómo puede saber la diferencia?

Cuando Dios comenzó a hablarme de escribir La *Serie Cautiverio*, tenía pensamientos como, "yo debería escribir un libro" o, "yo tengo que empezar."

Lamentablemente, por diversas razones, no respondí de inmediato en actuar sobre esos pensamientos. De hecho, llegó un momento en el que dije que no. Y cuando lo hice, empecé a ponerme muy tensa. Cuanto más tiempo pasaba sin hacer caso a mis pensamientos, más agitada me ponía. Finalmente, llegué al punto en que fui completamente miserable, pero aún no reconocía por qué.

Este sentimiento de agitación era mi signo revelador de que estaba escuchando de Dios, pero no le obedecía. Mi falta de paz fue el indicador de que me estaba perdiendo la voz de Dios. ¿Se acuerda de lo que Mardoqueo le dijo a Ester cuando se negó a tomar una decisión sobre la revelación de su Fin Esperado? Él dijo: *"Porque si **permaneces callada** en este tiempo...tú morirás."* Una vez que Dios habla su plan en su espíritu, y permanece en silencio, no actúa sobre él, su espíritu y el Espíritu de Dios comenzarán a batallar uno con el otro. Esta pelea furiosa continuará aumentando en intensidad, el tiempo que permanece desobediente.

Cuando Dios habla, y usted no actúa, se sentirá como si usted estuviese literalmente muriendo! Esto es en última instancia, el motivo por el cual Mardoqueo le dijo a Ester que ella moriría si permaneciera en silencio. Él sabía que iba a pasar un dolor extremo al luchar con Dios por consecuencia de la desobediencia.

La falta de paz significa que uno está fuera de la voluntad de Dios. Este es un indicador seguro de cómo se puede discernir si Dios le está hablando. ¿Se siente angustiado, confuso o difícil, pero no sabe por qué? ¿Hay una idea recurrente en su mente que está ignorando? Es probablemente una idea del Padre. Como permanece en silencio, se siente como si estuviese muriendo.

Si Dios le está hablando y usted no le está respondiendo, puede estar perdiendo la revelación de su *"por un momento como este."* Revise sus signos vitales para ver si se está muriendo. Si es así, no se demore, actúe sobre el pensamiento que Dios le está enviando. Cuando se está muriendo sus sentimientos cambian a una paz, entonces usted sabrá que está escuchando y obedeciendo a Dios.

Una tercera razón por la cual un gran número de presos pierde la posesión de su Fin Esperado es el miedo. Vamos a ver cómo Ester respondió a Mardoqueo cuando él le pidió que fuera ante el rey para pedir por la vida de su pueblo. Ella dijo: *"... cualquier hombre o mujer que entra en el patio interior para ver al rey, sin ser llamado, una sola ley hay respecto a él: ha de morir; salvo aquel a quien el rey extendiere el cetro de oro, el cual vivirá; y yo no he sido llamada para ver al rey estos treinta días. "* (Ester 4:11).

La reacción de Ester a la revelación de su misión era el miedo. Miedo a la muerte y el miedo de la insuficiencia. A Ester le dio miedo de ir ante el rey porque, literalmente, podría perder su vida, pero también se sentía inadecuada porque el rey no la había llamado en 30 días.

Miedo a la muerte y el miedo a la insuficiencia son dos cosas que pueden hacer que una persona pierda su Fin Esperado. Echemos un vistazo a cada uno de estos miedos para que pueda reconocer cuando le atacan. En primer lugar, el miedo a la muerte.

Cuando usted tiene una buena idea en su mente, su primera reacción es emocionarse. Usted comienza a pensar en ello todo el tiempo. Usted puede incluso ir por ahí contándoselo a la gente. Entonces sucede algo; se da cuenta de que, para que su idea se convierta en una realidad, tiene que tomar medidas en el asunto - ¡o ser como los demás y hablar sobre la idea el resto de su vida!

Aquí es donde el miedo de la muerte viene a separar a los ratones de los hombres, por así decirlo. Inconscientemente, nos da miedo aceptar los llamados de Dios, porque eso significará la muerte a nuestro estilo de vida, nuestras zonas de comodidad, y nuestras agendas personales. Siguiendo el plan de Dios, significa el cambio y el sacrificio. Habrá muchas veces cuando tendrá que trabajar en su llamado cuando preferiría estar haciendo otra cosa. Por eso es qué tantas personas pierden sus sueños. Ellos no quieren renunciar a su propio ocio o tomar un riesgo y ejercerlo ellos mismos.

Como seres humanos, naturalmente rechazamos el cambio al querer preservar nuestro bienestar y a nosotros mismos. Piense acerca de Ester. Cuando se enteró de la solicitud de Mardoqueo, estoy segura que al principio ella tenía muchos pensamientos egoístas. Sí, ella no quería morir, pero probablemente también no quiera perder su nueva posición y estilo de vida. Después de todo, nadie en el palacio sabía que era judía así que, si se quedaba con la boca cerrada, podía seguir viviendo su vida maravillosa como reina. Sin embargo, Mardoqueo se apresuró a recordarla que aun cuando ella tratase de tomar el camino más fácil, moriría de todos modos.

Esto es lo que la gente no entiende. Cuando usted elige su propia vida y comodidad ante el plan de Dios, va a morir de todos modos. Su silencio y la falta de voluntad para actuar hará que lo pierda. ¡Sin embargo, cuando usted decide salir de su zona de comodidad, tomar riesgos, y renunciar a ciertas cosas, su vida será mejor de lo que se pueda imaginar! Mire a Ester. ¡Cuando finalmente decidió exponer su vida para continuar su misión, fue recompensada! Ella permaneció como reina, pasó el privilegio de salvar la vida de su pueblo, ¡y también recibió el regalo de la gran propiedad de Amán!

Recuerdo que cuando Dios me dijo que dejase mi trabajo para entrar al ministerio a tiempo completo. Al principio, dudé porque no quería que mi estilo de vida cambiase. Me gustaba el nivel de vida que mi sueldo me daba. Fue tan bonito tener dinero, ser capaz de ir a un salón de belleza y comprar ropa nueva. Eventualmente, sin embargo, me di cuenta de que tenía que morir a mis agendas egoístas. Ahora, al igual que Ester, estoy experimentando el privilegio de salvar la vida de las personas que están en cautiverio en la actualidad. ¡Y no falta decirlo, esto me da una alegría indescriptible y me llena de gratitud! Además de eso, Dios ha provisto por mí, un centenar de veces por el sacrificio que hice (Marcos 10:29-30).

El segundo temor que impide a las personas tomar posesión de su Fin Esperado es el miedo a la insuficiencia. Ester se sentía incapaz, porque el rey no la llamó a su presencia durante un mes. Estoy seguro de que muchos tienen pensamientos de temor invadiendo su mente. ¿Sera que el rey ya no la deseaba, o tal vez pensó que no era lo suficientemente buena para él? Los pensamientos de insuficiencia pueden ser muy poderosos. Pueden paralizar emocionalmente hasta la persona más segura. Mire a Ester. La Biblia dice que era muy hermosa, pero aun así, todavía el miedo de la insuficiencia la hizo creer que el rey no la quería.

Le voy a dar una advertencia. El enemigo, Satanás, y su propia mente van a tratar de convencerle de que no está lo suficientemente preparado para asumir el trabajo escogido por Dios. Me acuerdo de Satanás, diciéndome que yo no era nadie. Dijo que mis revelaciones no fueron lo suficientemente importantes como para estar en un libro. ¡Estos pensamientos, junto con el temor de que no estaba calificado para escribir este estudio, casi me impidió tomar medidas en mi tarea!

Quiero demostrar la prueba en la Biblia que Dios nunca le dará una misión que no pueda manejar. Vamos a ver en el libro de Mateo en la parábola de los talentos.

*"Porque el reino de los cielos es como un hombre que yéndose lejos, llamó a sus siervos y les entregó sus bienes. A uno dio cinco talentos, y a otro dos, y a otro uno, a cada uno **conforme a su capacidad**; y luego se fue lejos. Y el que había recibido cinco talentos fue y negoció con ellos, y ganó otros cinco talentos. Asimismo el que había recibido dos, ganó también otros dos. Pero el que había recibido uno fue y cavó en la tierra, y escondió el dinero de su señor. Después de mucho tiempo vino el señor de aquellos siervos, y arregló cuentas con ellos. Y llegando el que había recibido cinco talentos, trajo otros cinco talentos, diciendo: Señor, cinco talentos me entregaste; aquí tienes, he ganado otros cinco talentos sobre ellos. Y su señor le dijo: Bien, buen siervo y fiel; sobre poco has sido fiel, sobre mucho te pondré; entra en el gozo de tu señor. Llegando también el que había recibido dos talentos, dijo: Señor, dos talentos me entregaste; aquí tienes, he ganado otros dos talentos sobre ellos. Su señor le dijo: Bien, buen siervo y fiel; sobre poco has sido fiel, sobre mucho te pondré; entra en el gozo de tu señor. Pero llegando también el que había recibido un talento, dijo: Señor, te conocía que eres hombre duro, que siegas donde no sembraste y recoges donde no esparciste; por lo cual tuve miedo, y fui y escondí tu talento en la tierra..."* (Mateo 25:14-25).

En la parábola de los talentos, el maestro dio tres de los talentos a Sus siervos con que trabajen, mientras que él se había ido de viaje. La Escritura dice que dos de los funcionarios tomaron sus talentos y se fueron a trabajar y duplicaron su inversión original.

Sin embargo, el tercer siervo no tomó ninguna medida en su talento, sino que lo escondió en la tierra. Cuando el maestro regresó, el funcionario dijo que no buscó su misión, porque tenía **"miedo"**. En realidad, no había ninguna razón para que él tuviera miedo porque el maestro no le pidió que haga más de lo que podía manejar. Mire el principio de la parábola, el maestro dio su talento a los funcionarios, *"cada cual según su capacidad."* Esta Escritura prueba que Dios sólo le pide que haga lo que ya está equipado para hacer.

Dios sobrenaturalmente le permitirá completar cada misión que Él le envía. Recuerdo una noche en la cárcel mientras trabajaba en el libro, realmente comencé a luchar. No podía escribir ni un capitulo bien. A medida que la noche avanzaba, empecé a sentirme tan poco ungida, sin poder, y poco digna. De hecho, después de unas horas, incluso empecé a cuestionar si Dios en verdad me había llamado para esto.

¡Finalmente, en un arrebato de frustración, grité en mi mente: "Señor, ayúdame!" Inmediatamente, le oí decir: "Yo estoy aquí." Su voz era tan clara que al principio me sorprendí, pero luego rápidamente, sus palabras lavaron mis dudas y temores, y mi escritura comenzó a fluir de nuevo. **¡A partir de eso, yo sabía que Dios me dio esta tarea, y siempre estaría conmigo para asegurarse de que se terminara!**

El Padre nunca le enviará una misión que no pueda terminar. Desafortunadamente, muchas personas dejan que sus sentimientos de insuficiencia eviten que actúen en su revelación. ¿Qué sucede cuando usted deje que el miedo le convenza de que pare su trabajo? La Biblia dice **¡que usted va a perder su oportunidad!** Vamos a ver de nuevo a lo que Mardoqueo le dijo a Ester en respuesta a su miedo.

"...No pienses que escaparás en la casa del rey más que cualquier otro judío. Porque si callas absolutamente en este tiempo, respiro y liberación vendrá de alguna otra parte para los judíos; mas tú y la casa de tu padre pereceréis..."

Mardoqueo advirtió a Ester que, si no tomara una decisión sobre su llamado, el alivio y la liberación de los Judíos llegaría a través de otra fuente. Dios tenía un plan para salvar a su pueblo y su primera intención era utilizar a Ester para llevar a cabo este plan. Sin embargo, si Ester decidía no participar, la misión aún se llevaría a cabo con o sin ella.

El Señor quiere **usarle** para llevar a cabo sus planes. Desafortunadamente, si Él en repetidas ocasiones presenta su propuesta, y usted no lo hace, Él encontrará a alguien que lo haga.

Rápidamente, vuelva a la parábola de los talentos. Vea lo que el maestro le dice al tercer siervo cuando, por miedo, él no pudo tomar una decisión sobre su llamado.

"¡Siervo malo y perezoso! **Quitadle el talento y dadlo al que tiene los diez talentos"**

Debido a que el tercer siervo se negó a actuar en su misión, ¡el maestro le quitó su talento y luego se lo dio a otra persona!

¿Te acuerdas de mi conversación con la hermana de Dana, cuando fui a hablar con ella acerca de la escritura de *La Serie Cautiverio*? Lo último que me dijo fue que, si yo no quería escribir el libro, lo haría por mí. ¿Entiendes lo que Dios estaba haciendo en su corazón? Él estaba preparando su corazón en caso de que yo me negara a mi tarea. ¡No permita que los temores de insuficiencia cumplan su misión! Sólo recuerde que Dios nunca le dará más de lo que pueda manejar.

La cuarta razón y una de los más grandes por qué las personas pierden su Fin Esperado es la pereza. Veamos de nuevo el tercer siervo en la parábola de los talentos. Este hombre dijo que no tomó ninguna medida en su tarea, porque tenía *"miedo"*. Ahora, eche un vistazo a la respuesta interesante que el maestro le dio a esa declaración. El maestro dijo: *"Siervo **malo y perezoso**."* Toma nota que el maestro no llamó a su siervo miedoso, como había afirmado él que era. ¡En cambio, el maestro lo castigó por la pereza! Dios conoce el corazón del hombre mejor que el hombre. ¡El siervo podrá haber tenido miedo, pero el maestro sabía que estaba también dispuesto a hacer el trabajo necesario para completar su misión!

Hay una condición para que sus sueños futuros llegan a pasar. ¡Usted debe poner de su parte! ¡Usted puede pensar que sería interesante hacer un ministerio de radio o un ministerio de televisión, pero en realidad eso significa una enorme cantidad de trabajo! Usted debe estar disciplinado con el fin de tomar posesión de su futuro. Este ministerio "Expected End" no me lo regalaron.

He trabajado durante años en la preparación para el mismo. ¡De hecho, me tomó cuatro años sólo para escribir este estudio, y luego otro año más para que se publicara y apenas comenzar el ministerio! Escribir un libro y comenzar un ministerio son un trabajo duro. Ambos requieren de mucha disciplina. Hubo momentos en que tuve que superar la tentación de ser floja, pero, porque elegí ser diligente para ver la misión hasta su final, ahora estoy cosechando los frutos.

Muchas personas pierden su Fin Esperado, ya que postergan sobre cómo empezar. ¡O empiezan a toda velocidad luego se desvanecen! Usted debe hacer un compromiso total con su misión, y luego llevar su compromiso hasta el final, no importa el tiempo que sea necesario. Si no lo hace, su pereza, como el miedo, podría provocar la pérdida de la posesión de su sueño. Veamos de nuevo lo que el maestro le dijo al siervo que era demasiado vago para trabajar en su llamado.

"¡Siervo malo y perezoso! Quitadle el talento y dadlo al que tiene los diez talentos." (Mateo 25:26, 28).

En este momento, algunos de ustedes están postergando o han dejado de trabajar en su llamado. ¡Peligro! ¡Cuidado! Su talento está a punto de ser eliminado y será dado a otra persona. ¡No es demasiado tarde! Supere su carne débil. Tome la decisión de dedicar un tiempo cada día para seguir su propósito.

¡Más que nada, siendo fiel en su trabajo para su llamado es lo que le permitirá alcanzar su meta y lograr sus sueños!

Otra razón por la que mucha gente pierda la revelación de su final esperado es porque rechazan los pensamientos que Dios les está poniendo en sus mentes. Esto ocurre porque los pensamientos no tienen sentido para ellos. Permítame explicarle. Cuando Dios me dijo que escribiera este libro, no tenía sentido para mí porque nunca me había considerado una escritora. Pero vamos a ver lo que la Escritura dice acerca de esto.

"Fíate de Jehová de todo tu corazón, Y no te apoyes en tu propia prudencia. Reconócelo en todos tus caminos, Y él enderezará tus veredas." (Proverbios 3:5-6).

Cuando se trata de la revelación de su Fin Esperado, debe dejar a un lado todos los pensamientos e ideas propias. Cualquier idea que usted puede pensar que usted sabe acerca de su futuro sólo se pondrá en el medio de recibir el verdadero conocimiento de su propósito por el que fue creado.

Además, un montón de gente no confía en Dios con su futuro. Ellos creen que Él le va a decir que hagan algo que no van a querer hacer. Bueno, puede estar seguro, aunque el Señor puede darle una misión que usted nunca había pensado antes, todavía se alinean con los deseos que ya ha colocado en su corazón.

Ya que me encanta enseñar, nunca he considerado ser una escritora. ¡Ahora, tengo que enseñar el libro que escribí a la gente en todas partes! Dios cumplió el deseo de mi corazón. ¡Él le dará algo que coincidan con sus deseos también!

Muy pronto, hay un último punto esencial que necesito compartir con ustedes para ayudarles a reconocer la revelación de su Fin Esperado. ¿Se acuerda, en el comienzo de este capítulo, hablamos sobre el reconocimiento de la voz de Dios? Le dije que, si no actuara en su revelación, le sentiría como si se estuviera muriendo. Pues bien, lo contrario también es cierto. ¡Cuando tomas acción cuando Dios le está enviando un mensaje, usted tendrá una alegría **sobrenatural**! Permítame explicarle.

Una vez más, vea la parábola de los talentos, pero esta vez vea la respuesta que el maestro le dio a los dos funcionarios que actuaron con prontitud en su llamado.

"El Señor le respondió:" ¡Bien *hecho, siervo bueno y fiel! ¡Ven a compartir la felicidad de tu señor!* "

A causa de su obediencia de realizar su llamado, los dos funcionarios fueron invitados a venir y compartir la *"¡felicidad de su señor!"*¿Qué significa esto? La felicidad del maestro es diferente de la felicidad común. ¡Es la alegría que Dios recibe cuando sus hijos finalmente toman una decisión sobre lo que Él quiere que sean! ¡Su Fin Esperado! ¡Debido a que se llama felicidad del **maestro**, también significa que es sobrenatural! ¡Cuando uno es obediente para actuar en su llamado puede *"venir y compartir"* de ella!

¡La alegría sobrenatural es el indicador que ha tomado posesión de su Fin Esperado! Recuerdo que cuando el Señor me dio instrucciones para formar un equipo de oración colectiva en mi prisión. El trabajo del equipo, dijo, sería el de seguir las instrucciones de Jeremías a orar por nuestro lugar de exilio. Cuando el Señor me dijo esto, yo, naturalmente, supuse que Él quería que yo liderara el grupo, pero, en cambio, Él me dio instrucciones para poner a una mujer llamada Remi a su cargo.

A pesar de que Remi ya había cumplido nueve años de prisión, todavía no tenía ni idea de su futuro trabajo con Dios. Una cosa es segura es que ella poseía una gran unción para la oración. El Señor me rebeló que Él quería que Remi se pusiera en su "posición real" en el grupo porque ella necesitaba estar ahí para poder recibir la revelación de su Fin Esperado.

Así que, rápidamente el equipo se reunió, estableciendo a Remi como su líder. Inmediatamente, Dios comenzó a hacer cosas poderosas en esas reuniones. Aún más emocionante, fue lo que le pasó a Remi. Sólo unas semanas después de que el grupo comenzó, la vi en el patio. Nunca olvidaré lo que habló sobre el proyecto. Literalmente llorando, ella gritó: **"¡Oh, la alegría, hermana Katie, la alegría!"**

¡En ese momento, supe que le estaba pasando a Remi la alegría sobrenatural de Dios, porque ella había tomado posesión de lo que finalmente se convertiría en su Fin Esperado!

¡Cuando yo obedecí a Dios al comenzar a escribir este libro, me llené de inmediato con una alegría que nunca había sentido antes! ¡Cuándo usted siente la *"felicidad del maestro"* por primera vez, usted lo sabe porque es como nada de lo que ha sentido antes! ¡Cuando usted lo consigue, usted sabrá que oyó de Dios correctamente y ha tomado posesión de su Fin Esperado!

En la carta de Jeremías a los cautivos, Dios se compromete a enviar, **hacia usted**, la revelación de su llamado. ***"Porque yo sé los pensamientos que tengo acerca de vosotros...para darle el Fin Esperado."***

Asegúrese de que está en la posición correcta para recibir la revelación, y luego confíe en que Dios mantendrá su promesa de dárselo. Una vez que su revelación llegue, actúe en él. No interrumpa su búsqueda hasta lograr lo que Dios está dirigiendo qué haga. ¡Le garantizo que sí usted hace estas cosas, pasará la vida en más abundancia de lo que jamás hubiese podido soñar!

LECCIÓN DIECISIETE

1. Una de las explicaciones de por qué la gente pierde la revelación de su Fin Esperado está mencionado en este versículo. *"¿Y quién sabe si para esta hora has llegado al reino?"* ¿Qué significa este versículo en relación a la recepción de la revelación de su Fin Esperado? ¿Está usted actualmente involucrado en la comunidad?

2. *"Porque si permaneces callada en este tiempo..."* (Ester 4:14). Según este versículo, si Dios le está hablando a usted, pero no realiza ninguna acción en lo que se está moviendo a hacer, se sentirá como si estuviera literalmente _____. (Llene el espacio en blanco.) ¿Se ha sentido así últimamente? ¿Qué pensamientos o ideas recurrentes ha ignorado que podrían ser de Dios?

3. ¿De acuerdo con este versículo, cual fue la primera reacción de Ester a la revelación de su trabajo? *"... Todos los siervos del rey, y el pueblo de las provincias del rey, saben que cualquier hombre o mujer que entra en el patio interior para ver al rey, sin ser llamado, una sola ley hay respecto a él: ha de morir; salvo aquel a quien el rey extendiere el cetro de oro, el cual vivirá; y yo no he sido llamada para ver al rey estos treinta días."* (Ester 4:11).

4. ¿Cuando Dios revela su misión, estará listo para "morir" a sus propios deseos y poner todo de lado para conseguirlo?

5. En la parábola de los talentos, la Biblia dice que el maestro dio sus talentos a los funcionarios, *"cada cual según su capacidad."* ¿Cree que Dios le dará más de lo que no pueda manejar? ¿Cree que sobrenaturalmente le permitirá completar el trabajo que Él le asigna?

6. De acuerdo con estos versículos, ¿qué sucede cuando no se actúa sobre la revelación de su final previsto? "... *No pienses que escaparás en la casa del rey más que cualquier otro judío. Porque si callas absolutamente en este tiempo, respiro y liberación vendrá de alguna otra parte para los judíos; mas tú y la casa de tu padre pereceréis.*" (Ester 4:13-14). "..." *¡Siervo malo y perezoso! ... Toma el talento, y dadlo al que tiene los diez talentos*" (Mateo 25:26, 28).

7. La pereza es una de las razones principales por las que la gente pierde su Fin Esperado. Escriba los siguientes versículos en el espacio de abajo. "*¡Siervo malo y perezoso! ... Toma el talento, y dadlo al que tiene los diez talentos*" (Mateo 25:26, 28). ¿En qué áreas de su vida se están mostrando signos de pereza? ¿Está usted dispuesto a perder su futuro por eso?

8. Escriba Proverbios 3:5-6 y explique lo que significa respecto de la revelación de su Fin Esperado.

9. Si usted no puede tomar una decisión sobre los pensamientos que Dios le envía con respecto a su final previsto, se sentirá como si usted está literalmente muriendo en una tierra seca y desierta. Pues bien, lo contrario también es cierto. ¡Cuando usted toma acción en los pensamientos que Dios le da, sentirá una **alegría sobrenatural!** En la parábola de los talentos, vea la respuesta que le dio el maestro a los dos funcionarios que actuaron con **prontitud** en sus tareas. "*Su señor le respondió:*" *¡Bien hecho, siervo bueno y fiel! ... ¡Ven a compartir la felicidad de tu señor!* '"(Mateo 25:21).

¡La alegría sobrenatural es el indicador que ha tomado posesión de su Fin Esperado! Cuando usted ha sido obediente para actuar en su llamado será bendecido para *"venir y compartir en su* _____ "
(Llene los espacios en blanco.)

UNA PROFECÍA CONTRA BABILONIA

Capitulo Dieciocho

"¡Sube, oh Elam; sitia, oh Media.... Cayó, cayó Babilonia; y todos los ídolos de sus dioses quebrantó en tierra!" Isaías 21:2,9

Acostada en mi celda una noche a finales de Septiembre meditando en el Señor. Había sido mi ritual nocturno durante años. Esa noche, yo tenía una pregunta para Él, y estaba esperando su respuesta.

Un año antes, me dieron una sentencia de 13 años, después de dos años de lucha en los tribunales federales. La noche de mi sentencia, llamé a mi mamá y papá para darles la mala noticia. Fue entonces cuando hablamos de la posibilidad de apelar mi caso.

"Sólo Dios sabe si ganaré o perderé", les dije. "Pero eso quiero saber de él antes de hacer cualquier cosa." Ambos estuvieron de acuerdo conmigo, y luego hicimos un pacto para ir ante el Señor individualmente para buscar su voluntad en cuanto a la apelación.

"Quiero hacer lo que Dios nos diga que hagamos," fueron mis palabras de despedida, "incluso si eso significa cumplir la sentencia de 13 años." A pesar de que este comentario me hubiese hecho ver como la Miss Súper cristiana, en el fondo yo estaba realmente esperando que no tuviese que pasar por ello. Yo no quería estar tras las rejas por 13 años. Yo estaba orando para que Dios estuviese de acuerdo conmigo. Afortunadamente, no tuve que esperar mucho tiempo para su respuesta, porque esa noche me habló en un sueño.

Mientras yo dormía, vi una pantalla en negro en mi mente con la palabra impresa ELAM, en grandes letras blancas. Cuando me desperté, la visión era tan clara que era como si fuera una imagen grabada en mi memoria.

Inmediatamente, llamé a mis padres para preguntarles acerca de Elam. Cuando mi mamá me dijo Elam era Persia, el foco se me encendió. Yo sabía de mis estudios de los cautiverios del Antiguo Testamento que Persia, bajo el liderazgo del rey Ciro, liberó a los israelitas de la prisión en Babilonia. ¡Esta realización me dio un escalofrió en todo mi cuerpo! ¡Supe en ese momento que Dios estaba a punto de decirme algo maravilloso!

Armado con las referencias bíblicas en Elam, regresé a mi celda, y luego comencé a buscar en la Biblia por las instrucciones de Dios. Cuando llegué a Isaías 21, sabía que Él había respondido mi pregunta acerca de la apelación.

Lo primero que vi fue la partida de este capítulo, ya que, literalmente, saltó a mi vista. *"Una profecía contra Babilonia"*, declaró. Porque sabía que Babilonia representa el sistema judicial, las palabras que siguieron parecían de 10 metros de altura y sin duda. Dice la Escritura, *"Sube, oh Elam; sitia, oh Media.... Cayó, cayó Babilonia; y todos los ídolos de sus dioses quebrantó en tierra!"*

"La respuesta de Dios a mi pregunta fue clara. Si se hiciera la apelación, Babilonia caería y ganaríamos. Olas de alivio y emoción fluían en mí mientras corrí a llamar a mis padres con la noticia. Unos días más tarde, ellos también recibieron su confirmación, en el momento en que mi madre, que ahora sonaba muy segura, dijo," ¡Creemos tanto lo que dijo el Señor que va a suceder, vamos a darte el dinero!" Entonces mis padres utilizaron los fondos que recibieron de la venta de su propiedad para contratar a un abogado de apelación.

Ahora, era un año más tarde. Yo creía que me iba a casa, pero ¿cuándo? Me sentí como que algo iba a ocurrir en Noviembre, que estaba a la vuelta de la esquina. Así que, a finales de esa noche de Septiembre, mientras estaba acostada en mi cama, en silencio hablaba con el Padre de mi liberación.

"Señor, tú sabes que desde el día en que entré en esta prisión a través de la fe en tí, les dije a todos acerca de Elam, y cómo Tú vas a permitir que me fuera a casa."

Cuando terminé con este pensamiento, tomé una breve pausa para contemplar cómo iba a hacer mi pregunta. "Siento que algo va a ocurrir en Noviembre." Seguí, y luego hice una pausa antes de preguntar tímidamente: "¿Estoy en lo cierto? Ojala que así sea."

Sintiéndome confidente, había estado disparando la boca, diciéndole a todo el mundo que estaría en casa a tiempo para comer la cena de Acción de Gracias, que era el 22 de Noviembre. Como ya había terminado mi charla con el Señor por un minuto, mi mente se alejó a imaginarme llegar triunfalmente, a casa a tiempo para cocinar el pavo para Mamá y Papá. Desde que la Oficina Federal de Regulación declaró que nadie fuese liberado en días festivos o fines de semana, me gustaría que me dejaran salir el día antes de Acción de Gracias - 21 de Noviembre.

"Está bien, Señor.", Pensé mientras volví mi atención hacia Él. "¿Si voy a casa a tiempo para la cena de Acción de Gracias, dime cuántos días hay desde ahora hasta el 21 de Noviembre?"

De inmediato me detuve y me tranquilicé. En la quietud de mi mente, escuché: "57." Al principio pensé: "Eso solo deberá venir de mí", pero luego decidí revisar. Me senté en mi cama y empecé a contar los días en mi calendario. ¡Cuando llegué a 57, llegué al 21 de Noviembre y mi corazón saltó!

"Tal vez cometí un error", pensé. Por lo tanto, tome una respiración profunda, poco a poco lo conté una vez más para asegurarme. Una vez más, llegué al 21 de Noviembre.

"¡No puede ser!" Ahora, mi respiración continuaba rápidamente, pero todavía me obligué a contar muy despacio mientras intentaba por tercera vez. Cuando llegué hasta el 21 de nuevo, pensé, "No hay manera de que pudiera haber calculado este número tan rápidamente por mi cuenta. Tiene que ser el Espíritu Santo. "¡A medida que la realización empezó a tomar forma, me asusté! ¡Me iba a casa!

Al día siguiente, salí corriendo a decirle a todo el mundo en las instalaciones de lo que el Señor dijo, pero pocos me creyeron. Los demás me miraron con una expresión chistosa. Al final del día, la noticia corrió como reguero de pólvora hasta que la mayoría de los internos se estaban riendo de mí. Hice como que no me importaba, pero en el fondo si me importaba, así que esa noche fui al Señor una vez más.

"Padre, ellos piensan que estoy loca, pero no puedo dejar de decirle a todo el mundo lo que estás haciendo." En ese momento, abrí mi Biblia. Cayó en Jeremías 20. Mientras leí el capítulo, allí estaba, Jeremías había pasado exactamente lo que estaba pasando.

"... cada día he sido escarnecido, cada cual se burla de mí. Porque cuantas veces hablo, doy voces, grito: Violencia y destrucción; porque la palabra de Jehová me ha sido para afrenta y escarnio cada día. Y dije: No me acordaré más de él, ni hablaré más en su nombre; no obstante, había en mi corazón como un fuego ardiente metido en mis huesos; traté de sufrirlo, y no pude." (Jeremías 20:7-9).

Así como Jeremías, la palabra de Dios me había traído el ridículo. Sin embargo, se sentía como un fuego en mis huesos que no podía contener.

"No me importa lo que dicen, Señor", pensé, ya que levantaré mi rostro. "Yo te creo y voy a seguir diciéndoles a todos lo que tú has dicho." Al leer el resto del lamento de Jeremías, sentí que estaba en buena compañía.

Los próximos 57 días fueron muy interesantes. Mantuve el testimonio, no importase lo que se dijera de mí. Dios, a su vez, me animó dándome docenas de confirmaciones de que, efectivamente, iba a cumplir su palabra.

Como se acercaba el día, las personas contenían la respiración en suspenso. Incluso los incrédulos estaban ansiosos. Era como si quisieran que sucediera para tener una razón para creer. A continuación, el personal se enteró y uno de los consejeros en mi celda me llamó a su oficina.

"Por lo tanto, he oído que te vas el 21 de Noviembre," preguntó ella. "Yo no lo creo". "Yo lo sé", le respondí.

"¿Cómo es eso, cuando se tiene una sentencia de 13 años?", dijo ella.

Así que le dije lo que Dios me dijo. Su respuesta fue de llamar a dos oficiales para que me llevaran a la psiquiatra de la prisión.

"¿Así que estás escuchando voces?" Comenzó la psiquiatra, sus ojos entrecerrados, mirándome con escepticismo.

"No exactamente", le contesté. "Oigo a Dios dándome dirección."

"¿Así que crees que estás escuchando la voz de Dios?, ¿eh?" Su tono confirmando que ahora creía que estaba muy loca.

"¡Bueno, no se oye una voz fuerte diciendo:" Katie, es Dios! ", Dije, imitando un tono más fuerte en estruendo. "Oigo la dirección del Espíritu Santo hablando en mi mente. Yo entiendo la voz de Dios a través de la dirección de las Escrituras."

"¿Ah, sí? " dijo ella con desafío. En ese momento, pude ver la incredulidad en su rostro. "¿Crees que hay que ponerte en vigilancia de suicidio?", dijo ella.

"¡Por supuesto que no!", Dijo con firmeza. "No cree lo que estoy diciendo, porque simplemente no creen. Es una cosa de Dios, ¿sabes?

"Ella siguió con las preguntas durante otra media hora antes de que finalmente me dio una cita para el 21 de Noviembre. "Cuando esto no suceda", dijo, explicando por qué puso el 21 como la fecha de mi salida, "tendrás que venir a verme".

A medida que me alejaba de su oficina, mi último pensamiento fue "¡Lo que sea!"

Por fin llegó el 21 de noviembre. Mi compañera de cuarto Angie y yo estábamos terminando un ayuno de 3 días. ¡Era pasado al mediodía y yo estaba en medio de una reunión de oración, cuando de repente una de las hermanas vino corriendo a decirme que la oficina de registros me había llamado!

"¡Eso es!" Grité y salté hacia la capilla con la otra hermana a mi lado. Llorando, nos dirigimos hacia abajo a los expedientes. ¡Al doblar la esquina, prácticamente rompimos la puerta! "¿Me llamaste?" dije, sin aliento.

La mujer en la mesa levantó su mirada y sacudió la cabeza. "No, debe haber sido un error.", Dijo ligeramente. Ah, y que error tan cruel. El resto del día llegó y no pasó nada - ¡nada! Me sentí devastada. Toda clase de emociones y preguntas pasaron por mi mente. ¿Qué salió mal? Yo estaba tan segura de que había oído del Señor.

De hecho, cuanto más lo pensaba, más me di cuenta de que no estaba molesta de no ir a casa. Mi preocupación era de ser capaz de obtener una palabra exacta de Dios. Sin esto, yo sabía todo lo demás se perdería.

Luego estaba el ministerio. ¿Mi error causaría heridas en la fe de otras personas? ¿Cómo podría continuar liderando a las mujeres después de esto? Comencé a preguntarme si estaba o no calificada aún. ¿Me atrevería a seguir enseñando, y guiando a las ovejas?

Inmediatamente, el enemigo se aprovechó de lo que estaba sucediendo. Él trató de establecer una fuerte fortaleza en mi mente, murmurando que todo lo que había oído del Señor, cada palabra profética, la dirección para el ministerio e incluso la palabra sobre mi apelación estaba equivocada. ¿Quería esto decir que mis padres pasaron decenas de miles de dólares basados en una mentira?

El ataque mental continuó. Me sentí enojada con Dios. ¿Por qué no me advertiste? ¿Por qué no me protegiste del engaño del enemigo? Ahora yo desconfiaba de la voz dentro de mí que yo había llegado a apreciar y confiar. Confundida y abrumada, comencé a rechazar cualquier orientación que Él me estaba dando. Después de todo, ¿de dónde estaba realmente viniendo? Comencé a fallar.

"Dios mío, ¿dónde puedo ir?" Yo estaba quebrantada. El piso bajo mis pies fue removido, pero ya era demasiado tarde. Yo estaba enganchada: Enganchada en Dios. A pesar de que estaba en la desesperación total, yo sabía que no tenía otra opción sino seguir adelante. Por lo tanto, me eché para delante. Continué yendo a la oración y la iglesia a pesar de que no me dio la gana. Incluso volví a la enseñanza de estudios de la Biblia, dejando a un lado la vergüenza.

Pasaron seis meses. El ministerio estaba dando fruta. Yo estaba enseñando *La Serie Cautiverio* y el Señor empezó a enseñarme a escribir la serie. Sin embargo, el miedo y la duda, ayudado por la memoria de mi reciente catástrofe, estaban trabajando en mi contra. Sin embargo, aunque con firmeza trataba de ignorar lo que Dios me estaba diciendo que haga, pronto me di cuenta de que sería completamente miserable hasta que le obedeciera. Así que finalmente me rendí a la revelación de lo que sería mi Fin Esperado y fue entonces cuando sucedió.

Llamé a mi Mamá y Papá una noche y me dijeron que ganamos nuestra apelación. Yo iba a volver a la corte para re-sentencia! Cuando lo oí, yo estaba tan aturdida que les pedí que lo repitiera de nuevo tres veces. Después de colgar el teléfono, el Señor me informó que cumplió lo que me dijo de Elam, lo que significa que he oído y entendido lo correcto. Gané la confianza de nuevo.

Tres meses más tarde, fue trasladada a los tribunales para re-sentencia a través de la infame Con-Air. Cuando yo llegué, mi abogado me dijo que el Fiscal estaba amenazando con pesar los remanentes de los químicos en un esfuerzo por darnos más tiempo. Estaba usando estas tácticas para engañarme para que no hiciera una apelación y tomara la oferta que me había dado de una sentencia de 13 años. Por un segundo sentí pánico dentro de mi cuando de repente oí la voz del Señor hablando.

"Toda la furia que se levante contra ti será como nada" El dijo, las palabra que ellos trajeron era una fuerte confirmación que El iba hacer algo grande. Me di vuelta y le dije a mi abogado, "vamos por ello."

Cuando reusé tomar la ridícula oferta de ellos, el Fiscal me miró disgustado. No podía creer que tendría los nervios de desafiarlo, el no entendía que él era el que estaba desafiando la palabra de Dios vivo. El que yo haya reusado la oferta lo enojó tanto que lo empujó a ir por el cuello. Cuando el regreso a la sala de la corte se paró frente al juez y dijo,

"Su Señoría, el Fiscal solicita permiso para pesar los remanentes de los químicos del defendido, así como también elevar la sentencia a una mayor cantidad de años."

El juez miró absolutamente encantado por esta sugerencia. El hizo una breve pausa para hacer la señal de un receso para que el Fiscal pudiera ejecutar su diabólico plan.

Me llevaron de regreso a mi celda a esperar lo que vendría. Mientras me sentaba en suspenso, el Señor trajo a mi memoria un interesante incidente que había pasado anteriormente mientras estaba en la prisión federal cumpliendo años. Es algo que no había pensado por mucho tiempo yo sabía que el Espíritu Santo me estaba iluminando en este momento por alguna razón.

Después de haber estado en el juicio que perdí, en este día en particular fui encerrada nuevamente por alguna clase de infracción. Yo estaba orando a Dios como usualmente lo hago, para que interviniera por mí para sacarme de allí. Lo que no me di cuenta hasta años más tarde, es que Dios había contestado mi petición en ese día como permanentemente lo hace.

De regreso en mi celda algo increíble estaba sucediendo. Una mujer que había sido transportada de una prisión federal a otra la trajeron a nuestras facilidades para que pasara la noche. Ella era novia del presidente de los Hell's Angels y aunque ella era una chica ruda se había entregado totalmente a Dios!

Tan pronto como entró en la celda ese día, ella empezó a gritar con una fuerte voz amenazadora, ¿quién es Katie? Nadie contestó. Ella insistió, "yo dije...¿Quien es Katie?! Tengo una palabra de Dios para Katie!"

De repente todos vinieron revueltos de sus celdas y alguien contestó "Kate está encerrada en la celda del frente"

La noticia no parecía desanimarla lo más mínimo. Más tarde, alguien me dijo que ella los vio con una mirada de intento letal y dijo: "Comiencen una pelea conmigo para poder ir al encierro y darle a Katie esta palabra del Señor.

Le dijeron rápidamente a los guardas que esta mujer trató de empezar una pelea esto sería una amenaza para las dos damas en la celda. Apenas escucharon estos los guardas inmediatamente le pusieron las esposas y la escoltaron a su encierro! Mi amiga me dijo más tarde que les había enviado un destello con el cierre de ojo a todos mientras la arrastraban afuera.

Estaba completamente ajeno al inteligente complot que mis pepes (compañeras) habían formulado. Estaba de pie en mi celda, cuando escuché una profunda voz al otro lado al final del pasaje que gritaba, "Kaaatieee! Kaaatieeeee! ¿Dónde estás Katie?"

El eco de su voz se oía agresivamente a través de todo el pasillo de las celdas en encierro. Yo presione mi cara contra el vidrio tratando de mirar y la voz se acercó más y más. Muy pronto pude ver a una mujer llevada por guardas a través del pasillo que venían hacia mi celda.

Tan pronto como llegó a mi celda me preguntó, "Tu eres Katie?"

Afirmando con mi cabeza. Ella agregó rápidamente. "Tengo una palabra de Dios para ti "cuando la llevaban caminando hacia su celda contiguo a la mía.

Inmediatamente ambas nos agachamos al piso así podríamos hablar a través del portillo que había abajo. Ella me contó su historia cuando estuvo involucrada con los Hells Angels, que la llevó a los muchos arrestos que había tenido.

Después me siguió contando que Dios también la había arrestado y la había puesto a estudiar la Palabra mientras estaba adentro. Mientras me hablaba pude sentir la pesada carga de autoridad que llevaba en el espíritu. Su fascinante historia se puso aún mejor cuando me dijo que Dios la había enviado a mi encierro con un propósito.

Allí es cuando ella solemnemente me anunció, "Tengo un palabra de Dios para ti!" Inmediatamente después irrumpió hablando en lenguas por casi un minuto. Después que terminó quedo un completo silencio.

Hice una pausa esperando si había algo más que dijera. Cuando no salió nada más de su boca, todo lo que pude decir fue," ¿Interpretación?"

A través de la ventilación pude escuchar los suspiros de disgusto. Obviamente yo estaba supuesta de haber entendido lo que ella había dicho. Escuche sus pesados suspiros nuevamente. Después con una gran impaciencia me dijo en Ingles, "Esta es la Palabra de Dios, en tu caso todos los químicos han sido destruidos!"

Bueno dije vacilante sin querer arruinar el momento. "Esto hubiera sido grandioso, excepto que es muy tarde. Los químicos ya fueron pesados y yo ya fui sentenciada."

"Sin embargo ella grito confiadamente, Esta es la Palabra de Dios, en tu caso todos los químicos has sido destruidos!" Sin querer argumentar o oírme como si no tuviera fe resigne y dije "Amen!"

Ahora eran años mas tarde cuando realice que no había pensado en este incidente, hasta ahora, estando detenida y sentada esperando a ir de vuelta al tribunal. ¿Fue porque en mi limitado entendimiento no podía creer que fuera posible". ¿ Era El Espíritu Santo el que me estaba haciendo recordar ahora, porque realmente algo alucinante se estaba desarrollando que sólo Dios podía orquestar?

Mis pensamientos fueron interrumpidos por el sonido pesado de la puerta de seguridad de metal que está desbloqueada. Había llegado el momento. Cuando me caminaron de vuelta a la corte en ese instante sentí que algo era diferente. Era evidente que el fiscal ya no nos ojeaba como lo hacia antes. De hecho, evitaba mi mirada.

El tribunal se puso en orden y el fiscal se levantó. Esta vez, sin embargo, su lenguaje corporal era completamente diferente. Encorvado con las manos en los bolsillos y la cabeza inclinada hacia abajo mientras miraba con una mirada avergonzada al suelo. Hubo una pausa incómoda durante la cual pateó repetidamente el dedo del pie en la alfombra, hasta que por fin habló.

Su Señoría", dijo, "Parece que debido a la peligrosidad de los productos químicos estos han sido destruidos."

Todo parecía ir en cámara lenta en ese punto. Supongo que estaba en estado de shock. Yo no podía entenderle a nadie lo que estaban diciendo después de eso. Todo lo que oí sonaba como el profesor Charlie Brown. wah wah wah ... ...

¡Cuando se hizo todo, salí de la prisión con siete años quitados! Dios dijo Babilonia caería, y de hecho lo hizo. ¡Me iba a casa!

Como yo estaba volando de vuelta a mi prisión para completar el resto de mi tiempo, no podía dejar de preguntarme qué estaba pasando con el número 57 y la fecha de 21 de Noviembre. ¿Cuál será la nueva fecha de salida? Mientras estaba sentada allí, atrapada en mi asiento, mirando a las nubes ondulantes fuera de mi ventana, sentí una emoción levantarse en mi espíritu. ¿Podría ser que escuché de El correctamente, pero tuve la interpretación equivocada? De cualquier manera, pronto lo descubriría.

Dos meses angustiosos pasaron antes de que mis papeles fueran completados. Finalmente, llegó el día que el administrador me llamase para darme mi nueva fecha. A medida que me entregó el papel, lo agarre di una pausa y luego miré hacia abajo. Cuando vi las palabras "Fecha prevista de lanzamiento, de Noviembre..." Yo respiré fuerte, "¿Podría ser?" Yo pensé, mientras un grito comenzó a salir de mi garganta, pero cuando vi la fecha que seguía, mi grito fue cortado.

"¿23 de Noviembre?" Dije en voz alta en confusión. "No lo puedo creer." Sacudí la cabeza y mire el papel de nuevo para estar segura. En efecto, allí estaba el número 23 mirándome burlonamente. Mi nueva consejera, sin darse cuenta de lo que estaba pasando, parecía confundida. No sentía las ganas de explicárselo, me di la vuelta y arrastrando los pies murmurando,

"¿Por qué, Señor?, ¿por qué?"

Cuando entré en mi celda, tire el papel con disgusto. "23 de noviembre." Le dije a mi compañera de cuarto Angie ya que se subió a su litera para ver su calendario. "Yo estaba equivocada por dos días, Angie."

"¿23 de noviembre? ¿Qué pasa con eso? ", Preguntó desconcertada.

"El 23 es un Sábado." Continué, después de encontrar la página donde se encuentra Noviembre, "Esto significa que ellos me pondrán en libertad el Viernes 22."

Frustrada, deje escapar una exhalación fuerte. "¡Sólo un día equivocada!" dije. "Un día equivocada", Angie lo repitió también, igual de desconcertada.

Permanecí sentada y aturdida durante un rato, con la mirada perdida en el calendario con un millón de preguntas pasando por mi mente. Entonces, de repente me di cuenta. ¡Yo estaba mirando el 2002, el año equivocado! Rápidamente, me dirigí a la parte de atrás de la agenda en busca del siguiente año, pero no estaba allí.

"Angie" dije, "¿dónde está el 2003 en esta cosa?"

"No lo tiene." Ella respondió con una mirada interrogante.

Sin tiempo de explicar, salté de la litera de arriba, cogí mi papel de salida y me fui corriendo por el pasillo hasta la celda de una amiga. Cuando entre por la puerta, adentro, todos saltaron.

"¿Tienen un calendario de 2003?" Grite frenéticamente.

"¿Qué está pasando?", Dijo ella con una pausa, mientras bajaba el calendario para dármelo en la mano.

"¡Tengo mi nuevo día de salida!", Dije sin aliento, los dedos pasando a través de las páginas.

Al instante, la habitación estaba tranquilo, porque todos sabían lo que estaba pasando. Temblando, finalmente llegué el mes de Noviembre, y luego se deslizó de mi dedo índice rápidamente a través de la página brillante para el día 23.

"¿Y bien?" Alguien preguntó finalmente.

"¡Oh, gracias, Jesús!" Susurré, apenas respirando.

"23 de Noviembre cae en domingo", anunció a todo el mundo", lo que significa..." Hice una pausa de nuevo casi sin oxígeno. "¡Tendrán que liberarme viernes, **21 de noviembre!**"

Cuando hablé la última frase, mi volumen alcanzó un punto culminante, a continuación, la sala explotó cuando grité la fecha. Al instante, todo el mundo se saltó para abrazarnos todos juntos. Entonces, todos empezaron a saltar, sin parar hasta que todos se vinieron a la puerta.

Como me libré del círculo para correr de nuevo a decirle a Angie, todos siguieron. En el camino, habíamos creado tanta revolución que la gente empezó a salir de sus celdas para ver lo que estaba causando el alboroto. ¡En cuestión de minutos, la noticia corrió como reguero de pólvora dé nuevo, pero esta vez para la

Gloria de Dios! Fue un poquito más tarde cuando las cosas se calmaron un poco y me di cuenta del 21 de Noviembre 2003, iba a ser mi mes **57** en cautiverio. ¡Dios NO comete errores!

LECCIÓN DIECIOCHO

1. ¿Dios le ha dado una promesa? Si Es así, escriba los detalles en el espacio de abajo. Incluya las Escrituras que Él le habló en relación a esa promesa.

2. ¿Por qué a veces parece que la promesa nunca va a suceder? ¿Por qué?

3. ¿Qué cosas le están haciendo dudar?

4. ¿A quién va a creer? ¿A sus dudas, o a la Palabra de Dios, y las promesas qué le ha hablado a usted?

5. Pídale a Dios en este momento que afirme sus promesas. Ore y luego guarde silencio. Deje que el Señor hable la Escrituras en su mente para confirmar que lo que dijo va a suceder. Si usted recibe una Escritura que Él le hablo, escríbala, memorícela y ore con frecuencia. Sin embargo, si usted consigue una Escritura que no existe o no tiene sentido, es sólo la voz de su propio pensamiento, no de Dios.

BABILONIA HA CAÍDO

Capitulo Diecinueve

"y me buscaréis y me hallaréis, porque me buscaréis de todo vuestro corazón.Y seré hallado por vosotros, dice Jehová, y haré volver vuestra cautividad, y os reuniré de todas las naciones y de todos los lugares adonde os arrojé, dice Jehová; y os haré volver al lugar de donde os hice llevar."
Jeremías 29: 13-14

"Levantad bandera sobre los muros de Babilonia, reforzad la guardia, poned centinelas, disponed celadas; porque deliberó Jehová, y aun pondrá en efecto lo que ha dicho contra los moradores de Babilonia. Tú, la que moras entre muchas aguas, rica en tesoros, ha venido tu fin, la medida de tu codicia." Jeremías 51:12-13

En el año 539 A.C., la ciudad de Babilonia, que estaba situada en el río Éufrates, cayó ante el rey Ciro de Persia y su ejército. El historiador griego Herodoto nos dice que Ciro, viendo la imposibilidad de romper los enormes muros de Babilonia, decidió ir en su lugar. En primer lugar, colocó algunas de sus fuerzas en el lugar donde el río pasaba debajo de los muros de la ciudad. Luego, tomó el resto de su ejército por encima del rio donde se excavó un canal para desviar el flujo del Éufrates a un pantano cercano. Cuando el nivel del río bajó lo suficiente, permitió que los hombres de Ciro vayan directo en marcha debajo las murallas de Babilonia para tomarlos por sorpresa.

El capítulo 5 del libro de Daniel nos dice lo que ocurrió simultáneamente dentro de la ciudad esa noche. Los Babilonios, muy seguros de su enorme fortaleza no estaban en peligro, estaban involucrados en una fiesta con bebida y baile, cuando se produjo el ataque furtivo. El rey Baltasar estaba lanzando un banquete para mil de sus príncipes. Durante las festividades, se utilizaron los vasos de oro y plata tomados del templo de Jerusalén para que sus clientes pudiesen beber de ellos. Los asistentes a la fiesta hacían brindis a sus dioses paganos con los vasos sagrados. De repente, apareció una mano desde el reino de lo sobrenatural para escribir un mensaje en la pared. El mensaje decía que Dios había contado los días del reinado de Baltasar y lo llevaba a su fin. Su reino fue dividido entre los medos y los persas. Aquella misma noche, Ciro marchó adentro, y mataron a Baltasar, y luego Darío de Media se hizo rey. La poderosa Babilonia cayó en una noche. El pueblo de Israel fue liberado después de su cautiverio.

Siglos antes, el profeta Isaías predijo de esta fatídica noche con una precisión aterradora:

"Profecía contra el desierto junto al mar: Como torbellinos que pasan por el Néguev, se acercan invasores de una temible tierra del desierto. Una visión

terrible me ha sido revelada: el traidor traiciona, el destructor destruye. ¡Al ataque, Elam! ¡Al asedio, Media! Pondré fin a todo gemid... Se me turba la mente, me hace temblar el terror; el crepúsculo tan anhelado se me ha vuelto un espanto. ¡Ellos tienden las mesas, extienden los tapices, y comen y beben! ¡Jefes, pónganse de pie! ¡Levántense y engrasen los escudos! ... Y éste es su mensaje:¡Ha caído, ha caído Babilonia!! (Isaías 21:1-2, 4-5, 9 NVI).

Esta profecía de Isaías, habla de cientos de años antes de la caída de Babilonia, la prueba de la liberación de los cautivos israelitas no era una simple casualidad, sino por la mano de Dios a través del vehículo de un rey. ¿Quién era este rey?

Ciro el Grande (580-529 A.C.), fundador de Persia por unir dos tribus Iraníes, los medos y los persas. Durante su vida, Ciro conquistó muchas naciones, incluyendo Babilonia, en octubre de 539 A.C. Sin embargo, Ciro fue más que un gran rey y conquistador. La Biblia dice que fue el instrumento escogido por Dios para liberar a los israelitas de su cautiverio. Doscientos años antes de que Ciro naciera, el profeta Isaías lo llamó por su nombre y anunciaba la misión que Dios planeó para su vida.

"Así dice Jehová a su ungido, a Ciro, al cual tomé yo por su mano derecha, para sujetar naciones delante de él y desatar lomos de reyes; para abrir delante de él puertas, y las puertas no se cerrarán: Yo iré delante de ti, y enderezaré los lugares torcidos; quebrantaré puertas de bronce, y cerrojos de hierro haré pedazos;... Yo lo desperté en justicia, y enderezaré todos sus caminos; él edificará mi ciudad, y soltará mis cautivos, no por precio ni por dones, dice Jehová de los ejércitos." (Isaías 45:1-2, 13).

¡El quebrantará las puertas de bronce y hará pedazos a través de los cerrojos de hierro! Ciro fue llamado a hacer prácticamente un "rescate de la cárcel" y luego ayudar a los hijos de Israel a reconstruir Jerusalén. De hecho, después de que Ciro derrotó a Babilonia, después de que liberó a los cautivos, publicó este anuncio sobre las minas terrestres en la casa de Israel.

"En el primer año de Ciro rey de Persia, para que se cumpliese la palabra de **Jehová por boca de Jeremías, despertó Jehová el espíritu de Ciro rey de Persia**, *el cual hizo pregonar de palabra y también por escrito por todo su reino, diciendo: Así ha dicho Ciro rey de Persia: Jehová el Dios de los cielos me ha dado todos los reinos de la tierra, y me ha mandado que le edifique casa en Jerusalén, que está en Judá. Quien haya entre vosotros de su pueblo, sea Dios con él, y suba a Jerusalén que está en Judá, y edifique la casa a Jehová Dios de Israel (él es el Dios), la cual está en Jerusalén".* (Esdras 1:1-3).

Después de la derrota de Babilonia, Ciro ayudó a los cautivos a reclamar su casa. En el año 537 A.C., por orden del rey, 40.000 Judíos se fueron de Babilonia cargados de sus bienes y cosas preciosas que pudiesen utilizar en la reconstrucción de Jerusalén. Las Escrituras dicen que Dios se movía sobre el corazón de Ciro para que la promesa de la carta de Jeremías pudiera cumplirse.

"...porque me buscaréis de todo vuestro corazón. Y seré hallado por vosotros, dice Jehová, y haré volver vuestra cautividad, y os reuniré de todas las naciones y de todos los lugares adonde os arrojé, dice Jehová; y os haré volver al lugar de donde os hice llevar." (Jeremías 29:13-14).

¡Dios cumplió su promesa de traer a casa a los israelitas levantando a un libertador para liberarlos! Muchos de ustedes están listos para ir a casa. ¡Han cumplido los propósitos de Dios para su tiempo, por lo que creo que Él va a defender su causa para que salgan! Bueno, déjeme decirle cuál es el secreto para obtener su libertad: ¡Escuchar a Dios y seguir sus instrucciones!

Me enteré del Rey Ciro, a través de una palabra personal que el Señor me dio en mi caso. Después de perder mi juicio, mis padres y yo empezamos a buscar un nuevo abogado. A pesar de que había pocas opciones para elegir, el Señor nos direccionó a un hombre llamado Billy Blackburn.

"Él es Cyrus." El Señor me dijo.

"¿Qué quieres decir, Señor?", Le pregunté. El Padre me había llevado a estas Escrituras acerca de Ciro.

"... Juntaos todos vosotros, y oíd. ¿Quién hay entre ellos que anuncie estas cosas? Aquel a quien Jehová amó ejecutará su voluntad en Babilonia, y su brazo estará sobre los caldeos. Yo, yo hablé, y le llamé y le traje; por tanto, será prosperado su camino." (Isaías 48:14-15).

Después de leer este versículo, yo sabía que el Señor estaba diciendo que Billy era mi Cyrus. Él era el hombre que Dios escogió para redimirme de mi cautiverio.

Déjeme decirle la razón por la que gané mi caso. ¡Mi familia y yo fuimos a Dios directamente durante todo el proceso! Nosotros presentamos una apelación porque Dios nos dijo que lo hiciéramos. Habíamos contratado al abogado que Dios nos dijo que contratásemos. Habíamos escuchado al Señor, ¡habíamos obedeció sus instrucciones y obtuvimos la victoria!

Dios tiene un plan detallado respecto a su liberación. Vea a Cyrus. ¡El Señor le dio un plan específico sobre la manera de derrotar a Babilonia: Pasa por debajo de las paredes en vez de tratar de pasar por encima! Como Ciro siguió este plan, no perdió un solo hombre esa noche. ¡Babilonia se rindió completamente a él sin luchar! ¡Así de fácil son las cosas cuando Dios está en uno!

Los planes de Dios siempre funcionan. ¿No le hace preguntar por qué tan pocas personas le consultan acerca de su liberación? He conocido a innumerables prisioneros que pierden su tiempo y dinero en abogados inadecuados y movimientos inútiles. He visto a gente levantar sus esperanzas para estar totalmente decepcionados porque creían que los últimos rumores en el patio de alguna ley "milagrosa" que iban a pasar. ¡Incluso he conocido presos que se han enamoró de un esquema con el cual creían que podrían comprar su salida de prisión! Me parte el corazón saber, cuando el plan de Dios fácilmente podría haber obtenido su libertad.

Usted tiene que consultar a Dios por su estrategia de batalla. Vea de nuevo la Escritura acerca de Ciro y su éxito en su misión contra los Babilonios. Vea cerca del verso que sigue.

"...*Juntaos todos vosotros, y oíd. ¿Quién hay entre ellos que anuncie estas cosas? Aquel a quien Jehová amó ejecutará su voluntad en Babilonia, y su brazo estará sobre los caldeos. Yo, yo hablé, y le llamé y le traje; por tanto, será prosperado su camino...*" **Yo soy Jehová Dios tuyo, que te enseña provechosamente, que te encamina por el camino que debes seguir. !Oh, si hubieras atendido a mis andamientos! Fuera entonces tu paz como un río, y tu justicia como las ondas del mar...** "*(Isaías 48:14-15, 17-18).

Sólo el Señor puede dirigir qué camino a tomar respecto a su liberación. ¡Si usted le escucha a Él, usted tendrá la victoria! Sin embargo, si escucha a sí mismo o hace lo que el mundo le dice que haga, va a fracasar.

Tienes que aprender a buscar al Señor para escuchar su dirección. Cuando usted se sienta delante de Él en oración y en el estudio de las Escrituras, Él le dará instrucciones detalladas sobre qué curso debe seguir. No se preocupe que usted no será capaz de comprender la revelación por el Espíritu Santo y su conocimiento de la cautividad de Israel le ayudará. Créame, no es tan difícil como usted piensa. Tome mi caso, por ejemplo. Cuando le pregunté si debía apelar mi condena, Dios me dio la siguiente escritura:

"*¡Elam, el ataque! ... ¡Babilonia ha caído, ha caído!*"

¿Qué significa esto para usted ahora que usted sabe la historia de Israel? Probablemente lo mismo que significó para mí. ¡Ataque en la Corte de Apelaciones y gane! Dios quiere que usted entienda la revelación. ¡Si no, no le ayudará!

Si ya ha presentado mociones o tomado algún tipo de acción sin buscar a Dios en primer lugar, no se desespere. Todavía puede solicitar la ayuda de Dios. Luego, una vez que reciba su estrategia de batalla, la sigue completamente, incluso si va en contra de la opinión del mundo. Recuerde que el camino de Dios, no del hombre, le llevará a la victoria. Usted debe dejar que el Señor recoja las armas de su redención. Si simplemente confiara y obedeciera a Dios, Él levantará un Ciro para que usted, como lo hizo con Israel. Entonces, Él cumplirá sus planes maravillosos para su vida.

LECCIÓN DIECINUEVE

1. Jeremías 29:13-14 dice: "*"...porque me buscaréis de todo vuestro corazón. Y seré hallado por vosotros, dice Jehová, y haré volver vuestra cautividad, y os reuniré de todas las naciones y de todos los lugares adonde os arrojé, dice Jehová; y os haré volver al lugar de donde os hice llevar.*" Cuando uno busca a Dios con todo tu corazón para construir una relación con Él y se convierte en lo que Él le creó para ser, por encima de la Escritura dice que Él*", *le llevará de vuelta a* _____ "(Llene los espacios en blanco.)

2. ¿Cuánto tiempo se le dio en su sentencia? ¿Está usted luchando por su caso? ¿Necesita el tiempo del favor de Dios?

3. El rey Ciro derrocó a Babilonia en una sola noche, liberó a los cautivos israelitas les ayudó a reconstruir Jerusalén. En Isaías 48 se nos dice de Ciro,"*... aliado escogido de Jehová cumplirá su propósito en contra de Babilonia, y su brazo estará contra los Babilonios. Yo, yo, hemos hablado, sí, lo he llamado. Yo le lo traeré, y que tendrá éxito en su misión.*" ¿Por qué cree usted que Ciro tuvo éxito en su misión?

4. Isaías 48:17-18 dice: "*... Yo soy Jehová Dios tuyo, que te enseña provechosamente, que te encamina por el camino que debes seguir. ! Oh, si hubieras atendido a mis andamientos! Fuera entonces tu paz como un río, y tu justicia como las ondas del mar...*"Según la Escritura, ¿dónde debe buscar orientación respecto a su caso? ¿Dios o el hombre?

5. ¿Ha estado buscando opciones para su caso sin consultar al Señor? ¿Por qué?

6. ¿Está usted en necesidad de la gracia de Dios con respecto a su sentencia? Comience a pasar tiempo a solas con El Padre. Ore, lea las Escrituras, y escuche para que Él le hable a través de Su Palabra. Dios le dará un plan detallado a seguir. ¡Confía en Él y hacer lo que Él, no el hombre, instruye, para que pueda obtener la victoria!

EL ENCUENTRO PERFECTO

"Cuando Jehová hiciere volver la cautividad de Sion, seremos como los que sueñan. Entonces nuestra boca se llenará de risa, Y nuestra lengua de alabanza; Entonces dirán entre las naciones: Grandes cosas ha hecho Jehová con éstos. Grandes cosas ha hecho Jehová con nosotros; Estaremos alegres.
Salmos 126:1-3

Casi cinco años habían pasado desde que fui detenida por primera vez. ¡A pesar de que se suponía que debía estar en prisión por otros siete, yo estaba fuera! Acababa de terminar seis meses en un centro de rehabilitación y ahora estaba sentada en la oficina mirando el tablero del calendario colgado en la pared. Mi nombre y la palabra "SALIDA" fueron escritos en el bloque marcado "¡21 de Noviembre 2003!" ¡Mi fecha milagrosa llegaba! Después de firmar los papeles, di un paso hacia la puerta. El sol nunca parecía tan brillante, especialmente en comparación con unos meses antes.

Cuando llegué por primera vez a la casa de transición, enseguida me di cuenta que estar allí era mucho más difícil que estar en la prisión. ¡Tanto es así, hay días que me hubiera gustado estar de vuelta en el interior! La prisión había sido una experiencia grandiosa para mí en lo que se refiere a Dios, pero, obviamente, las cosas en el exterior eran diferentes. Ahora bien, sentí como si me hubieran tirado de una montaña y lanzado a la calle. Mi vida espiritual estaba en una fecha de aguante, cuando la disciplina diaria de mis estudios se fue, y tenía que volver a la vida. Todo esto me hizo sentir como un pez fuera del agua en un día caluroso, golpeando contra el suelo y respirando con dificultad.

En cuanto al libro se refiere, yo no había escrito una sola palabra desde que salí. Podía sentir la tensión en mi espíritu. Pronto, me sorprendí de haber roto las reglas, y luego de que me escribieron una nota de mala conducta en la casa de transición. Parecía que cuanto más lejos estaba de Dios, y mi propósito, más frecuente pasaban las infracciones.

No fue difícil para ver si continuaría en el camino que estaba, finalmente se convertiría en serios problemas. Sintiéndome desesperada, decidí volver al plan. Sin embargo, en el mundo libre, no hubo tiempo para nada más que la supervivencia, sin mencionar el estudio y la oración. Por cierto las cosas iban bien, yo sabía que si no comenzaba a poner a Dios primero, todo lo demás en mi vida poco a poco se vendría abajo.

Así que, empecé por tomar la Biblia en el autobús para poder utilizar el tiempo para leer. También me llevé el casete de mi padre para escuchar música de alabanza. Incluso decidí orar mientras hacia cualquier tipo de actividad, como caminar o ducharme.

Sorprendentemente, al seguir estos esfuerzos un poco, comencé a sentir una diferencia grande. Por último, incluso llegó al punto en que yo estaba dispuesta a trabajar en el libro. ¡Cuando lo hice, pude sentir el fuego empezar a subirse dentro de mí de nuevo!

Pronto, el poder de mi Fin Esperado comenzó a manifestarse en mi vida. ¡No sentí la tentación de volver a las drogas o mi antiguo estilo de vida! ¡Yo estaba llena de un entusiasmo y la alegría más allá de la explicación! Dondequiera que iba, recibía el favor y Dios y todo comenzó a moverse para mí de una manera sorprendente. ¡Tres órdenes de arresto aparecieron, amenazándome con devolverme a la prisión, pero fueron anulados por completo! ¡Una multa que había pagado a la corte me la devolvieron! Obtuve un trabajo cantando y vendiendo música en una tienda de karaoke. Después me dieron un poquito de dinero, que, junto con mis ahorros, utilicé para comprar un auto nuevo. Además, durante ese tiempo, de "casualidad" me topé con personas que estaban en el ministerio carcelario. ¡Mi vida iba tan bien que parecía que estaba encantada!

A pesar de todo, sin embargo, Dios lo hizo obvio que la increíble cantidad de "suerte" que estaba pasando se conectaba directamente a Él y mi misión. Cuanto más puse a la misión primero, más Él se aseguró de que estaba a cargo de una manera grande. ¡De hecho, las cosas que me pasaron eran tan increíble que sentí como si estuviera en Las Vegas y yo estaba ganando en grande! Luego se presentó.

Unos meses antes de mi liberación, me pusieron en arresto domiciliario. Yo vivía con mis padres, mientras que todavía asistía a clases de tratamiento en el centro de reinserción social. Robert Souza estaba en una de mis clases. Al principio, realmente no lo noté hasta que, un día, en respuesta a una pregunta, que defendía una respuesta muy correcta Bíblicamente. "Eh, un teólogo", pensé con desdén. Sin embargo, sentí una conexión con él, pues él era, obviamente, el único cristiano en el otro grupo.

Semanas más tarde, cuando llegué tarde a clase, vi el único asiento que quedaba era el de alado de Robert. Cuando comenzamos el llamado del día, dejé que mis ojos se desviasen a ver cómo estaba. Me encontré con que había contestado todas las preguntas desde un punto de vista Bíblico. Admirando su deseo de hacer Dios el centro de su vida, extendí la mano y escribí un gran "A plus" en la parte de arriba de su papel.

Cuando terminó la clase, me levanté a toda prisa por la puerta, y él me alcanzó con prisa.

"Me gustaría hablar sobre el texto bíblico contigo en algún momento", dijo, al llegar a la acera.

"Por supuesto", respondí, sin pensar. "Te voy a dar mi número." Tan pronto lo dije, quería dar un paso atrás.

Robert, sin embargo, parecía más que satisfecho. "¡Ok, te doy el mío también!", Dijo con alegría, con una sonrisa de oreja a oreja.

Viendo su reacción, me obligué a sonreír de nuevo. "Déjame ir a mi auto y conseguir una pluma", le dije, tratando de cubrir el tono de negación ahora en mi voz. Entonces, me aparté de él rápidamente para que no me viera, pensando en perderlo de vista mientras cruce la calle.

"¿Qué has hecho?", Murmuré para mí misma mientras buscaba a través de la guantera del auto. A pesar de que parecía un buen joven, no era mi tipo. Además, yo definitivamente no tenía tiempo para una relación. Cuando volví con el lápiz para intercambiar nuestros números telefónicos, todo lo que podía pensar era: "Por favor Señor, que no me llame."

Desafortunadamente, si llamó. Al día siguiente, Robert dejó un muy breve, pero amable, mensaje en mi contestadora. "¿Y ahora qué vas a hacer?", pensé, y me regañaba a mi misma. "No puedes ser grosera y simplemente ignorarlo."

Pensándolo bien, decidí llamar y ore para que él no contestara, así sólo para dejar un mensaje. Así que, cuando marqué, su contestadora respondió, solté un ruidoso "¡Alabado sea Dios!" Entonces, después del tono, le dije que lo siento que perdí su llamada. Yo también le dije que no estaría disponible para hablar por el resto del día. Entonces, al terminar, le dije:

"¡Pero fue bueno saber de ti de todos modos! Adiós" Después de colgar, pensé dentro de mí, "¡Buen trabajo, tal vez esto lo disuadiera!"

Sin embargo, no hubo suerte. Él llamó al día siguiente y conteste accidentalmente sin ver primero quién era. "Buenos días. Es Roberto ", dijo, la voz gruesa, con un acento de Massachusetts. "¿Cómo estás?"

Le respondí: "Muy bien, gracias", mientras que quería patearme a mi misma.

Charlamos durante unos minutos, luego me dijo que iba a llamar más tarde, lo que hizo y yo le contesté, pero por culpa pura. Esta vez, sin embargo, como habíamos hablado, algo pasó. Robert comenzó a irresistiblemente gustarme porque le gustaba mi tema favorito - Dios. Mientras escuchaba a Robert, se hizo muy evidente que había estudiado la Palabra profundamente. Cuanto más hablaba, más me maravilló su conocimiento, pero tampoco podía dejar de sentir que estaba buscando mucho más que una conversación bíblica.

"Gracias a Dios no se nos permite estar cerca el uno al otro", pensé con alivio. Debido a nuestra condición de ex-convictos, no podíamos tener contacto fuera de nuestras clases. Al hacerlo sería violar la ley, y nos devolvieran de vuelta a la prisión. Esto, me di cuenta, fue mi salvación, ya que evitaría que mi nuevo amigo se convierta en algo más. Por desgracia, no tardé en saber que nada impediría a Robert Souza de su objetivo elegido.

Unos días más tarde, mientras estaba en el trabajo, el llamó como siempre y dijo con una risa, "¡Buenos días, señora Souza"!

151

"¡¿Disculpe?!" Le respondí con asombro.

A lo que él respondió con prontitud: "Bueno, el Señor me dijo que tú eres mi esposa."

Ante esas palabras, mis defensas se dirigieron inmediatamente hacia arriba. "Yo no lo creo", dije sarcásticamente, pero luego, al darme cuenta de mi rudeza, trate de explicar ", le dije: "No estoy pensando en casarme, porque tengo un montón de cosas que hacer."

"¿Como qué no?" Me preguntó en un tono curioso, pero exigente.

De repente me sentí acorralada. ¿Cómo le dices a alguien que no encajan en el cuadro grande de tu vida? Como no quería hacerle daño, intenté una declaración más amplia. "Bueno, yo estoy en una misión de Dios", le contesté.

"¿Y qué significa eso exactamente?", me preguntó.

Por lo tanto, me di por vencida. Empecé a hablarle del libro, y no lo mencione antes porque pensé que no lo entendería. De hecho, la mayoría de la gente no lo entendía. Siempre cuando trataba de explicar lo que estaba haciendo, nadie parecía entender, pero con el fin de ser cortés, me respondían con un comentario obligatorio como, "Bueno, o que maravilloso", o, "Que bueno por ti."

De alguna manera sentía que se lo debía decir a Robert, trate de explicar lo mejor que pude y él trataba de entender lo mejor que pudo. Sin embargo, él realmente no lo entendía, que es lo que yo esperaba. Sin embargo, no preví lo que hizo a continuación.

Unas horas más tarde, Robert entró en mi trabajo, puso una mochila en el mostrador, y luego, para evitar más infracciones a la regla de nuestra libertad, se dio la vuelta y se marchó. Desde el estacionamiento, me llamó desde su teléfono celular para explicar. "¡Te he traído mi Biblia, una concordancia y algunos materiales de estudio para ayudarte a escribir tu libro!"

"¡Qué dulce!", Le dije, y verdaderamente en serio. Al mismo tiempo, sin embargo, no pude dejar de pensar en que no necesitaba su Biblia y la concordancia, ya que tenía docenas de las mías. Esto, por supuesto, lo reservé para mí y sólo continúe dándole las gracias por su gesto maravilloso. Después de colgar, pensé que, ya que no se va a utilizar ninguno de sus materiales, los guardaré hasta que lo volvería a ver, por si acaso.

El trabajo estaba muerto ese día, sin que entrara una sola alma a la tienda de karaoke. A medida que la hora se pasaba, el Señor empezó a molestarme a que viera la Biblia de Robert. Al principio, resistí, y, finalmente, cedí por puro aburrimiento. Agarré su mochila, colocada en el mostrador, y miré en su interior.

La Biblia estaba encuadernada en cuero y en perfecto estado para su edad. Cuando la saqué para hojear las páginas, me quedé aturdida. Estaban llenos de símbolos escritos a mano que indicaban diferentes temas. En los márgenes habían pequeñas notas escritas a mano, tan perfectamente impresas parecía como si una

152

máquina de escribir en miniatura lo hubiese hecho. Robert cumplió una condena de 17 años, nueve de ellos en un intenso estudio de las Escrituras. Yo estaba leyendo el producto de todos esos años.

A medida que continuaba hojeando su Biblia, inesperadamente me puse a llorar. Mientras las lágrimas comenzaron a fluir por mi cara, mire a la página abierta para ver lo que el texto era, entonces mi ojos se posaron en un verso que me cayó como una piedra, "...*No es bueno que el hombre esté solo...*" (Génesis 2:18).

"¡Oh, vaya!", dije en voz alta, un poco preocupada, y luego volví a bajar para investigar más a fondo. Por desgracia, lo que vi sólo empeoró las cosas.

"*... y la trajo al hombre* "(Génesis 2:22).

"*¡Caramba! Definitivamente esto no es divertido, Señor* ", le dije, mirando hacia el cielo mientras apuntaba a la Escritura ofensora.

En esto, cerré la Biblia de Robert, se secó el agua salada que quedaba en mi cara con un pañuelo en mi bolsillo, y luego hice una pausa para evaluar lo que había sucedido. Como yo no creía en las coincidencias, esto no parecía muy bueno para mí, pero, quizás esta vez, fue sólo eso - una coincidencia.

"Bueno, sólo hay una manera de averiguarlo." Pensé, mientras valientemente abrí su Biblia de nuevo. Sin embargo, cuando miré hacia abajo, me di cuenta de que mi situación había empeorado.

"*... sea ésta la mujer que destinó Jehová para el hijo de mi señor*" (Génesis 24:44).

¡La realidad de esta declaración mandó electricidad a través de mi cuerpo! ¿Era el plan de Dios que me diera a Roberto? Si es así, en mi opinión, sólo había una vía para enfrentar a ese plan. ¡Ignorar al plan y a él!

Sin embargo, Roberto no se iría. Como no podíamos estar cerca el uno del otro y yo todavía estaba viviendo en la casa de mis padres; el decidió que pasaría tiempo con mis padres cuando yo estuviera en el trabajo. Así que, noche tras noche, mientras yo estaba en la tienda, los cortejó con su encanto y espagueti hecho en casa. "¡Él no estaba jugando un juego justo", le dije a mi mamá, pero mi padre no estaba de acuerdo, sobre todo después de haber consumido plato tras plato del delicioso soborno!

Entonces, una noche, Bobby (Robert) me llamó y empezó a tocar el asunto del matrimonio de nuevo.

Harta, le dije cruelmente: "Mira, el Señor no me ha dicho que tú ere mi marido. ¡Por lo tanto, Así que hasta que Él no lo diga, tienes que olvidarte del asunto!

"El silencio en el otro extremo de la línea indicaba que me pasé de la raya esta vez. La conversación había terminado. Cuando colgué, sentí como si le había dado una apuñalada en el corazón. Sin embargo, al día siguiente me llamó, aparentemente no afectado por mi respuesta.

"El Señor dijo que te va a decir que yo soy tu marido." "¡Jah!" Solté un grito. "¿A si?"

"Sí", respondió, muy seguro de sí mismo. "¡Y Él lo va a hacer pronto, muy pronto!"

"Bueno, ya lo veremos ", respondí en un tono sarcástico. La conversación termino, y me quedé con la sensación muy segura de que no iba a escuchar tal cosa, ni antes ni después.

Aproximadamente una semana después de su llamada, estaba despierta toda la noche con mi mamá. Ella sufría de dolor intenso durante más de 20 años, pero esta noche era particularmente mala. Cuando finalmente llegó a dormir, yo también estaba agotada, pero sólo consiguió un par de horas de descanso antes de que se despertase de nuevo. Después de mirar el reloj, y luego de ver que todavía era temprano, decidí volver a la cama para una siesta corta.

Cuando se quedó dormida, recibí una visión. En mi mente, yo me veía escribiendo una nota a Bobby en la parte de arriba de una corbata marrón de gamuza. La nota decía: "Tengo un mensaje en mi corazón para ti." Cuando vi la pluma escribir el mensaje una y otra vez, de repente me desperté de la conciencia. Me desperté diciendo las palabras en voz alta en mi sueño.

"¿Qué fue eso, Señor?" Yo pregunté. Luego me puso de nuevo a reflexionar sobre ello hasta que me dormí de nuevo.

Un par de horas más tarde, me levanté y decidí correr en la caminadora. Yo estaba usando ese tiempo para orar y hablar con el Señor. Cuando yo estaba en una carrera completa, en oración contra la enfermedad de mi madre, el Señor me interrumpió, y luego repite en mi mente la visión que había visto antes. A medida que volvía a ver la mano escribir las palabras: "Tengo un mensaje en mi corazón para ti", en silencio le pregunté al Señor qué significaban aquellas palabras.

"Está bien, Padre," comencé, " cuál era el desorden..."; pero, antes de que pudiera pensar en la palabra" mensaje " y terminar la frase, me interrumpió, respondiendo bastante alto con "¡SI LO ACEPTO!"

Sus palabras me golpearon como un tren de carga. Gimiendo y diciendo en voz alta: "¡No, no, no, Señor!" Me caí, y me agarre de la manilla, luego, puse los pies en el borde exterior de la cinta, dejando el cinturón que girará a altas velocidad por debajo mio.

"¡No, esto no puede ser!" protesté de nuevo, pero las palabras del Señor seguían haciendo eco en mi cabeza alta y clara, " SI LO ACEPTO, SI LO ACEPTO, SI LO ACEPTO."

Apretando los dientes, presione con más fuerza en el botón de parada enfatizando mi frustración. La máquina llegó a un pare, y me dejó sin aliento, y parada allí aturdida, con el sudor salado chorreando en mi cara.

Yo ni siquiera conocía a Robert, y él no me conocía a mí. Así que, ¿cómo podría encajar en mi vida con todos mis planes para el libro y el ministerio? El Señor tenía que estar equivocado esta vez. Por lo tanto, sintiéndome desafiante, planté mis manos en las caderas y, mirando al cielo, dije:

"Tú realmente vas a tener que probar esto otra vez para que yo lo crea."

Afortunadamente, un rayo no cayó del cielo, pero en cambio al instante sentía ola tras ola al Espíritu Santo a través de mí cuerpo. Yo estaba caliente y sudada, pero con la piel de gallina de pies a cabeza. Dios se me iba demostrar y en una manera bien grande.

Aunque al principio no le dije a Bobby lo que sucedió, él actuó como si ya supiera. Se convirtió en un hombre poseído, insistiendo en que pidiéramos a libertad condicional el permiso para casarnos. No le importaba que lo que estaba pidiendo era prohibido. Una fuerza invisible, el Espíritu Santo, lo guío a que hiciera lo que yo ya sabía ahora que era la perfecta voluntad de Dios.

A partir de este momento, Dios puso todo en marcha acelerada para que Su Palabra se cumpliera. Después de una pelea muy breve con la gente de periodo de prueba, milagrosamente cedieron. En Abril del año 2004, sólo cuatro meses después de mi liberación y seis meses después del de Bobby, nos casamos. Entonces, tan sólo seis meses más tarde, nos activó sobrenaturalmente para que pudiéramos comprar nuestra primera casa. Recuerdo sentirme totalmente asombrada por Dios el día que nos mudamos. A pesar de que la casa era nueva, estaba llena de todo tipo de provisión, ¡lo único que pagamos fue por una televisión!

Después de eso, tan sólo unos pocos meses más pasaron antes de que Dios le dio instrucciones a mi esposo para iniciar su propio negocio. El Señor prometió a Bobby que iba a prosperar su empresa para que yo pudiera ser libre para dedicarme a mi tarea. ¡Ahora, Bobby y yo fuimos socios en conseguir que la misión se completara! ¡Inmediatamente, la compañía de mi esposo se levantó, generando dos veces más ingreso de lo que teníamos antes! Entonces renuncié a mi trabajo de tiempo completo, termine el libro y di a luz el "Ministerio Expected End."

Todo sucedió tan rápido que dejó a la gente preguntándose cómo a dos ex convictos les podría estar yendo tan bien. Por supuesto, yo sabía la respuesta, Dios estaba en él. Su plan perfecto implementado a través de nosotros. Bobby y yo estábamos compartiendo el amor y siguiendo la misión juntos. ¡El Señor nos estaba bendiciendo con una vida más abundante de lo que podríamos imaginar!

Cuando me senté a contemplar lo que Dios estaba haciendo, me di cuenta de lo agradecida que estaba de que le escuché a Él y no a mí misma. Puede que no haya conocido a Robert Souza, pero Dios lo hizo realidad. Sabía que llegaríamos a ser la pareja perfecta en el amor y para Su Reino. Más tarde, en una conversación con mi mamá y mi papá, vino el tema que, cuando ellos se casaron, mi padre llevaba un abrigo color marrón chocolate, una combinación perfecta con la corbata de Bobby.

LECCIÓN VEINTE

1. Anote los planes que el Señor ha puesto en su corazón. Describa todos los detalles o las ideas que ha recibido acerca de esos planes.

2. ¿Qué cosas cree que va a ser difícil para usted una vez que salga? ¿Por qué?

3. Anote lo que usted piensa que usted puede hacer para superar esas dificultades.

PRIMERO LAS COSAS PRINCIPALES

"Así ha dicho Ciro rey de Persia: ... Quien haya entre vosotros de su pueblo, sea Dios con él, y suba a Jerusalén que está en Judá, y edifique la casa a Jehová Dios de Israel ... Entonces se levantaron los jefes de las casas paternas de Judá y de Benjamín, y los sacerdotes y levitas, todos aquellos cuyo espíritu despertó Dios para subir a edificar la casa de Jehová, la cual está en Jerusalén". Esdras 1:2, 3, 5 "Toda la congregación, unida como un solo hombre, era de cuarenta y dos mil trescientos sesenta". Esdras 2:64

En el año 538 A.C., el rey Ciro hizo su proclamación histórica para que los cautivos israelitas se vayan a casa. La Biblia dice, que en respuesta al edicto del rey, Dios despertó el espíritu de más de 42,000 personas que querían regresar a Jerusalén para reconstruir la casa del Señor dirigidos por Zorobabel, heredero del trono de David, y Josué, el sumo sacerdote, era la primera ola de exiliados preparados para ir a casa a continuar su misión. Para ayudarles, los israelitas que permanecieron en Babilonia donaron oro, el ganado y los regalos para el proyecto. Además, el rey Ciro devolvió los vasos sagrados robados del templo original. ¡Cuando los exiliados salieron de Babilonia, poseían todo lo necesario para comenzar su misión!

En los próximos capítulos, vamos a seguir las historias de cada uno de los tres grupos de exiliados que regresaron. Al estudiar las pruebas y triunfos de los presos que se enfrentan a esta versión del antiguo testamento, ¡va a descubrir muchas verdades valiosas para ayudar a los que lo hacen en el exterior y le permiten afrontar con éxito la posesión de su Fin Esperado!

Primero lo Primero

Había tres prácticas muy importantes que el primer grupo de repatriados instituyó después de su salida de prisión. En primer lugar, Israel comenzó la práctica del diezmo tan pronto como llegó a Jerusalén. En segundo lugar, la gente se reunió para la comunión después de que se acomodaron en sus localidades. Luego, en tercer lugar, los exiliados restituyeron los sacrificios diarios de acuerdo a lo que estaba escrito en las Escrituras. Estas tres prácticas contribuyeron significativamente al éxito de Israel cuando salieron. Por lo tanto, también son vitales para su éxito una vez que esté en el mundo libre.

Ahora, vamos a examinar uno por uno. La primera cosa que los exiliados hicieron cuando entró en Jerusalén era dar el diezmo. La Escritura dice: " *Y algunos de los jefes de casas paternas, cuando vinieron a la casa de Jehová que estaba en Jerusalén, hicieron ofrendas voluntarias para la casa de Dios, para reedificarla en su sitio. Según sus fuerzas dieron al tesorero de la obra sesenta y un mil dracmas de oro, cinco mil libras de plata, y cien túnicas sacerdotales. Y habitaron los sacerdotes, los levitas, los del pueblo, los cantores, los porteros y los sirvientes del templo en sus ciudades; y todo Israel en sus ciudades"*. (Esdras 2:68-70)

Inmediatamente después de su entrada en Jerusalén, los exiliados diezmaron. De hecho, a pesar de que la gente terminaron de caminar 900 millas desde Babilonia, ¡todavía hicieron un esfuerzo para dar el diezmo antes de desempacar e instalarse en su ciudad! ¡Este acto de dar es de gran importancia que fue registrado incluso por segunda vez en el capítulo 7 del libro de Nehemías!

¿Por qué los exiliados hicieron que el diezmo fuera su primera prioridad al llegar a casa? Los israelitas comprendieron la gran importancia del diezmo. Sabían que era la manera en la que Dios pusiera a prueba su fe y su obediencia. También fue el vehículo que Dios usó para traer aumento a su pueblo. Israel estaba en el mundo libre ahora, y estaban a punto de afrontar muchos retos. Con el fin de hacerlo, tenían que confiar totalmente en Dios. Esta es la razón por la que dieron su diezmo tan pronto cuando entraron en la puerta de la ciudad. Querían mostrar al Señor a través de su obediencia, que confiaban en Él para satisfacer todas sus necesidades.

La mayoría de ustedes probablemente fueron muy irresponsable con el dinero cuando estaban en el exterior. Bueno, una vez que se libera de nuevo, el dinero va a jugar un papel importante en su vida. A fin de que para triunfar en el mundo libre, va a tener que confiar en Dios y aprender a manejar su dinero a su manera.

Vea usted, Dios, no su empleador, será la verdadera fuente de sus ingresos una vez que salga. Esto es bueno, porque la mayoría de los puestos de trabajo regulares no pagan bien. Usted ve, Dios es capaz de ofrecerle mucho más que su salario por hora. Él puede hacer que reciba regalos y fondos imprevistos. Se le puede permitir comprar una nueva casa o iniciar un nuevo negocio. El Señor incluso le puede dar una idea para una invención. Dios es dueño de la riqueza del mundo, así que mientras usted está siendo obediente en manejar sus finanzas a su manera, Él bendecirá y le aumentara. Él incluso le dará maneras creativas de generar ingresos. Entonces, ¿cuál es la manera de Dios para manejo de las finanzas?

La prioridad de Dios para su dinero es para utilizarlo para construir Su Reino. Los exiliados que regresaron lo sabían. Basta con mirar a donde diezmaron su dinero.

"Cuando llegaron a la casa del Señor en Jerusalén, algunos de los jefes de las familias dieron ofrendas voluntarias hacia la reconstrucción de la casa de Dios en su lugar."

Israel entendía que la prioridad de Dios para su dinero era Su Reino. Esta es la razón por la que pusieron su dinero en la reconstrucción del templo. El Señor desea que usted participe en la construcción de su Reino también. Una forma de hacerlo es dando fielmente a su iglesia y a otros programas cristianos. Cuando usted elige hacer las prioridades de Dios primero en sus finanzas, Él, a su vez, lo bendecirá y le aumentará. Una de las razones por las cuales mi esposo y yo damos más de lo que se puede pedir es porque nos mantenemos socios financieros con el Padre, para construir su Reino en la tierra.

¿Ahora, exactamente cuánto de su dinero quiere el Señor que usted de? Pues bien, en el Antiguo Testamento, la palabra diezmo significa un 10%. El diezmo, siendo una décima parte de sus ingresos, es un buen criterio para medir. Sin embargo, habrá momentos en que el Señor también le pedirá que dé por encima de su regalo común. De hecho, cada vez que hacía un movimiento financiero importante para mi marido y yo, siempre nos pidió que diésemos un regalo extra a nuestra cantidad normal.

La primera vez que sucedió fue tan sólo unas semanas antes de casarnos. Recuerdo que mi Robert casi se desmayó cuando el Señor me dijo que le diera un 30% del total de mi sueldo durante tres meses. En ese momento, teníamos hasta el último centavo, por lo que, por supuesto, pensamos que no se podía hacer. ¡Sin embargo, cuando finalmente escogí ser obediente y escribí el cheque, él recibió un cheque de sorpresa en el correo por la misma cantidad más tarde ese día! ¡Ese año, ese diezmo especial nos trajo más bendiciones de las que puedo contar! De hecho, yo tendría que escribir otro capítulo sólo para ser capaz de mencionar todas las cosas increíbles que Dios hizo por nosotros a través del diezmo.

La próxima vez que el Señor nos pidió dar un diezmo extra, fue la misma mañana que El Señor le dijo a mí esposo que iniciara su nuevo negocio. En esta ocasión, el Señor nos instruyó que diéramos $40 al mes durante un año a una red de televisión cristiana. ¡Debido a nuestra obediencia el negocio levantó inmediatamente! Nos estabilizamos más financieramente como nunca antes. ¡Entonces pude dejar mi trabajo de tiempo completo para seguir mi misión!

El diezmo es vital para su relación personal con Dios y para su seguridad financiera. También es un aspecto complicado de su Fin Esperado. **Dios siempre conectara el dar a su tarea** - como cuando nos demandó dar los $40 dólares. Vea usted, Dios usa el diezmo para probar, para ver si dan cuando Él le dice, donde Él le dice, y la cantidad que Él le diga. El Señor requiere este tipo de obediencia, porque el dinero siempre va a estar involucrado en la realización de su Fin Esperado. Aunque, usted necesite diez dólares para imprimir unos volantes o diez mil para imprimir un libro, se necesita dinero para difundir el Evangelio y, a veces, mucho dinero. ¡Dios proveerá para todas las necesidades de su misión, pero sólo si aprenden a ser un buen administrador sobre su dinero! Recuerde, la Biblia dice que, *"sobre poco has sido fiel, sobre mucho te pondré"*. (Mateo 25:21)

El diezmo es un principio Bíblico de gran alcance. Porque realmente funciona, enfrentará a un montón de pruebas cuando sea el momento para dar el diezmo. ¿Le dará a Dios todo el 10% y de forma coherente? ¿Lo obedecerá cuando Él le indique que debe dar un regalo especial? ¿Le dará la cantidad que pide o le dará lo que usted piensa que puede pagar? ¿Va a confiar en Él y no tendrá miedo de dar, incluso cuando usted piensa que no lo tiene? ¡Habrán momentos en los que parece que no puede darse el lujo de dar el diezmo, pero, en realidad, usted no puede permitir el no hacerlo!

Además, no se preocupe por no tener nada para dar la primera vez que salga. Vea la cantidad de diezmo que dieron los exiliados la primera vez que regresaron a casa. Las Escrituras dicen: "De acuerdo a su capacidad le dieron a la tesorería para este trabajo." ¡Israel dio de acuerdo a lo que eran capaces de dar! ¡Así que cuando salgas, si usted tiene un dólar en el bolsillo y paga el diezmo de diez centavos, Dios lo va a honrar! ¡De hecho, usted se sorprenderá de lo que Dios hace con su moneda de diez centavos!

Bien, ahora volvamos a la historia de los exiliados que regresaron para ver la segunda práctica que instituyeron después de llegar a su casa Jerusalén. Las Escrituras dicen: " *En el mes séptimo, cuando ya todos los israelitas se habían establecido en sus poblaciones, se reunió el pueblo en Jerusalén con un mismo propósito.* " (Esdras 3:1 NVI).

Después de que Israel se estableció, se reunieron para la comunión. Es importante señalar que, a pesar que los exiliados fueron separados en sus propias ciudades, no se quedaron aislados unos de otros. En su lugar, optaron esforzarse a reunirse para el apoyo espiritual, físico y moral.

Cuando usted salga, tiene que hacer lo mismo. Una vez que regrese a casa y se instala, tienes que hacer un esfuerzo para encontrar una iglesia, y debe asistir fielmente. ¿Por qué es esto tan importante?

Bueno, el compañerismo ofrece muchas cosas. Lo primero es la Palabra de Dios. La palabra contiene el poder de corregir cuando está en pecado. También le permite vencer la tentación. En el mundo libre, enfrentará muchas pruebas, por lo que será absolutamente necesario que usted pueda estar expuesto a la sana doctrina bíblica de manera regular. Esta enseñanza es lo que le mantendrá conectado en el camino correcto.

La comunión también tiene la función de ser su sistema de apoyo. La iglesia se compone de gente que está ungida para dar orientación bíblica, que le permitirá navegar a través de sus ensayos diarios. Cuando la gente piadosa le rodean, será menos probable que caiga de nuevo o que sufra una colisión con el pecado. Piénselo. ¡Es difícil seguir pecando cuando los creyentes le rodean! Conocí a un ex convicto que tenía bastante tiempo en el cual desarrolló una relación profunda con Dios. Sin embargo, cuando salió, regreso a sus viejos hábitos. De hecho, durante años, luchó en vano contra las adicciones de su medicamento.

Bueno, una de las razones por las cuales él nunca los venció totalmente fue porque se negó a buscar la ayuda de la iglesia. Cada vez que caía, era porque le daba vergüenza o simplemente era rebelde, trataba en sus propias fuerzas de superar su adicción en vez de buscar la ayuda de otros cristianos.

Desafortunadamente, debido a que su fuerza no era suficiente, falló en varias ocasiones. Mantuvo a los ancianos de la iglesia fuera de su lucha, permitiendo que fallara por años. Esta es una de las razones por las que debe rodearse de los creyentes. Ellos le mantendrán contable.

¡La comunión es donde también caminara a su Fin Esperado! Vea, Dios le da una idea y espera que lo desarrolle, sin embargo, su misión sólo podrá llevarse a cabo dentro de un cuerpo de creyentes. Le voy a enseñar una prueba a través de las Escrituras. En primer lugar, vea este ejemplo de la primera ola de exiliados que regresaron.

"En el año segundo de su venida a la casa de Dios en Jerusalén, en el mes segundo, comenzaron Zorobabel hijo de Salatiel, Jesúa hijo de Josadac y los otros sus hermanos, los sacerdotes y los levitas, y todos los que habían venido de la cautividad a Jerusalén; y pusieron a los levitas de veinte años arriba para que activasen la obra de la casa de Jehová... "(Esdras 3:8).

Zorobabel y Josué fueron los encargados de la reconstrucción del templo, pero no intentaron de ejecutar el proyecto por su cuenta, recibieron ayuda. La Escritura dice que *"el resto de los hermanos"* se unieron a ellos para completar el trabajo.

En la segunda ola de repatriados, vemos el mismo principio. Esdras, el escriba, estaba en una misión para ir a Jerusalén para restaurar la adoración en el templo y enseñar a los exiliados la Palabra de Dios. Bueno, justo cuando se disponía a salir de Babilonia, se dio cuenta de que no había nadie en su grupo santificado para llevar a cabo el servicio del templo. En este descubrimiento, Esdras se dio cuenta de que su misión no podría crecer. Él sabía que, antes de que pudiera salir de Babilonia, necesitaba encontrar hombres calificados para ir con él. La Escritura dice:

"Y nos trajeron según la buena mano de nuestro Dios sobre nosotros, un varón entendido, de los hijos de Mahli hijo de Leví, hijo de Israel; a Serebías con sus hijos y sus hermanos, dieciocho; a Hasabías, y con él a Jesaías de los hijos de Merari, a sus hermanos y a sus hijos, veinte; y de los sirvientes del templo, a quienes David con los príncipes puso para el ministerio de los levitas, doscientos veinte sirvientes del templo, todos los cuales fueron designados por sus nombres". (Esdras 8:18-20).

Como dice la Escritura de arriba, el cuerpo fue creado por Dios para ayudar en la ejecución del encargo. Esdras se dio cuenta y comprendió que, si trataba de ir más allá sin el cuerpo, ¡su misión fallaría!

Usted necesitará la ayuda de la fraternidad para completar su tarea. Veamos otro ejemplo de la tercera ola de exiliados que regresaron. Nehemías llegó de Babilonia en una misión de reparar una pared rota en Jerusalén. Inmediatamente después de llegar a su casa, la Biblia dice que llamó a todos los exiliados, para que juntos empiecen a construir. Las Escrituras muestran cómo las personas unieron sus esfuerzos para completar el proyecto.

"Entonces el sumo sacerdote Eliasib y sus compañeros los sacerdotes trabajaron en la reconstrucción de la puerta de las Ovejas... El sector que sigue lo reconstruyeron los levitas y Rejún hijo de Baní. En el tramo siguiente Jasabías, gobernador de una mitad del distrito de Queilá, hizo las obras de reconstrucción por cuenta de su distrito... El siguiente tramo lo reconstruyeron los sacerdotes que vivían en los alrededores". (Nehemías 3:1-2, 17, 22 NVI).

En el capítulo 3 de Nehemías, las frases *"al lado"* y *"después de él"* se utilizan más de dos docenas de veces para describir la forma en que cada grupo trabajó en una sección de la pared "junto a" sus hermanos que estaban trabajando en otra sección. Que la "cadena" vinculadas a los exiliados, trabajaron juntos como un solo cuerpo. ¡Debido a que unieron sus esfuerzos, la pared se completó en sólo 52 días!

Durante los tres primeros años de mi trabajo, yo estaba sola por mi cuenta porque yo estaba escribiendo el libro. Cuando me aproximaba al momento de la publicación y de llevar a cabo la misión, Dios comenzó a traer a la gente "al lado" que me ayudaran. Uno por uno, los que Dios apuntó se unieron para ayudarme a completar el llamado. ¡Como cada persona poseía talentos que yo no tenía, éramos un cuerpo perfecto, enteramente preparado, capaz de afrontar cualquier situación! ¡Yo no podría haber cumplido mi misión si no hubiese sido por la ayuda de los creyentes!

Su sobrevivencia, su salud espiritual y el cumplimiento de su Fin Esperado son dentro de la comunidad. Usted debe entrar en una iglesia, una vez que salga de la cárcel. Sin embargo, aunque usted pueda estar planeando en ir a la iglesia después de su liberación, a veces no es tan fácil como parece.

Después de que salimos, mi marido y yo luchamos en muchas ocasiones por seguir asistiendo a la iglesia. Sí estábamos ocupados, cansados, o simplemente estábamos presos, hubo momentos en los que nos desviábamos. Cada vez que pasó, sin embargo, sufrimos no sólo espiritualmente, pero también en nuestra vida diaria, junto con nuestra relación matrimonial.

Cuando usted sale, su vida va a estar ocupada y estresante. En el mundo libre, tendrá cientos de responsabilidades a los que tendrá que atender. Su casa siempre tendrá que ser limpiada. Los niños siempre necesitan ser atendidos. Las emergencias siempre parecen surgir. En la vida en general se ofrecen miles de excusas para que pierda el compañerismo. Sin embargo, cuando deje de asistir a la iglesia, su vida espiritual también cae. Cuanto más deje de practicar el compañerismo, más estará abierto a la tentación. ¡Con el tiempo, incluso se encontrará en malas situaciones, y violando las reglas hasta volver a la cárcel! ¡La comunidad de creyentes está ahí para guiarlo y sobre todo, para ayudarle a evitar caer en el pecado de nuevo! ¡También es el lugar donde cumplirá su Fin Esperado! Por lo tanto, al salir, haga que la iglesia sea una parte regular de su vida, sin importar lo que tiene en el calendario.

Por lo tanto, después de que Israel diezmó, entonces se reunieron como un solo hombre en Jerusalén en la comunión, ¿qué hicieron después? La Biblia dice que construyeron un altar al Señor, hicieron ofrendas de acuerdo a lo que estaba escrito en las Escrituras.

"... empezaron a construir el altar del Dios de Israel para ofrecer *holocaustos, según lo estipulado en la ley de Moisés, hombre de Dios.3 A pesar del miedo que tenían de los pueblos vecinos, colocaron el altar en su mismo sitio. Y todos los días, por la mañana y por la tarde, ofrecían holocaustos al Señor. Luego, según lo estipulado en la ley, celebraron la fiesta de las Enramadas, ofreciendo el número de holocaustos prescrito para cada día, como también los holocaustos diarios, los de luna nueva, los de las fiestas solemnes ordenadas por el Señor, y los que el pueblo le ofrecía voluntariamente. A pesar de que aún no se habían echado los cimientos del templo, desde el primer día del mes séptimo el pueblo comenzó a ofrecer holocaustos al Señor." (Esdras 3:2-6 NVI).

No mucho después de que los exiliados volvieron a Jerusalén, comenzaron la práctica de ofrecer sacrificios a Dios de acuerdo a las instrucciones contenidas en la Escritura. La Biblia dice que la gente hizo estas ofertas, *"mañana y tarde"*, *"cada día"* y en un manera *"continua"*. En otras palabras, estos sacrificios se dieron regularmente. ¿Por qué es esto tan importante?

En el Capítulo XI de este estudio, hemos hablado de la necesidad vital de desarrollar un estilo de vida centrado en Cristo. Esta es la práctica de pasar tiempo diario con Dios, orando y estudiando las Escrituras. A pesar de que, con suerte, se inició esta práctica mientras estaba en el interior, tendrá que trabajar para restablecer una parte de su rutina después de haber salido a la libertad.

Su relación personal con el Padre debe ser su primera prioridad sobre cualquier otra cosa. Su vida entera cambia cuando sale, pero el hábito diario de pasar tiempo con Dios tiene que seguir siendo el mismo. Por desgracia, se encuentra, al igual que yo, que esto es más difícil de hacer. Las exigencias del mundo pueden ser tan abrumadoras, que piensa que no tiene tiempo para estar con Dios. Sin embargo, si usted no ofrece este sacrificio regularmente, lentamente morirá en su camino espiritual hasta que cae en una trampa mortal.

Su éxito en el futuro en el exterior dependerá de que si está viviendo una vida centrada en Cristo. Cada día en el mundo real, usted tendrá unas docenas de opciones. Sólo a través del estudio regular de la oración vas a ser capaz de navegar con éxito en esas decisiones.

Cuando mi esposo y yo salimos, había muchos momentos en que no leíamos la Biblia a diario. Cuando esto sucedió, sin embargo, nos obligamos a hacer ajustes en nuestro estilo de vida con el fin de volver a leer. Por desgracia, una gran cantidad de otros ex convictos no se esforzaron a hacer lo mismo. ¡No se quedaban comprometidos con su tiempo de estudio diario, y, en consecuencia, estaban siendo enviados de vuelta a la cárcel!

¡Siempre me ha sorprendido cómo la lectura de algunos capítulos de la Biblia puede tener una influencia tan poderosa en su vida! Una vez que esté libre, debe hacer como los exiliados que regresaron hicieron; seguir la palabra y no dejar de pensar que no tiene tiempo para estudiar, ya que su supervivencia dependerá de que "mañana y tarde, todos los días y continuamente lea La Palabra de Dios."! **¡Usted tiene que apartar tiempo!** Si usted tiene que levantarse más temprano o acostarse más tarde, hágalo. Si es necesario, escuche la Biblia en CD en el coche o lleve su Biblia con usted en el autobús. ¡Dios no quiera, pero puede ser que incluso tenga que abandonar media hora de su tiempo frente al televisor para obtener la Palabra de Dios!

Incluso en la búsqueda de su Fin Esperado debe pasar tiempo a diario con el Padre. Después de mi liberación, había unos pocos meses cuando me convencí de que, porque yo estaba escribiendo el libro, no tenía necesidad de entrar en mi tiempo personal con Dios. Bueno, yo estaba equivocada y hasta mi forma de escribir comenzó a sufrir a causa de eso.

Su Fin Esperado no puede sustituir la oración y el tiempo de estudio. Los antiguos israelitas lo sabían. Mira de nuevo la Escritura en Esdras, *"Desde el primer día del mes séptimo comenzaron a ofrecer holocaustos al Señor, **pero la fundación del templo no se habían echado todavía.**"* ¡La reconstrucción del templo fue el Fin Esperado de Israel, pero entendieron que sus sacrificios diarios a Dios eran más importantes! ¡Es por eso que ellos lo restituyeron antes de que se sentaran las bases del templo! Una vez que salga, necesita restablecer su tiempo diario con Dios. Haga que su primera prioridad sea Dios sobre todo lo demás, incluyendo su misión.

Debido a que los exiliados regresaron comenzando su nueva vida diezmando, en comunión y haciendo sacrificios todos los días, comenzaron muy bien su camino. Por desgracia, pronto se encontraron con algunos problemas serios. En el siguiente capítulo, vamos a ver lo que Israel hizo mal y cómo puede evitar hacer lo mismo.

LECCIÓN VEINTIUNO

1. ¿Según la Escritura, que es una de las primeras cosas que hicieron los israelitas cuando llegaron a casa? *"Cuando llegaron a la casa del Señor en Jerusalén, algunos de los jefes de las familias dieron ofrendas voluntarias hacia la reconstrucción de la casa de Dios en su lugar. De acuerdo con su capacidad le dieron para el tesoro..."* (Esdras   2:68-69).

2. ¿Por qué es importante el diezmo? ¿Cuánto se debe diezmar a nivel personal? ¿De qué manera está conectado el diezmo a su Fin Esperado?

3. Según la Escritura, ¿Qué más hicieron los israelitas cuando regresaron a casa? *"En el mes séptimo, cuando ya todos los israelitas se habían establecido en sus poblaciones, se reunió el pueblo en Jerusalén con un mismo propósito. "* (Esdras 3:1 NIV).

4. ¿Por qué asistir a la iglesia y estar en comunión son tan importantes? ¿Qué tiene que ver la comunión con el Fin Esperado?

5. ¿Según la Escritura, cuál fue la tercera cosa que hicieron los israelitas después de su regreso? "... Y se construyó el altar del Dios de Israel para ofrecer holocaustos sobre él, como está escrito en las instrucciones de Moisés, hombre de Dios ... y ofrecieron holocaustos sobre él al Señor mañana y tarde. Mantuvieron también la fiesta de los tabernáculos, como está escrito, y ofrecieron holocaustos diarios ... Y después de esto, el holocausto continuo ... "(Esdras 3:2-6 NVI).

6. ¿Por qué es tan importante continuar con su hábito de vivir una vida centrada en Cristo una vez que salga? ¿Al seguir su Fin Esperado, si ve porque es tan importante no descuidar su tiempo personal con el Señor cada día? Nombre dos prácticas que son esenciales en la vida centrada en Cristo.

LOS PRIMEROS PROBLEMAS

Capitulo Veinte y Dos

"En el año segundo de su venida a la casa de Dios en Jerusalén, en el mes segundo, comenzaron Zorobabel hijo de Salatiel, Jesúa hijo de Josadac y los otros sus hermanos, los sacerdotes y los levitas, y todos los que habían venido de la cautividad a Jerusalén; y pusieron a los levitas de veinte años arriba para que activasen la obra de la casa de Jehová." Esdras 3:8

Los exiliados que habían regresado, comenzaron en el mundo libre de la manera correcta, diezmando, en comunión y haciendo sacrificios todos los días a Dios. Una vez que establecieron esas prácticas, comenzaron a trabajar en su tarea de reconstruir el templo. Sin embargo, cuando los enemigos de los judíos escucharon del proyecto, vinieron con sus malas intenciones en su corazón y se ofrecieron a ayudar a los exiliados en la construcción.

Sabiamente, Israel rechazó su oferta, pero la Biblia dice que los enemigos de Israel, estaban dispuestos a desalentar a la gente de Judá y hacerlos tener miedo si seguían construyendo. *"Pero el pueblo de la tierra intimidó al pueblo de Judá, y lo atemorizó para que no edificara. Sobornaron además contra ellos a los consejeros para frustrar sus propósitos, todo el tiempo de Ciro rey de Persia y hasta el reinado de Darío rey de Persia"*. (Esdras 4:4-5).

Los enemigos de Israel no perdieron tiempo en lanzar un asalto contra los exiliados. Los consejeros fueron contratados para intimidar a los repatriados y frustrar sus planes. Se hicieron intentos de disuadir a los constructores del templo y se puso el miedo en ellos. ¿Cuál fue el propósito de estos ataques contra los israelitas? La Escritura nos dice arriba, *"que les hacen tener miedo de seguir construyendo."* ¡Cada asalto fue un intento de llegar a los exiliados para que dejen de trabajar en su final esperado!

Afortunadamente, los hijos de Israel no se detuvieron, o al menos no de inmediato. Los ataques continuaron durante años, debilitando a los exiliados, pero no causando que dejaran de trabajar totalmente. Sin embargo, cuando los enemigos de los judíos escribieron una carta a Artajerjes, rey de Persia, la carta estaba llena de acusaciones contra Israel, el trabajo en el templo se detuvo por completo. Echemos un vistazo a lo que se dijo acerca de los exiliados en esta carta al rey:

"Siendo que nos mantienen del palacio, no nos es justo ver el menosprecio del rey, por lo cual hemos enviado a hacerlo saber al rey, para que se busque en el libro de las memorias de tus padres. Hallarás en el libro de las memorias, y sabrás que esta ciudad es ciudad rebelde, y perjudicial a los reyes y a las provincias, y que de tiempo antiguo forman en medio de ella rebeliones, por lo que esta ciudad fue destruida. Hacemos saber al rey que si esta ciudad fuere

reedificada, y levantados sus muros, la región de más allá del río no será tuya. (Esdras 4:14-16).

La carta decía que en Israel había mala fama y una historia de rebelión, razón por la cual cayeron al cautiverio. ¡La carta incluso llegó a insinuar que, si a los exiliados se les permitiera la reconstrucción de Jerusalén, estarían rebeldes de nuevo! Estas declaraciones fueron, obviamente, un intento de usar su estatus anterior de "ex convictos" en contra de ellos. Por desgracia, el intento fue exitoso. Después de leer las acusaciones, el rey Artajerjes envió esta respuesta:

"Ahora, pues, dad orden que cesen aquellos hombres, y no sea esa ciudad reedificada hasta que por mí sea dada nueva orden. Y mirad que no seáis negligentes en esto; ¿por qué habrá de crecer el daño en perjuicio de los reyes?" (Esdras 4:21-22).

La estrategia por parte de los enemigos de Israel funcionó. El rey ordenó a los exiliados a detener la construcción. La Escritura confirma: " *Entonces cesó la obra de la casa de Dios que estaba en Jerusalén, y quedó suspendida hasta el año segundo del reinado de Darío rey de Persia".* (Esdras 4:24).

¡Los ataques lograron el propósito para el que fueron enviados: para detener a los exiliados a que no completen su misión! ¿Por qué el enemigo estaba tan afanado en hacer esto? **¡Debido a que el arma más poderosa contra el reino de las tinieblas es la persona que está llevando a cabo su Fin Esperado!**

Esta es la razón por la cual Satanás no quiere que usted complete su tarea. Él sabe que, si lo hace, puede dañar gravemente su reino. Con el fin de conseguir su objetivo, utilizará todas las vías disponibles para hacerlo, le hará tener miedo y disuadirle. El diablo va a trabajar a través de la gente para frustrar sus planes. Cambiará circunstancias ordinarias en su contra. Incluso utilizara su historia pasada para atacar su credibilidad, al igual que los enemigos del antiguo Israel en su carta al rey. ¡Debido a que está llevando a cabo su misión, **será atacado**! La pregunta es, "¿Cómo lo va a manejar?"

¿Qué hizo Israel? Se mantuvieron por un tiempo, pero finalmente siguieron adelante. Debido a la respuesta de Artajerjes, la Biblia dice, "... *el trabajo en la casa de Dios en Jerusalén, llegó a un punto muerto..."*

Los hijos de Israel permitieron que los ataques pararan su misión. ¡De hecho, el trabajo en el templo se detuvo por más de 18 años! Durante este tiempo, los exiliados se retiraron a sus casas para concentrarse en la reconstrucción de su lugar. Aunque la gente probablemente justificó dejar de construir, ya que fueron ordenados por el rey para hacerlo, en ninguna parte de las Escrituras dice que Dios les dijo que dejaran de construir. ¡Por desgracia, lo hicieron de todos modos, y por más de 18 largos años!

A partir de ahora, la vida de los exiliados dio un paso para atrás. Sus cosechas dejaron de llegar y sus salarios desaparecieron, y la prosperidad ceso por completo. Los años de abundancia se habían ido. La sequía y el hambre ocuparon su lugar. Mientras los 18 años pasaron, los repatriados estuvieron luchando desesperadamente. ¿Qué pasó? Dios envió al profeta Ageo a Su gente con esta poderosa respuesta:

"El día primero del mes sexto del segundo año del rey Darío, vino palabra del Señor por medio del profeta Hageo a Zorobabel hijo de Salatiel, gobernador de Judá, y al sumo sacerdote Josué hijo de Josadac: «Así dice el Señor Todopoderoso: "Este pueblo alega que todavía no es el momento apropiado para ir a reconstruir la casa del Señor.

"También vino esta palabra del Señor por medio del profeta Hageo: ¿Acaso es el momento apropiado para que ustedes residan en casas techadas mientras que esta casa está en ruinas?" Así dice ahora el Señor Todopoderoso: ¡Reflexionen sobre su proceder!" Ustedes siembran mucho, pero cosechan poco; comen, pero no quedan satisfechos; beben, pero no llegan a saciarse; se visten, pero no logran abrigarse; y al jornalero se le va su salario como por saco roto. Así dice el Señor Todopoderoso: ¡Reflexionen sobre su proceder!

"Vayan ustedes a los montes; traigan madera y reconstruyan mi casa. Yo veré su reconstrucción con gusto, y manifestaré mi gloria dice el Señor. Ustedes esperan mucho, pero cosechan poco; lo que almacenan en su casa, yo lo disipo de un soplo. ¿Por qué? **¡Porque mi casa está en ruinas, mientras ustedes sólo se ocupan de la suya!** *afirma el Señor Todopoderoso.*

"Por eso, por culpa de ustedes, los cielos retuvieron el rocío y la tierra se negó a dar sus productos. Yo hice venir una sequía sobre los campos y las montañas, sobre el trigo y el vino nuevo, sobre el aceite fresco y el fruto de la tierra, sobre los animales y los hombres, y sobre toda la obra de sus manos." (Hageo 1:1-11 NVI).

En este mensaje, el Señor le dijo a los exiliados que "considerando sus formas (su conducta anterior y actual) y cómo les ha ido." Anteriormente, Israel estaba haciendo muy bien. La primera vez que salieron del cautiverio, siguieron fielmente su cometido y fueron muy prósperos. Sin embargo, después no les iba nada bien. De hecho, ellos estaban sufriendo de hambre total. ¿Por qué? La Escritura explica, *"porque mi casa está en ruinas..."*

Y llamó Dios a la sequía sobre los israelitas, ya que dejó de trabajar en su Fin Esperado. Esta es una de las razones principales por las que la gente volvió a la cárcel. Dejaron de perseguir el propósito dado por Dios. ¿Se acuerda de este versículo del capítulo dieciséis?

"Jehová hace nulo el consejo de las naciones, Y frustra las maquinaciones de los pueblos. El consejo de Jehová permanecerá para siempre; los pensamientos de su corazón por todas las generaciones". (Salmo 33:10-11).

La Biblia es muy clara. Sólo los planes de Dios para la vida de usted tendrán éxito. Por lo tanto, si intercambia Sus propósitos por los suyos, usted va a fallar, no importa lo que intentes de hacer. De hecho, Dios mismo le hará fracasar, como lo hizo con los exiliados antiguos. ¡Es por eso que hay que mantener el llamado después de que salga de la prisión! Si deja de trabajar en él, va a fracasar. Entonces es muy probable que vuelva a lo que hacía antes de su arresto. Cuando esto sucede, usted va a volver a la cárcel o terminar viviendo miserablemente en una existencia a medias.

Por desgracia, mantenerse en su llamado al salir va a ser muy difícil. Al igual que con los antiguos exiliados, que se enfrentaron a muchos asaltos del enemigo, cuyo objetivo es evitar que complete su misión. Le atacará mentalmente, físicamente, emocionalmente y espiritualmente. Su credibilidad y su fama serán interrogadas. Incluso tendrá que luchar contra si mismo, porque se verá tentado a centrarse en sus propias necesidades en lugar de las necesidades de su Fin Esperado.

Déjeme darle un ejemplo. Cuando mi esposo y yo compramos nuestra casa, teníamos que tener mucho cuidado que no hiciéramos lo que los exiliados antiguos hicieron, "... *construir cada uno a su propia casa [deseosos de construir y adornarla].*" Era muy tentador gastar todo nuestro dinero y el tiempo en arreglar nuestro nuevo hogar. ¡Lamentablemente, hubo momentos en que nuestro enfoque se alejó de nuestro Fin Esperado, pero gracias a Dios, nos dimos cuenta de que, continuar así significaría nuestra perdición!

Todos tenemos la tendencia de hacer lo que Hageo dijo, "*viven en casas techadas mientras que esta casa [del Señor] se encuentra en ruinas.* "Esto es lo que hicieron los antiguos exiliados. Dejaron de trabajar en el templo, y se enfocaron en la reconstrucción de sus hogares. Intercambiaron el propósito de Dios para sus propias prioridades, por lo que Dios los hizo fallar. ¡Cualquiera puede caer en esta trampa! Cuando usted sale, usted debe tratar de evitar esto a toda costa.

No me malinterpreten, Dios no quiere que descuide sus propias necesidades personales, sino que requiere que usted vea fielmente las necesidades de su misión. Es por eso que debemos aprender a dedicar el tiempo suficiente tanto para su llamado y su familia. ¡Sólo recuerde que, si pone a Dios primero, Él, a su vez, le dará todo lo que necesita!

¿Qué sucedió cuando el Señor, por medio del profeta Ageo, ordenó a la gente a regresar a su trabajo en el templo?

"Profetizaron Hageo y Zacarías hijo de Iddo, ambos profetas, a los judíos que estaban en Judá y en Jerusalén en el nombre del Dios de Israel quien estaba sobre ellos. Entonces se levantaron Zorobabel hijo de Salatiel y Jesúa hijo de Josadac, y comenzaron a reedificar la casa de Dios que estaba en Jerusalén;

Y los ancianos de los judíos edificaban y prosperaban, conforme a la profecía del profeta Hageo y de Zacarías hijo de Iddo. **Edificaron, pues, y terminaron, por orden del Dios de Israel...** "(Esdras 5:1-2; 6:14).

¡Cuando los exiliados escucharon el mensaje de Hageo, se levantaron para completar su misión! Observe que la Escritura dice que Israel *"construyó y prosperó."* Cuando se trata de Su Fin Esperado, estas dos cosas van de mano en mano. Mientras usted sigue trabajando fielmente en su misión, Dios se asegurará de que prospere.

El problema Que Se Repite

¿Qué otros problemas enfrentaron los israelitas al llegar a casa? El segundo tema que se trató fue la repetición del pecado que les hizo caer en cautiverio en el primer lugar. Era el problema de la mezcla con la gente de las naciones extranjeras.

En el año 458 A.C., la segunda ola de los cautivos regresó a Jerusalén. Este grupo fue dirigido por el escriba, Esdras, cuya misión consistía en restaurar el servicio del templo y enseñar a los exiliados que regresaran a la Palabra de Dios. Por desgracia, a su llegada a casa, Ezra detectó un problema. Los exiliados se mezclaron con la gente de las otras naciones alrededor de ellos. La Biblia dice:

"...El pueblo de Israel, incluso los sacerdotes y levitas, no se ha mantenido separado de los pueblos vecinos, sino que practica las costumbres abominables de todos ellos, es decir, de los cananeos, hititas,..." (Esdras 9:01 NIV).

Los repatriados se habían casado con mujeres extranjeras, y seguían sus prácticas idólatras! Esta fue una situación muy peligrosa para los exiliados. ¿Se acuerda por qué? En el capítulo cuatro, hablamos de los dos pecados que llevaron a Israel al el exilio:

"...Ellos adoraban a dioses ajenos, y siguieron las costumbres de las otras naciones que el Señor había desposeído delante de ellos..." (2 Reyes 17:07 - 8). Cuando los israelitas cruzaron por primera vez en Canaán para conquistarla, el Señor les mandó que matasen a todos los habitantes de la tierra. Por desgracia, los israelitas no fueron fieles a la voz. Eventualmente se mezclaron con el pueblo que había quedado vivo. Los supervivientes de los judíos llegaron a cometer idolatría, que, según la Biblia, es por eso que Dios envió a Su pueblo al cautiverio en primer lugar. ¡Ahora, aquí estaban los exiliados que regresaron repitiendo ese mismo pecado otra vez! Cuando Esdras se enteró, estaba consternado. Fue a Dios en oración, y dijo,

"Desde los días de nuestros antepasados hasta hoy, nuestra culpa ha sido grande. Debido a nuestras maldades, nosotros, nuestros reyes y nuestros sacerdotes fuimos entregados al poder de los reyes de los países vecinos. Hemos sufrido la espada, el cautiverio, el pillaje y la humillación, como nos sucede hasta hoy... »Después de todo lo que nos ha acontecido por causa de nuestras maldades y de nuestra grave culpa, reconocemos que tú, Dios nuestro, no nos has dado el castigo que merecemos, sino que nos has dejado un remanente.¿Cómo es posible que volvamos a quebrantar tus mandamientos contrayendo matrimonio con las

mujeres de estos pueblos que tienen prácticas abominables?... " (Esdras 9:7, 13-14 NIV).

Esdras sabía las consecuencias de lo que hizo Israel. ¡La gente se estaba preparando para caer al cautiverio de nuevo!

Como he mencionado antes, la tasa de reincidencia de los ex convictos es del 70%. Eso significa que siete de cada 10 personas que salen de la cárcel volverán. Apuesto a que si usted habla con alguien que violó su libertad provisional, ellos le dirán que una de las razones por las que fueron enviados de regreso se debía a que empezaron a salir con la gente equivocada otra vez. Es por eso que Dios no quiere que se relacione con los pueblos del mundo.   Mezclarse es un comportamiento que los ex-convictos a través de la historia han repetido una y otra vez. ¿No me cree? Veinticinco años después del primer incidente durante el tiempo de Esdras, una segunda situación se presentó cuando Nehemías regresó a Jerusalén. Nehemías dice: " *En aquellos días también me di cuenta de que algunos judíos se habían casado con mujeres de Asdod, de Amón y de Moab.24 La mitad de sus hijos hablaban la lengua de Asdod o de otros pueblos, y no sabían hablar la lengua de los judíos.* " (Nehemías 13:23-24 NVI).

¡Una vez más, los exiliados que regresaron se estaban casando con las personas que practicaban la idolatría! En repetidas ocasiones, los judíos pusieron su libertad y su futuro en peligro por que se entremezclaron con la gente de otras naciones. Este fue un problema recurrente que continuamente ha plagado a los israelitas. ¿Cómo Esdras y Nehemías manejaron este problema? De la misma manera que usted debe. ¡Severamente! Echemos un vistazo a los ejemplos.

Cuando Esdras se enteró de la relación de los exiliados, hizo un llamamiento para que se reúnan en Jerusalén dentro de tres días. Incluso llegó a decir que quien no se presentaba, tendría todas sus tierras y posesiones arrebatadas. Por lo tanto, al tercer día, todos los de israelitas se reunieron, y entonces Esdras se puso de pie diciendo:

"...Vosotros habéis pecado, por cuanto tomasteis mujeres extranjeras, añadiendo así sobre el pecado de Israel. Ahora, pues, dad gloria a Jehová Dios de vuestros padres, y haced su voluntad, y apartaos de los pueblos de las tierras, y de las mujeres extranjeras". (Esdras 10:10-11).

Esdras mandó a los hombres a romper sus relaciones con las personas del mundo. ¡Esto significaba enviar lejos a las mujeres y a los niños que amaban! Ahora bien, esto fue una decisión muy intensa. Sin embargo, Esdras sabía que era la única solución que había.

Nehemías respondió al problema de la misma manera, aunque más grave que la de Esdras. La Biblia nos dice lo que él les hizo a los israelitas que formaron las asociaciones mal.

"Y reñí con ellos, y los maldije, y herí a algunos de ellos, y les arranqué los cabellos, y les hice jurar, diciendo: No daréis vuestras hijas a sus hijos, y no

tomaréis de sus hijas para vuestros hijos, ni para vosotros mismos. " (Nehemías 13:25).

¡Nehemías respondió al problema de la mezcla golpeando a los hombres que participaron! ¡Incluso les arrancó su pelo, y los maldijo! (¡Apuesto a que una de esas maldiciones era la maldición de cautiverio!) Además, Nehemías les hizo jurar a Dios que no permitiera que sus hijos cometieran el mismo delito. ¡Aunque la respuesta de Nehemías fue intensa, una vez más él sabía que era la única manera de manejar la situación!

A veces se necesita tomar medidas drásticas para acabar con el pecado. Si usted se deja involucrar con la gente del mundo, en algún momento tendrá que cortar, o bien terminar en la cárcel. ¡Hágase un favor, ni siquiera permite que ese tipo de asociaciones comiencen! Si lo hace, será difícil que se separe de ellas más adelante. ¡Piense de cómo los hombres se sintieron cuando Esdras les ordenó que enviaran a sus esposas e hijos! Qué cosa tan horrible tener que hacer. ¡Era absolutamente necesario, sin embargo, o Israel volvería a la cautividad de nuevo!

¿Cómo respondieron a los exiliados cuando Esdras les dijo que tenían que separarse de sus familias? La Biblia los registros como diciendo: "*¡Y respondió toda la asamblea, y dijeron en alta voz: Así se haga conforme a tu palabra. "* (Esdras 10:12).

Israel respondió con obediencia inmediata, por lo tanto, la ira del Señor se apartó de ellos. Si se enreda con la gente del mundo de nuevo, tendrá que manejar la situación de los exiliados como hicieron los antiguos exiliados. Si no lo hace, perderá su libertad y destruirá su vida.

En este capítulo, vimos las luchas que la primera y segunda ola de exiliados enfrentó después de su liberación. ¡Porque manejaron mal la mayoría de sus situaciones, les tomó casi 40 años para completar su trabajo en el templo! En el siguiente capítulo, vamos a estudiar a Nehemías para ver cómo maneja los retos de su Fin Esperado y por qué sólo le tomó 52 días para completarlo.

1. Una vez que la primera ola de exiliados regresaron, empezaron a reconstruir el templo, y sus enemigos *"Pero el pueblo de la tierra intimidó al pueblo de Judá, y lo atemorizó para que no edificara. Sobornaron además contra ellos a los consejeros para frustrar sus propósitos, todo el tiempo de Ciro rey de Persia y hasta el reinado de Darío rey de Persia"*. (Esdras 4:4-5). De acuerdo con las Escrituras, ¿Cuál fue el objetivo del enemigo?

2. ¿Cómo respondió Israel finalmente a estos ataques? Escriba Esdras 4:24 en el espacio de abajo.

3. Cuando los exiliados regresaron, dejaron de seguir el plan de Dios para su vida para perseguir sus propios deseos, Dios produjo la sequía sobre toda obra de sus manos. ¿Qué significa el Salmo 33:10-11 en relación con esta situación?

4. De acuerdo con esta Escritura siguiente, lo que es la segunda cosa que los israelitas hicieron mal al regresar a casa *"... Después de todo esto, se me acercaron los jefes y me dijeron: «El pueblo de Israel, incluso los sacerdotes y levitas, no se ha mantenido separado de los pueblos vecinos, sino que practica las costumbres abominables de todos ellos, es decir, de los cananeos, hititas, ..."* (Esdras 9:01 NVI).

5. El pecado de la mezcla es una de las razones por las cuales Israel fue llevado al cautiverio. Cuando regrese a casa, debe mantenerse separado de las personas que equivocadamente podrían influirle. ¡Si no lo hace, podría terminar en _____ otra vez! (Llene el espacio en blanco.)

LA FORMA CORRECTA
DE HACERLO

Capitulo Veinte y Tres

"...y dije al rey: Si le place al rey, y tu siervo ha hallado gracia delante de ti, envíame a Judá, a la ciudad de los sepulcros de mis padres, y la reedificaré..." Nehemías 2:4-5

En el año 445 A.C., Nehemías se fue hacía Jerusalén armado con una misión. Aunque estaba todavía en la tierra de su cautiverio, recibió palabra que las paredes de Jerusalén estaban derribadas, dejando la ciudad sin protección. Devastado, recibió la sanción real del rey de Persia para ir a repararlas. Después de que Nehemías llegó a Jerusalén, en secreto, cabalgó alrededor de su perímetro para inspeccionar la pared dañada, y luego reunió a los exiliados en conjunto para comenzar los trabajos de reconstrucción.

Sin embargo, cuando Sanbalat el horonita, Tobías el oficial amonita, y Gesem el árabe oyeron que la muralla de Jerusalén estaba en construcción, lanzaron varios ataques contra Nehemías y los exiliados. ¡Al principio, los conflictos eran sólo verbales, pero pronto aumentó al punto que las vidas mismas de los exiliados estaban amenazadas! ¡Afortunadamente, a pesar de que las condiciones eran graves, la gente aun así terminó el muro en un tiempo sorprendentemente corto! ¡De hecho, el proyecto duró sólo 52 días, lo que, en comparación con los 40 años que les duró en terminar el templo, era nada menos que un milagro!

¿Qué hizo Nehemías y su grupo diferente a la primera ola de exiliados que les permitió completar su tarea en tan corto tiempo? En este capítulo, vamos a explorar la técnica de Nehemías y ver la forma en que el manejó las circunstancias y problemas mientras perseguía su Fin Esperado

.
La confianza de Nehemías en Dios Mediante la Oración

En primer lugar, Nehemías era un gran hombre de oración. Poseía una profunda comprensión de que la oración funciona de verdad. Desde el comienzo mismo de su misión, Nehemías se basó en la oración para conseguir que su objetivo se cumpliera. De hecho, ya en el versículo 4 del capítulo 1 del libro de Nehemías, vemos que ya estaba orando por su tarea. En ese momento, Nehemías estaba todavía en la tierra de su cautiverio, trabajando como copero del rey Artajerjes. Cuando se enteró que los muros de Jerusalén y las puertas estaban rotas, fue de inmediato ante el Señor en oración para buscar su ayuda.

"Cuando oí estas palabras me senté y lloré, e hice duelo por algunos días, y ayuné y oré delante del Dios de los cielos. Y dije: Te ruego, oh Jehová, Dios de los cielos, fuerte, grande y temible, que guarda el pacto y la misericordia a los

*que le aman y guardan sus mandamientos; esté ahora atento tu oído y abiertos tus ojos para oír la oración de tu siervo, que hago ahora delante de ti día y noche, por los hijos de Israel tus siervos.... Ellos, pues, son tus siervos y tu pueblo, los cuales redimiste con tu gran poder, y con tu mano poderosa. Te ruego, oh Jehová, esté ahora atento tu oído a la oración de tu siervo, y a la oración de tus siervos, quienes desean reverenciar tu nombre; **concede ahora buen éxito a tu siervo, y dale gracia delante de aquel varón. Porque yo servía de copero al rey**.* (Nehemías 1:4-6, 10-11).

Este hombre Nehemías se estaba refiriendo al rey Artajerjes. Con el fin de que Nehemías pueda regresar a su casa para reconstruir la pared de Jerusalén, necesitaba el favor del rey. Afortunadamente, Nehemías sabía que la oración podía conseguir este favor. De hecho, Nehemías se basó tanto en el poder de la oración para obtener el favor que necesitaba, que incluso la Biblia lo registra como orando silenciosamente a Dios **según hacía** su petición al rey.

*"Me dijo el rey: ¿Qué cosa pides? **Entonces oré al Dios de los cielos y dije al rey...**"*(Nehemías 2:4-5).

¿Cuál fue el resultado de la oración de Nehemías? Él recibió el favor que él estaba pidiendo. La Biblia dice que Artajerjes no sólo le dio permiso para ir a Jerusalén, ¡sino que también le proporcionó una carta real de salvo conducto y una caballería para acompañarlo! Artajerjes, incluso le dio permiso a Nehemías para tomar de los bosques del rey, toda la madera y las vigas que iba a necesitar para reconstruir las puertas de Jerusalén. (Nehemías 2:6-9)

Desde el principio, Nehemías incorporo la oración en todos los aspectos de su Fin Esperado. La escritura anterior lo demuestra. Cuando Nehemías dirigió una oración silenciosa a Dios en medio de su conversación con el Rey, ¡demostró la dependencia total de Nehemías en la oración para conseguir su misión! De hecho, usted verá Nehemías, a lo largo de este capítulo, siempre "orad sin cesar" (1 Tesalonicenses 5:17). ¡Eso significa que oren en todo lugar que vaya, en todo momento, incluso en el centro de sus conversaciones!

La oración era un hábito de Nehemías. Tanto es así, **el automáticamente respondió a cada situación con la oración**, al igual que en su conversación con Artajerjes. ¡Obviamente, la técnica de la oración de Nehemías funcionó porque obtuvo todo lo que necesitaba para continuar con su misión!

Afortunadamente, en el momento en que comencé mi tarea, yo ya comencé a desarrollar el hábito de orar sin cesar. Desde entonces, me he dado cuenta de que este hábito es responsable por mi éxito. ¡Siempre he orado por todos los aspectos de mi misión y nunca me ha faltado nada de lo que he necesitado para completarla! ¡Cuando necesitaba favor, oré y Dios abrió puertas de oportunidad! Cuando fui atacada, pedí la ayuda sobrenatural y la conseguí. ¡Cuando necesitaba provisiones, oré y recibí más que suficiente para hacer el trabajo!

Por desgracia, no siempre tuve un montón de tiempo para estar en oración para pedir mis peticiones. De hecho, la mayor parte de mis oraciones se hicieron a la carrera. ¡Mientras que yo estaba en el coche, en el trabajo, haciendo la cena, limpiando la casa, y sí, incluso en medio de mis conversaciones! Esto es lo que orar sin cesar significa. ¡Es un hábito que desarrollas que le hace responder automáticamente a cada situación con la oración!

Echemos un vistazo a otros lugares en los que Nehemías respondió de forma automática con la oración. Hubo muchas ocasiones, mientras trabajaba en su llamado, que Nehemías fue atacado. La primera es cuando Sanbalat, el enemigo de los Judíos, insultó verbalmente a las personas que estaban construyendo el muro. La Biblia dice:

"Cuando oyó Sanbalat que nosotros edificábamos el muro, se enojó y se enfureció en gran manera, e hizo escarnio de los judíos. Y habló delante de sus hermanos y del ejército de Samaria, y dijo: ¿Qué hacen estos débiles judíos? ¿Se les permitirá volver a ofrecer sus sacrificios? ¿Acabarán en un día? ¿Resucitarán de los montones del polvo las piedras que fueron quemadas?" (Nehemías 4:1-2)

El primer ataque a Nehemías fue verbal. Sanbalat insultó a los exiliados al dar a entender que eran demasiado débiles y estúpidos para completar la inmensa tarea que tenían por delante. ¿Cómo respondió Nehemías a este ataque verbal? **La Biblia dice que oró al instante.**

"Oye, oh Dios nuestro, que somos objeto de su menosprecio, y vuelve el baldón de ellos sobre su cabeza, y entrégalos por despojo en la tierra de su cautiverio. No cubras su iniquidad, ni su pecado sea borrado delante de ti, porque se airaron contra los que edificaban..." (Nehemías 4:4-5).

La primera reacción de Nehemías fue orar. Tenga en cuenta que Nehemías no gritó ni discutió con Sanbalat. De hecho, Nehemías ni siquiera se ofendió, no se preocupó ni se dejó derrotar por esas palabras. En su lugar, Nehemías oró y pidió a Dios que lo guarde de sus enemigos.

Una de las cosas que Satanás tratará de hacer es hacerle parar de llegar a su Fin Esperado usando ataques verbales. Los insultos de Sanbalat fueron la intención de provocar, degradar y desalentar a los exiliados de continuar su tarea. Usted ve, el enemigo usa ataques verbales para mantener su mente distraída para que no esté enfocado en su proyecto. Él sabe que, si se mantiene ocupado pensando en sus insultos, no será capaz de concentrarse en su tarea.

¡Piense en eso! ¿Cómo respondió la última vez que alguien le dijo algo malo acerca de usted o para usted? ¿Se enojó? ¿Fue a discutir con la persona o hablar detrás de sus espaldas? Tal vez usted no dijo nada, pero permitió que esas palabras le hicieran daño, que a su vez afectaron su nivel de confianza. O, tal vez sólo repitió el insulto varias veces en su mente, y luego pasó más tiempo pensando en lo que iría a hacer en represalia. La conclusión es esta: Si usted no respondió con oración, el enemigo logró mantener su mente distraída de su Fin Esperado.

La única respuesta de Nehemías al insulto de Sanbalat fue la de orar. Nehemías sabía que, si se permitiera que la gente pensara en las palabras de Sanbalat, estarían demasiados molestos para centrarse en el muro. ¿Cuál fue el resultado de la oración de Nehemías? La Biblia dice:

"Edificamos, pues, el muro, y toda la muralla fue terminada hasta la mitad de su altura, porque el pueblo tuvo ánimo para trabajar". (Nehemías 4:6). Debido a que Nehemías oró y le entrego la situación a Dios, los exiliados dejaron de pensar en los insultos, y luego volvieron a concentrarse en su trabajo. ¡De hecho, la oración de Nehemías era tan fuerte que despertó a los exiliados para que trabajaran *"con todo su corazón"* para completar su misión!

¡Es imposible, tanto orar como pensar en un insulto a la misma vez! Si no me cree, ¡pruébelo! ¡Cuando usted ora, le quita las distracciones y piensa en su misión! Su primera respuesta a cada ataque debe ser la oración, pero debe continuar orando con el fin de superar plenamente todas sus situaciones. Nehemías **continuó** orando sin cesar durante todo el tiempo que estaba trabajando en el muro. Vea el siguiente ejemplo.

Después de que Nehemías oró contra el primer ataque verbal de Sanbalat, los exiliados se animaron a volver a su trabajo en la pared. A continuación, la Biblia dice, *Pero aconteció que oyendo Sanbalat y Tobías, y los árabes, los amonitas y los de Asdod, que los muros de Jerusalén eran reparados, porque ya los portillos comenzaban a ser cerrados, se encolerizaron mucho; y conspiraron todos a una para venir a atacar a Jerusalén y hacerle daño. Entonces oramos a nuestro Dios, y por causa de ellos pusimos guarda contra ellos de día y de noche".* (Nehemías 4:7-9)

¡La oración inicial de Nehemías fortaleció a Israel, y no solo cumplieron con su misión, sino que también aumentó los ánimos de sus enemigos para detenerlos! ¡Como resultado, Sanbalat y sus asociados comenzaron a crear problemas aún más fuertes en contra de Israel! Una vez más, la Escritura muestra que la respuesta de Nehemías fue: *"oremos a nuestro Dios."*

A medida que persigue su Fin Esperado, tendrá que permanecer en oración continua. Los enemigos de Nehemías no dejaron de atacarlo, sino que sus ataques se intensificaron. Su enemigo no va a dejar de atacarte después de su oración, sea la primera, segunda, e incluso la tercera oración. De hecho, los ataques sólo se pondrán peor sólo porque usted está orando. Recuerde que la oración que le prospera hacia su Fin Esperado. (Vuelva a leer el Capítulo Nueve de este estudio.) ¡Es por eso que debe continuar orando, sea lo que sea!

¿En qué otras ocasiones utiliza Nehemías la oración para que le ayuden a completar su tarea? ¡Cuando se sentía débil y con miedo! La Biblia dice que Nehemías y los exiliados terminaron con el muro cuando Sanbalat y sus colaboradores trataron de tomar la vida de Nehemías. La Biblia dice: " *Cuando oyeron Sanbalat y Tobías y Gesem el árabe, y los demás de nuestros enemigos, que yo había edificado el muro, y que no quedaba en él portillo (aunque hasta aquel tiempo no había puesto las hojas en las puertas),Sanbalat y Gesem enviaron a decirme: Ven y reunámonos en alguna de las aldeas en el campo de Ono. Mas ellos habían pensado hacerme mal. Y les envié mensajeros, diciendo: Yo hago una gran obra, y no puedo ir; porque cesaría la obra, dejándola yo para ir a vosotros. Y enviaron a mí con el mismo asunto hasta cuatro veces, y yo les respondí de la misma manera*". (Nehemías 6:1-4)

Los enemigos de Nehemías, desesperados por evitar que completen el muro, estaba tratando de ponerse en la posición en la cual físicamente podían hacerle daño. Afortunadamente, debido a que Nehemías se negó reiteradamente a reunirse con ellos, no podían llevar a cabo su plan. Finalmente, en un intento de atemorizar a Nehemías en el cumplimiento de sus demandas, Sanbalat le envió este mensaje:

"*... Corre el rumor entre la gente y Guesén lo asegura— de que tú y los judíos están construyendo la muralla porque tienen planes de rebelarse. Según tal rumor, tú pretendes ser su rey, y has nombrado profetas para que te proclamen rey en Jerusalén, y se declare: "¡Tenemos rey en Judá!" Por eso, ven y hablemos de este asunto, antes de que todo esto llegue a oídos del rey*".(Nehemías 6:6-7 NVI)

Ahora, Sanbalat estaba amenazando con decirle al rey Artajerjes que Nehemías iba a rebelarse contra él. ¡Esta acusación, si se hubiese creído, hubiese haber podido detener la misión de Nehemías en una!

Recuerde que una táctica similar fue utilizada en contra de la primera ola de exiliados para conseguir que dejen de construir. Afortunadamente, sin embargo, Nehemías se dio cuenta de la amenaza de Sanbalat era sólo un intento de asustar y desgastarlo hasta el punto en que dejaría de trabajar en su llamado. Nehemías contestó de nuevo a Sanbalat, "*Entonces envié yo a decirle: No hay tal cosa como dices, sino que de tu corazón tú lo inventas. Porque todos ellos nos amedrentaban, diciendo: Se debilitarán las manos de ellos en la obra, y no será terminada.* **Ahora, pues, oh Dios, fortalece tú mis manos**". (Nehemías 6:8-9)

Nehemías estaba consciente de las verdaderas intenciones de su enemigo. Esta toma de conciencia, no le impidió tener miedo. Nehemías estaba débil de las numerosas amenazas que le hicieron. ¡Pero en lugar de dejar que los ataques le obligaran a dejar de construir, oró por la fuerza que necesitaba para terminar el trabajo!

Mientras que usted está trabajando en su Fin Esperado, el enemigo le amenazará, tratará de asustarle, e incluso lanzará ataques físicos en contra de usted. A pesar de todo, usted necesita estar consciente del propósito final de esos ataques. Veamos de nuevo lo que Nehemías dice en la Escritura anterior. "*Todos estaban tratando de amedrentarnos, pensando:*" Sus manos estarán demasiado débil para el trabajo, y no se completará" El enemigo busca debilitarte hasta el

179

punto donde usted va a querer parar. Su objetivo es vencerlo, desgastarle para que no pueda seguir adelante. ¡Es por eso que debe estar orando! Cuando Nehemías se desgastó, oró por la fuerza para terminar el trabajo. Usted también tendrá que confiar en la oración para obtener la fuerza necesaria para completar su misión.

Me sentía tan mal los últimos 12 meses de trabajar en este libro. Numerosos ataques físicos se lanzaron en contra mio. Parecía que cuando más me acercaba a completar mi tarea, más grave eran los ataques. Yo tuve gripe una media docena de veces en un período de ocho meses. Desarrollé un caso severo de vértigo (esto es cuando usted siente que está dando vueltas a pesar de que usted está totalmente quieto). Duró mucho tiempo, cuatro meses. ¡Luego me diagnosticaron con lupus, una enfermedad muy debilitante en el cuerpo, los ataques destruyen el cuerpo! ¡Una vez, incluso me enfermé gravemente por causa de algunas vitaminas que tomé! ¡Esto es cuando me di cuenta que el diablo estaba demasiado obvio!

Había días en que estaba tan enferma que apenas podía trabajar en el libro. Afortunadamente, yo sabía que mi enfermedad eran sólo los intentos del enemigo para debilitarme hasta el punto que no pueda completar mi Fin Esperado. Así que, en lugar de parar, oré para fortaleza. A veces, me sentía tan mal físicamente que todo lo que podía hacer era orar por "ayuda" en varias ocasiones en mi mente. Afortunadamente, porque respondí con esta sencilla oración, pude sobrenaturalmente terminar mi tarea.

Muchas veces los enemigos de Nehemías utilizaron el miedo y la amenaza de hacerle daño físicamente para tratar de conseguir que dejara de trabajar en el muro (Nehemías 6:10-14). Afortunadamente, Nehemías continuamente respondió a cada ataque con la oración, y porque lo hizo, la Escritura dice: "... *el muro fue terminado... en cincuenta y dos días* " (Nehemías 6:15).

Mientras que están llevando a cabo su tarea, tendrá que orar sin cesar. La forma de hacer esto es simple. Sólo recuerde orar en cada parte de su día. Mientras lo hace, es muy probable que forme un hábito en el que naturalmente responde a todas las situaciones con la oración. Recuerde que sus oraciones no tienen que ser largas ni religiosas. Pueden ser instantáneas, incluso en medio de respiraciones, como Nehemías, cuando estaba hablando con el rey. El punto es, si usted desarrolla un hábito de responder a todo con la oración en primer lugar, se cultivará en un arma poderosa para ayudarle a completar su tarea.

La Confianza de Nehemías en Dios Mediante la Fe y La Acción

Nehemías era un gran hombre de oración, pero ¿qué otras técnicas se utilizaron para completar su tarea con tanta rapidez? Desde el principio, Nehemías utilizó la fe y la acción que le ayudaron a terminar su misión. Echemos un vistazo a ejemplos concretos. Vamos a regresar al momento donde Nehemías y los exiliados estaban en el proceso de la construcción del muro. La Escritura dice:

"Pero cuando lo oyeron Sanbalat horonita, Tobías el siervo amonita, y Gesem el árabe, hicieron escarnio de nosotros, y nos despreciaron, diciendo: ¿Qué es esto que hacéis vosotros? ¿Os rebeláis contra el rey? " (Nehemías 2:19).

Una vez más, los enemigos de Nehemías lo asaltaron verbalmente. ¿Cómo reacciono Nehemías esta vez? ¡Con su fe! Nehemías 2:20 dice: " *Y en respuesta les dije: El Dios de los cielos, él nos prosperará, y nosotros sus siervos nos levantaremos y edificaremos, porque vosotros no tenéis parte ni derecho ni memoria en Jerusalén.*"

"¿Qué fue especial acerca de esta declaración? ¡Es lo que Nehemías había basado toda su misión- su fe en Dios! Permítame explicarle. ¿Recuerda el Salmo 33:10-11?

" *Jehová hace nulo el consejo de las naciones, Y frustra las maquinaciones de los pueblos. El consejo de Jehová permanecerá para siempre; Los pensamientos de su corazón por todas las generaciones.* "

¡Según la Escritura, los planes que usted haga producirán errores; Pero cuando el Señor le da un plan, usted siempre tendrá éxito! Nehemías sabía esto, por lo que podía con tanta audacia decir que Dios mismo le aseguraría el éxito. Usted ve, Dios plantó la idea de reconstruir el muro en el corazón de Nehemías. Vea lo que la Biblia dice que Nehemías dijo cuando llegó por primera vez a Jerusalén para inspeccionar en secreto el muro.

"*Llegué, pues, a Jerusalén, y después de estar allí tres días, me levanté de noche, yo y unos pocos varones conmigo, y no declaré a hombre alguno lo que Dios había puesto en mi corazón que hiciese en Jerusalén; ni había cabalgadura conmigo, excepto la única en que yo cabalgaba.*" (Nehemías 2:11-12).

Dios le dio a Nehemías la idea de reconstruir el muro. ¡Fue la revelación de su Fin Esperado! Es por eso que Nehemías pudo con tanta audacia decir que Dios le aseguraría el éxito. ¡La reconstrucción del muro era el plan de Dios, así que nada en el universo podría detenerlo! Sin embargo, una falla por parte de Nehemías y los exiliados y podían excluirse de ser parte de ella. Nehemías entendió esto completamente. ¡De hecho, en eso es lo que basa su fe!

Una vez que usted cree que Dios es absolutamente capaz de asegurar el éxito de su proyecto, debe combinar su fe con la acción, haciendo su parte para completar el llamado. La fe tiene que ser combinada con la acción. Aquí está un ejemplo:

Cuando los enemigos de Judá amenazaron con matar a los exiliados con el fin de detener su trabajo, Nehemías, sobre la base de su fe, tomó medidas mediante el armamento del pueblo con las armas y el posicionamiento de ellos en las partes más bajas de la pared. Entonces Nehemías ordenó a la gente a tener fe y actuar por sí misma. Él dijo: "*... Después miré, y me levanté y dije a los nobles y a los oficiales, y al resto del pueblo: No temáis delante de ellos; acordaos del Señor,* *grande y temible, y pelead por vuestros hermanos, por vuestros hijos y por vuestras hijas, por vuestras mujeres y por vuestras casas"* (Nehemías 4:14).

Nehemías dio dos instrucciones a los exiliados. Primero dijo: *"Acuérdate del Señor, que es grande y temible,"* En otras palabras, es tener fe en la capacidad del Señor para completar su plan. Entonces Nehemías dijo: *"... luchar por tus hermanos, tus hijos y tus hijas, sus esposas y sus hogares."* ¡Esto quiere decir que tome medidas en su fe por su colaboración en la lucha para completar la tarea! ¿Por lo tanto, que sucedió cuando Nehemías dijo a su pueblo que tenga fe y actúe?

"Y cuando oyeron nuestros enemigos que lo habíamos entendido, y que Dios había desbaratado el consejo de ellos, nos volvimos todos al muro, cada uno a su tarea. " (Nehemías 4:15).

¡Dios había frustrado los planes del enemigo! ¡A continuación, los exiliados se animaron a seguir trabajando en su Fin Esperado!

Mientras estaba escribiendo este libro, tuve muchos tipos de ataques. A través de todos ellos, continuamente me recordaba que Dios me dijo que escribiera este libro. ¡Sabía que era su plan, no el mio, así que nada podría detenerlo! Así que, cuando fui atacada, respondía primero hablando de mi fe. Entonces, yo tomaba una acción por seguir trabajando en mi tarea.

Déjeme darle algunos ejemplos de las declaraciones de fe que yo usaba para pelear mis batallas. Siempre que fui atacada yo diría cosas como:

"¡Dios me dio instrucciones para escribir este libro! Desde que lo ordenó, nada puede detenerme" yo diría, "No era mi idea de escribir este libro. Es del Señor, para que Él se asegurará de mi éxito". También me gustaba decir, "¡Dios dijo, este libro estará en todas las prisiones en los Estados Unidos y en todo el mundo!"

¡La razón por la cual estas afirmaciones de fe eran muy importantes fue porque demostraron que yo creía que Dios era el creador de mi plan, y por lo tanto, su éxito estaba asegurado!

Mientras está usted trabajando para completar su Fin Esperado recuerde esto: *"Los planes de Jehová permanecerán para siempre"* y manténgalo delante de usted en todo momento. ¡Crea que el tiempo que usted está siguiendo el plan de Dios y haciendo su parte, las puertas del infierno no podrán prevalecer contra usted! (Mateo 16:18)

Esto me lleva al siguiente punto. Usted va a tener que aprender a pelear mientras siga en su llamado. Como he dicho antes, el enemigo lanzará muchos ataques contra usted mientras usted está construyendo, para que deje de construir. En esos momentos, tendrá que seguir trabajando en su llamado, mientras lucha contra esas agresiones. El enemigo no toma un día de descanso porque usted está ocupado. ¡Por el contrario, aumentará la intensidad de sus ataques, mientras continúa llegando a su misión! **¡Es por eso que tendrá que aprender a trabajar**

y luchar al mismo tiempo! Cuando los israelitas estaban en el centro de su proyecto de construcción sus enemigos lo amenazaron con la muerte. Esta es la razón porque Nehemías armó al pueblo con las armas. La Biblia dice, instruyó a los exiliados para mantener sus arcos y espadas, mientras que continuaban la construcción del muro.

"Los que edificaban en el muro, los que acarreaban, y los que cargaban, con una mano trabajaban en la obra, y en la otra tenían la espada. Porque los que edificaban, cada uno tenía su espada ceñida a sus lomos, y así edificaban; y el que tocaba la trompeta estaba junto a mí" (Nehemías 4:17-18).

Nehemías se aseguró de que los exiliados no dejaran de trabajar para pelear la batalla. ¡De hecho, continuaron la construcción y sujetando sus armas al mismo tiempo!

Déjeme decirte algo. Los ataques lanzados contra mí, mientras yo trataba de terminar este libro no cesaron. ¡Si yo hubiera dejado de trabajar para pelear en contra de ellos, yo nunca habría terminado mi tarea! Por suerte, seguí el ejemplo de Nehemías, y funcionó ", *con una mano la herramienta de trabajo y un arma en la otra.*" Sin embargo, esto no siempre fue fácil.

Unos ocho meses antes de terminar el libro, envié mí manuscrito a dos de mis mejores amigas. Estas fueron las mujeres que participaron en los ministerios y en quien yo confiaba. Pues bien, meses más tarde recibí cartas de ellas que, literalmente, me dejaron sin aliento.

Junto con muchos otros comentarios, una amiga me dijo que tenía que tener cuidado sobre las revelaciones que escribía en el libro. Ella sintió que Satanás me había engañado al disfrazarse como un ángel de luz. La otra dijo que el mensaje de la "prosperidad", que yo ensenaba (de la prosperidad que viene a los que están llevando a cabo el encargo de Dios) era en realidad una forma de piedad con Dios y el cristianismo lo utilizaba como un medio para obtener dinero. Estos comentarios, que vinieron de gente que realmente confiaba, tuvieron un impacto profundo y negativo en mí. La situación afectó gravemente a mi deseo de seguir trabajando en este libro.

En el momento en que recibí esas cartas, yo ya estaba muy débil por mi enfermedad continua. Estaba caminando en una niebla constante de la gripe y la fiebre. Yo estaba agotada físicamente. Ni siquiera podía mover la cabeza sin sentir la sensación de vértigo. Además, me dolía todo el cuerpo del lupus atacando mi cuerpo. Ahora, Satanás estaba insistiendo mucho en mi mente, insinuando que toda la doctrina en el libro era un error total y una ofensa a Dios. Los ataques me hicieron daño. Empecé a cuestionar la validez de todo el estudio. ¡Incluso dejé de trabajar en él, **que fue exactamente lo que el diablo quería!**

Recuerde que el arma más poderosa del universo contra el reino de las tinieblas es la persona que está llevando a cabo el propósito dado por Dios. Esta es la razón por la cual Satanás quería asegurarme de que "La Serie Cautiverio" nunca se terminaría. ¡Esto libro no sólo era mi Fin Esperado, pero iba permitir que miles de personas pudieran reclamar el de ellos también!

Cuando recibí por primera vez las cartas, abandoné mi misión. Me dejó totalmente abrumada por un tiempo. Entonces, yo ayunaba y buscaba a Dios para ver si lo que estaba diciendo era verdad. Afortunadamente, al final del ayuno, el Señor me dio algunas Escrituras poderosas para asegurarme de que estaba en el camino correcto. Después de esto, tomé esas mismas Escrituras y las utilizaba para luchar en contra de los ataques del diablo. Además, me hizo trabajar en el libro todos los días, no importaba cómo me sentía. Mientras peleaba con mi espada en una mano (la espada es la palabra) continúe escribiendo con la otra, Satanás dio marcha atrás porque se dio cuenta que no iba a dejar de escribir.

¡No deje que nadie le distraiga de completar su misión! ¿Se acuerdas cuando los adversarios de Nehemías estaban tratando de matarlo? La pared de Jerusalén estaba casi terminada, pero las puertas no se habían terminado todavía. Por esto es qué los enemigos de Nehemías estaban tratando de detenerlo antes de que pudiera completar el proyecto. Repasemos Nehemías 6:2-3 otra vez

Sanbalat y Gesem enviaron a decirme: Ven y reunámonos en alguna de las aldeas en el campo de Ono. Más ellos habían pensado hacerme mal. Y les envié mensajeros, diciendo: Yo hago una gran obra, y no puedo ir; **porque cesaría la obra, dejándola yo para ir a vosotros.'"**

Nehemías reconoció la razón de porque el ataque era para que él dejara de trabajar en el muro. Por esta razón se negó a responder a la invitación. Usted debe hacer lo mismo. No vuelva a sacar tiempo de su misión para ir a discutir con sus agresores. Niéguese a ser distraído de su trabajo. La Biblia dice que los enemigos de Nehemías le pidieron repetidamente a reunirse con ellos, pero él se negó en repetidas ocasiones.

"Cuatro veces me enviaron este mensaje, y otras tantas les respondí lo mismo" (Nehemías 6:4 NVI). Una y otra vez, el enemigo trató de parar a Nehemías para detener lo que estaba haciendo, pero Nehemías en repetidas ocasiones optó por ignorarlos y continuar su trabajo. Cuando el enemigo en repetidas ocasiones le da una invitación a participar, niéguele sus ofertas. ¡Mantenga su enfoque en su misión!

Le aconsejo que lea el libro de Nehemías, el estudio de sus tácticas y más importante, ponerlas en práctica. Aprenda a orar sin cesar. Siempre hable de su fe. Tome medidas mediante la persecución continuando su llamado. Recuerde que debe luchar con una mano, mientras trabaja con la otra. ¡No deje que nada le haga parar! Estas técnicas serán de gran ayuda en el manejo de la multitud de ataques que se enfrentará al trabajar hacia la conclusión de su Fin Esperado. Si las pone en práctica, usted tendrá éxito y entrará en su herencia.

LECCIÓN VEINTITRÉS

1. Nehemías aprendió a *"orar sin cesar."* ¿Qué cree que significa esto?

2. Nehemías respondió a todos los ataques que se enfrentó con _____,
   _____ y _____.

3. Escriba el Salmo 33:10-11 en el espacio de abajo. Describa lo que este
   versículo tiene que ver con tener éxito en su Fin Esperado.

4. Escriba una declaración de fe que se pueda decir en voz alta o en la oración
   cuando es atacado mientras persigue su Fin Esperado.

5. ¿Qué significa el versículo siguiente, cuando se trata de completar el Fin
   Esperado? *"Los que edificaban en el muro, los que acarreaban, y los que
   cargaban, con una mano trabajaban en la obra, y en la otra tenían la espada.
   Porque los que edificaban, cada uno tenía su espada ceñida a sus lomos, y así
   edificaban; y el que tocaba la trompeta estaba junto a mí"* (Nehemías 4: 17-
   18).

6. El objetivo principal del enemigo es conseguir que deje de trabajar en su
   llamado. ¡No importa cómo le ataque, no lo deje! No se distraiga de su
   misión. Si el enemigo trata de distraerlo, dele la misma respuesta que dio
   Nehemías. A continuación escriba Nehemías 6:3.

¿DÓNDE ESTÁ EL DINERO, QUERIDO?

Capitulo Veinte y Cuatro

"Y por mí es dada orden de lo que habéis de hacer con esos ancianos de los judíos, para reedificar esa casa de Dios; que de la hacienda del rey, que tiene del tributo del otro lado del río, sean dados puntualmente a esos varones los gastos, para que no cese la obra" Esdras 6:8.

Su dinero está en su misión. El tiempo en el cual está llevando a cabo su Fin Esperado, Dios se asegurará de que pueda cumplir todas sus obligaciones financieras, tanto las del Reino como las personales. ¿Por qué hace esto el Señor? La Escritura de arriba nos dice, *"para que la obra no se detenga."* Voy a explicarle.

La prioridad de Dios para el dinero es para utilizarlo para construir su Reino. Se necesita dinero para difundir el Evangelio. Si usted no tiene dinero, usted no puede imprimir folletos o libros. No se pueden producir programas de televisión o radio. No se puede ejecutar una iglesia o un viaje propagando las buenas nuevas. Esta es una razón por la que Dios prospera económicamente a sus siervos *", por lo que el trabajo no se detendrá."* Seamos realistas, el hombre que dijo: "El dinero hace girar el mundo" no estaba totalmente en lo incorrecto. El dinero es uno de los vehículos que Dios utiliza para cubrir la tierra con el conocimiento de Sí mismo.

Otra razón por la cual Dios prospera financieramente a los que están llevando a cabo su Fin Esperado es porque se requiere tiempo, energía y compromiso total de su parte para cumplir con su llamado. Si usted está en una situación financiera mala, siempre trabajando para pagar sus cuentas, usted no será capaz de trabajar en su misión. Dios providencialmente provee para los siervos que están llevando a cabo su Fin Esperado para que puedan ser libres para hacer su obra. Cuando los siervos de Dios son libres de perseguir los propósitos del Reino, su *"trabajo no se detendrá."*

¡Dios también utiliza el dinero justo para que bendecir! Cuando usted elige dar la vida por Dios y la edificación de su Reino sea Su primera prioridad, la Escritura dice que se hará cargo de todas sus necesidades. En Mateo 6:31-33, Jesús dijo:

"No os afanéis, pues, diciendo: ¿Qué comeremos, o qué beberemos, o qué vestiremos? Porque los gentiles buscan todas estas cosas; pero vuestro Padre celestial sabe que tenéis necesidad de todas estas cosas. Mas buscad primeramente el reino de Dios y su justicia, y todas estas cosas os serán añadidas. "

El propósito de su Fin Esperado es la construcción del Reino de Dios. ¡Cuando usted elige hacer de esto su primera prioridad, Dios le dará todo lo que necesita! Cuando se están llevando a cabo Su tarea, se trabaja por Dios. Usted es Su empleado, en la planilla de sueldo de Dios. ¡Y déjeme asegurarle, va a descubrir, que Dios es el jefe más generoso en el universo!

Es especialmente importante para todos los ex-delincuentes entender la verdad Bíblica de que Dios prospera a los que siguen su llamado. ¿Por qué? Antes de ser detenidos, muchos de nosotros cometimos crímenes para obtener dinero. Dios no quiere que usted esté en esta posición otra vez. **¡Él tiene una manera mejor para que usted se gane la vida!** En este capítulo, voy a demostrarle a través de las Escrituras, que su prosperidad futura está en su llamado. Ahora es el momento de hacer dinero de una manera justa. Concéntrese en su Fin Esperado, y va a tener todas sus necesidades satisfechas por Dios.

Cada grupo de exiliados que regresaron a Jerusalén prosperó debido a que estaban siguiendo su Fin Esperado. Zorobabel y su pueblo prosperaron debido a que estaban en una misión para reconstruir el templo. A Esdras y su grupo se les dieron una riqueza abundante, ya que estaban en una misión de enseñar la Palabra de Dios y en restaurar el servicio. A Nehemías se le dio todos los materiales que se necesitaban para reconstruir el muro de Jerusalén, asentar sus puertas y completar su misión. ¡Cada uno de los tres grupos recibió algún tipo de ayuda financiera, ya que realizaban sus Fin Esperado! En este capítulo, vamos a estudiar esos ejemplos para que pueda ver, más allá de cualquier duda, que Dios prospera a su pueblo, que está llevando a cabo Sus propósitos del Reino.

En el primer capítulo de Esdras, Dios movió el corazón del rey Ciro para hacer un anuncio sobre la primera ola de cautivos regresando a Jerusalén. La Biblia registra a Cyrus diciendo: *"Así ha dicho Ciro rey de Persia: Jehová el Dios de los cielos me ha dado todos los reinos de la tierra, y me ha mandado que le edifique casa en Jerusalén, que está en Judá. Quien haya entre vosotros de su pueblo, sea Dios con él, y suba a Jerusalén que está en Judá, y edifique la casa a Jehová Dios de Israel (él es el Dios), la cual está en Jerusalén. Y a todo el que haya quedado, en cualquier lugar donde more, ayúdenle los hombres de su lugar con plata, oro, bienes y ganados, además de ofrendas voluntarias para la casa de Dios, la cual está en Jerusalén"* (Esdras 1:2-4).

¡El rey Ciro dio orden a cada uno de los que se quedaron en Babilonia para que den a los exiliados que regresaban, dinero y bienes para reconstruir el templo en Jerusalén! En respuesta a la proclamación de los reyes, Esdras 1:6-7 dice: *"Y todos los que estaban en sus alrededores les ayudaron con plata y oro, con bienes y ganado, y con cosas preciosas, además de todo lo que se ofreció voluntariamente. Y el rey Ciro sacó los utensilios de la casa de Jehová, que Nabucodonosor había sacado de Jerusalén..."*

La orden de Ciro dio mucho apoyo. El primer grupo de repatriados salió de Babilonia con dinero, una provisión para vivir, valiosos regalos, ofrendas voluntarias, y 5.400 utensilios de plata y vasos de oro para su uso en el templo.

¡En total, una cantidad muy importante y más que suficiente para permitir que los exiliados vayan a su Fin Esperado!

El primer grupo de exiliados que regresó con una abundante prosperidad porque estaba en una misión. De hecho, la única vez que su prosperidad se detuvo era cuando dejaron de trabajar en el templo. ¿Se acuerdas de lo que sucedió cuando los enemigos de Israel enviaron una carta al rey Artajerjes? El rey ordenó a los exiliados a detener la construcción. Bueno, por desgracia, lo hicieron y es cuando dejaron de prosperar.

Sin embargo, cuando el profeta Ageo le dijo a la gente que regresaran a su trabajo, y ellos obedecieron, su prosperidad regresó. Más tarde, sin embargo, los exiliados fueron atacados de nuevo. Una segunda carta de acusación fue enviada al nuevo rey de Persia, el rey Darío. Esta vez, los exiliados no dejaron de trabajar en el templo, sino que continuaron con su tarea. Y, porque lo hicieron, dice la Escritura: "... *Mas los ojos de Dios estaban sobre los ancianos de los judíos, y no les hicieron cesar hasta que el asunto fuese llevado a Darío; y entonces respondieron por carta sobre esto.*" (Esdras 5:5). Eche un vistazo a la impresionante respuesta del rey Darío de nuevo en la segunda carta.

"*Ahora, pues, Tatnai gobernador del otro lado del río, Setar-boznai, y vuestros compañeros los gobernadores que estáis al otro lado del río, alejaos de allí. Dejad que se haga la obra de esa casa de Dios; que el gobernador de los judíos y sus ancianos reedifiquen esa casa de Dios en su lugar. Y por mí es dada orden de lo que habéis de hacer con esos ancianos de los judíos, para reedificar esa casa de Dios; que de la hacienda del rey, que tiene del tributo del otro lado del río, sean dados puntualmente a esos varones los gastos, para que no cese la obra. Y lo que fuere necesario, becerros, carneros y corderos para holocaustos al Dios del cielo, trigo, sal, vino y aceite, conforme a lo que dijeren los sacerdotes que están en Jerusalén, les sea dado día por día sin obstáculo alguno,... También por mí es dada orden, que cualquiera que altere este decreto, se le arranque un madero de su casa, y alzado, sea colgado en él, y su casa sea hecha muladar por esto*" (Esdras 6:6-9, 11).

¡En respuesta a la carta, el rey Darío primero decretó que a los israelitas se les permita seguir construyendo! ¡Entonces el rey le dijo a Tatnai y los compañeros de los funcionarios que pagaran todos los gastos de los exiliados, además de darles todo lo necesario para terminar el templo! ¡Darío llegó a decir que el que no cumpliera con su orden, sería matado! ¡Esta es la seriedad que Dios tiene para ofrecer a Sus siervos que están llevando a cabo su propósito! Note una vez más, sin embargo, ¿por qué Dios hizo esto?

"*Los gastos de estos hombres han de ser totalmente pagados por el tesoro real ... para que la obra no se detenga.* " Dios no permitirá que su obra se detenga. ¡Esta Escritura prueba que Él hará lo que sea necesario para prosperar sobrenaturalmente a Sus siervos para que puedan hacer el trabajo!

Otro ejemplo de esto, viene de la segunda oleada de repatriados. Cuando Esdras dejó Babilonia para seguir su misión, se le dio una gran cantidad de riqueza. La Biblia dice que justo antes de que él fuera a Jerusalén, el rey Artajerjes le dio una carta.

"He dispuesto que todos los israelitas que quieran ir contigo a Jerusalén puedan hacerlo, incluyendo a los sacerdotes y levitas.14 El rey y sus siete consejeros te mandan a investigar la situación de Jerusalén y de Judá, conforme a la ley de tu Dios que se te ha confiado.15 Lleva el oro y la plata que el rey y sus consejeros han ofrecido voluntariamente al Dios de Israel, que habita en Jerusalén.16 También lleva contigo toda la plata y el oro que obtengas de la provincia de Babilonia, junto con los donativos del pueblo y de los sacerdotes para el templo de su Dios en Jerusalén... Cualquier otro gasto que sea necesario para el templo de tu Dios, se cubrirá del tesoro real." (Esdras 7:13-16, 20 NVI).

Esdras recibió toda la ayuda financiera que necesitaba para llevar a cabo su tarea. El rey le dio la plata y el oro para su uso en la casa del Señor. También le dijo a Esdras que él podía tener toda la plata y el oro que pueda encontrar en la provincia de Babilonia. Además, el rey dijo que iba a dar de su propia tesorería si Esdras necesitaba mas. Entonces, si esto no fuera suficiente, el rey Artajerjes también emitió una orden adicional a sus tesoreros reales en el lado de Jerusalén del Éufrates. Él les dijo que proporcionan a Esdras con todo lo que sea necesario una vez que llegue a su casa. Esdras 7:21-23 afirma:

"Y por mí, Artajerjes rey, es dada orden a todos los tesoreros que están al otro lado del río, que todo lo que os pida el sacerdote Esdras, escriba de la ley del Dios del cielo, se le conceda prontamente, hasta cien talentos de plata, cien coros de trigo, cien batos de vino, y cien batos de aceite; y sal sin medida. Todo lo que es mandado por el Dios del cielo, sea hecho prontamente para la casa del Dios del cielo; pues, ¿por qué habría de ser su ira contra el reino del rey y de sus hijos?"

En los tiempos antiguos, cien talentos de plata pesaban el equivalente a 7,500 libras. Un centenar de batos eran iguales a 600 galones. En Persia, según los historiadores Bíblicos, la sal sólo se hizo disponible a la realeza del palacio, pero aquí, a Esdras se le dio *"la sal sin límite"* porque estaba en una misión de Dios.

Cada grupo de exiliados que persiguen su Fin Esperado recibió todo lo necesario para completarlo. Usted podría preguntarse, sin embargo, si la provisión generosa de Dios es sólo para uso en su llamado. Pues bien, en la carta del rey Artajerjes a Esdras, el rey termina la carta dando a Esdras una instrucción sobre cómo gastar el dinero que le dieron. La Biblia dice:

"Con ese dinero compra, sin falta, becerros, carneros y corderos, con sus respectivas ofrendas de cereales y de vino, para ofrecerlos en el altar del templo del Dios de ustedes en Jerusalén. Con el resto de la plata y del oro tú y tus compañeros podrán hacer lo que les parezca mejor, de acuerdo con la voluntad del Dios de ustedes." (Esdras 7:17-18 NVI).

El rey instruyó a Esdras a pasar primero el dinero a los suministros que necesitaría para ejecutar el templo. Entonces, el rey dijo: " *Con el resto de la plata y del oro tú y tus compañeros podrán hacer lo que les parezca mejor, de acuerdo con la voluntad del Dios de ustedes.*" Esta Escritura lo dice todo. Lo primero y más importante que debe hacer con las disposiciones que recibe es "*la voluntad de vuestro Dios*" y su voluntad debe ser llevada a cabo con "*Toda la velocidad y exactitud*", como el rey dio las instrucciones. Sin embargo, una vez que haya tomado el cuidado de las necesidades de su misión, siendo un buen administrador sobre el dinero, haga completamente lo que Dios requiere, pues, "*...podrán hacer lo que les parezca mejor, de acuerdo con la voluntad del Dios de ustedes...*"

Junto con las necesidades financieras de su misión, Dios también va a cuidar de sus necesidades personales. Dios recompensa a su pueblo que está comprometido con sus propósitos. En Marcos 10:29-30, Jesús dice:

"Respondió Jesús y dijo: De cierto os digo que no hay ninguno que haya dejado casa, o hermanos, o hermanas, o padre, o madre, o mujer, o hijos, o tierras, por causa de mí y del evangelio, que no reciba cien veces más ahora en este tiempo; casas, hermanos, hermanas, madres, hijos, y tierras, con persecuciones; y en el siglo venidero la vida eterna. "

La gente va a argumentar que no debe centrarse en las recompensas o lo que puede salir de trabajar para el Señor. Sin embargo, Dios promete que será recompensado, y cien veces más. No sólo en el siglo venidero, sino también "en el tiempo presente" por los sacrificios que hizo para perseguir su Fin Esperado.

Como dice la Escritura de arriba, las persecuciones vendrán junto con sus bendiciones, como hemos visto con tanta claridad a lo largo de este estudio. Por lo tanto, usted debe ser un buen administrador sobre todo lo que Dios le da. La Biblia dice que a quien mucho se da, mucho se le exige (Lucas 12:48). Si no maneja las bendiciones que Dios le da con el mayor cuidado e integridad, Él se los quita. En el asunto de las finanzas, será repetidamente probado por el Padre. Es por eso que siempre debe comportarse de una manera digna de Él.

Todos los exiliados que regresaron a casa en una misión recibieron todas las disposiciones necesarias para completar su tarea. Incluso Nehemías recibió las vigas y que necesitaba para establecer las puertas de Jerusalén. Por lo tanto, si su misión requiere de diez dólares o cien mil, Dios se asegurará de que lo consigas. También le hará bien, por los sacrificios que hacen para construir su Reino.

¡Ahora, permítanme compartir con ustedes el último capítulo de este estudio, la promesa de mi Fin Esperado!

LECCIÓN VEINTICUATRO

1. ¿Cuál es la prioridad de Dios para sus finanzas?

2. El tiempo que están llevando a cabo su esperado final, Dios proveerá providencialmente para todas sus necesidades, tanto las del Reino como las personales. ¿Por qué haría esto? (La respuesta se encuentra en Esdras 6:8)

3. ¿Cuál sería la causa de Dios para detener la prosperidad que le dio?

4. Elija uno de los tres grupos de exiliados que regresaron a Jerusalén en una misión. Nombre la misión en la que estaban participando y las disposiciones que recibieron por su trabajo.

5. ¿De acuerdo con la siguiente escritura, que es lo primero y más importante que debe hacer con las disposiciones que recibe? "*...podrán hacer lo que les parezca mejor, de acuerdo con la voluntad del Dios de ustedes...*" Después de haber atendido las necesidades de su misión, ser un buen mayordomo de todo lo que tienes, y completamente hacer lo que Dios exige, ¿qué se puede hacer con el resto de las disposiciones que recibe?

6. La Biblia promete que Dios bendice a su pueblo que está llevando a cabo sus tareas del Reino. Anote la promesa de Dios en Marcos 10:29-30.

¡MI FIN ESPERADO!

Capitulo Veinte y Cinco

"Porque yo sé los pensamientos que tengo acerca de vosotros, dice Jehová, pensamientos de paz, y no de mal, para daros el fin que esperáis" Jeremías 29:11.

En enero de 2006, había estado fuera de la cárcel durante casi tres años, y entraba a mi cuarto año de la escritura de *La Serie Cautiverio*. A pesar de que estaba a punto de terminar el libro, parecía como si nunca se llevaría a cabo. Todo el proceso llevó tanto tiempo que sentía como un embarazo con años de retraso. ¡Dentro de mí había un bebé grande, pateando duro en mi caja torácica, que quería salir!

Un año antes, en 2005, había batallado tan ferozmente que hubo momentos en los cuales parecía que estaba perdida. Todo ese año, fue cuando fui asaltada mentalmente, espiritualmente y emocionalmente desde cada rincón. Entonces, me diagnosticaron con lupus, una enfermedad donde el cuerpo literalmente se ataca y se destruye solo. ¡Justo cuando pensé que en realidad podría morir, el Señor me rescató con una curación sobrenatural! Cuando ocurrió, yo sabía en mi espíritu que el Señor me hizo el bien para que pudiera completar mi misión. Una vez que había sido sanada, pensé que toda la lucha había terminado. ¡Qué equivocada estaba!

Ahora, el año 2006, trajo una guerra completamente nueva, que fue tan feroz, que me hizo sentir como si estuviera siendo repetidamente atropellada por un tanque. Satanás encontró la grieta en mi armadura, mi amado esposo, y él estaba desatando las fuerzas del infierno en contra de nuestro matrimonio. Ya que mi esposo y yo éramos socios en la misión, el diablo sabía que si pudiera causar una catástrofe en nosotros, pudiera causar que se terminara la misión. Día tras día, Bobby y yo estábamos siendo atacados hasta que finalmente estábamos al borde de la destrucción total.

Hasta entonces, yo estaba segura de que nada pudiera hacerme parar. Sin embargo, aunque mi marido y yo no estábamos luchando físicamente, parecía que yo estaba luchando en un combate de peso pesado. Fue la decimo tercera ronda, estaba cansada y la alfombra se veía muy atractiva. Sin embargo, a pesar de todo, la emoción de lo que estaba creciendo en mi vientre me dio el poder para continuar. Hablando figurativamente, estaba muy ansiosa para que ese momento se acercase rápidamente, cuando la fuente se rompería, y llegaría el bebé para producir algo fantástico, ¡y bien vale la pena la espera!

Un domingo por la noche a mediados de febrero, estaba sentada frente a la computadora, luchando. Yo estaba tratando desesperadamente de picotear algún tipo de progreso en el libro, cuando sonó el teléfono. Ya que nunca tomaba llamadas el domingo, me sorprendí cuando de repente llegué a contestar. "Soy

Katie", le dije, preguntándome por qué había rota mi regla de no contestar el teléfono en domingo.

"Hola Katie, es Stephanie!" Le oí decir. "¿Cómo estás?"

"¡Ola, mujer! Estoy bien ", le contesté. "La pregunta es, '¿Cómo está usted?'", continué. No pude evitar preguntarme por qué me llamaba Stephanie, ya que apenas nos conocíamos. Aunque nos conocimos el año anterior en la oficina de mi contador, no tuvimos la oportunidad de desarrollar nuestra amistad porque ella se fue por una enfermedad grave. Cuando le pregunté cómo estaba, la oí respirar profundo antes de continuar con lo que me tenía que decir de su situación grave.

"Bueno, los médicos me dieron 18 meses para vivir.", Dijo en un tono seco.

Esta noticia fue una sorpresa ya que sabía que Stephanie estaba muy enferma, pero no tenía idea de que estaba cerca a morir. Sorprendentemente, sin embargo, ella sonaba bien, y no parecía que quería enfocar la discusión en su problema. De hecho, después de decirme sólo algunos detalles más, cambió de tema de repente.

"De todos modos," dijo ella, rápidamente cambiando el tema. "Déjame decirte la verdadera razón por la que te llamo."

"Ok", le respondí, ahora preguntándome para que me había llamado de verdad.

"Bueno, a pesar de que supone que no debo salir de la casa, decidí que tenía que salir", comenzó, "así que fui a un seminario de Joyce Meyer este fin de semana. "¿Sabes quién es?"

En esto, mi primer pensamiento fue: "¿Quién no?" Después de todo, a Joyce Meyer se la ve todos los días en la televisión en casi dos terceras partes del mundo. Stephanie, sin embargo, estaba obviamente consciente de esto, así que respondí con, "Claro que sí".

"Bueno, yo no sabía quién era hasta hace poco". Stephanie continuó: "¡Pero, cuando fui a su seminario, pasé un momento fantástico!"

A medida que Stephanie procedía a darme el resumen de todo lo que escuchó en la conferencia, pude sentir su entusiasmo. Al final de su descripción detallada, ella estaba muy emocionada, pero luego unos segundos más tarde me enteré de la verdadera razón por la que estaba emocionada. Ella quería venderme algo.

"Mientras estuve allí", dijo Stephanie, finalmente, "sentí que había algo importante que tenía que hacer, pero yo no sabía lo que era." "Bueno, esta mañana", continuó: "Vi a Joyce en la televisión hablando de su ministerio en la prisión, y de repente supe" En esta declaración, Stephanie se detuvo muy ligeramente antes de decirlo.

"Se supone que debo decirte que adquieras el libro a Joyce, mientras ella está en la ciudad", dijo. "¿En serio?", Contesté bruscamente, tratando de esquivar su sugerencia. "Sí. Por supuesto", respondió ella de nuevo, con un aire de seguridad.

Dentro mio, me puse a reír. ¡La confianza de Stephanie, pensé, era más bien audaz, sobre todo teniendo en cuenta que nunca había leído mi libro! Pudo haber sido basura total que y en ese momento no parecía molestarla en absoluto.

"Pero es demasiado tarde", le contesté. "La conferencia ha terminado." En ese momento, Stephanie rápidamente intervino con un "Sí, pero Joyce va a tener una firma de libros en la ciudad este jueves."

Este fue un hecho que ya conocía. Como socia de los Ministerios Joyce Meyer, yo recibía su boletín de noticias mensual con los anuncios de todos sus eventos. Pero Stephanie no lo sabía, yo ya estaba considerando ir a la firma de libros, pero decidí no hacerlo. La razón era porque ya había consultado con Dios si debía ir, y Él no dijo nada. Por lo tanto, estaba segura de que no iba a asistir.

Stephanie, sin embargo, estaba muy segura de lo contrario. "¡Escucha", dijo con insistencia: "Yo sé, he oído de parte del Señor! además, "ella continuó, con su voz más intensa," cuando fui a llamar, me encontré con su número de teléfono justo encima de mi escritorio, lo cual si vieras mi escritorio, ¡tú sabrías que es un milagro encontrar algo ahí!

A este comentario, me acordé que yo nunca contestaba el teléfono los domingos. "Ok," le dije. "Voy a orar y pedirle a Dios si debiera ir. Te devolveré la llamada para dejarte saber lo que dice, ok? "

"Bien", dijo con firmeza, como un niño que finalmente decidió obedecer.

"Mientras tanto," continué, haciendo caso omiso de sus impulsos maternales. "Voy a mandarte mi libro por correo electrónico, para que lo puedas leer."

"Muy bien", dijo casualmente, como si no habría ninguna diferencia si lo leía o no.

"Entonces, después de que lo hayas leído", le dije con mucho énfasis. "Puedes dejarme saber si todavía sientes lo mismo."

Ella estuvo de acuerdo, confirmando su dirección de correo electrónico antes de colgar. Luego, tras una pausa de un minuto para revisar nuestra conversación, pensé con asombro, "De todas las personas en el mundo, no puedo creer que ella me dijo que llevara mi libro a Joyce Meyer" La razón por la que estaba tan sorprendida, fue que Stephanie no tenía ni idea de lo que Dios me había hablado de Joyce, cuatro años antes.

Yo todavía estaba en la prisión en ese momento, empezando a escribir el libro. Un día, mientras que estaba en la ducha, le pregunté al Señor cómo iba hacer llegar mi libro a los millones de prisioneros que lo necesitaban. Después de todo, no era como si pudiera pasar la canasta de donaciones. Ellos no tenían dinero, y yo tampoco. Mientras estaba debajo del agua caliente en la ducha, pensé de pronto en Joyce Meyer. Muchos reclusos recibieron sus libros, incluyendo mi persona. Su ministerio mandaba miles de libros a las cárceles por todo el mundo.

"Yo podría hacer cualquier cosa con la ayuda de un ministerio como el de ella", pensé con nostalgia.

A medida que me puse acondicionador barato en mi pelo, dejé que mi mente tomara viaje. Casi al instante, me vi de pie frente a una gran multitud hablando de uno de los libros de Joyce. Este "sueño despierto", continuó por algún tiempo más, hasta que finalmente me salí del mismo.

"Que extraño", pensé. "¿Por qué me veo promocionando algún otro libro?"

Al meditar en esta visión extraña, mientras me quitaba el acondicionador del cabello, de repente tuve una sensación de urgencia que Dios quería hablar conmigo. Así pues, apague el agua, y comencé a secarme, mientras pensaba en el ministerio de Joyce. ¿Estaba soñando despierta, o era Dios tratando de decirme algo? De repente, no podía esperar más, por lo que me puse la sudadera, a pesar de que aún estaba mojada, luego corrí hacia mi celda.

Cuando entré, ambas compañeras estaban leyendo. Agradecidamente, guardé la bolsa de ducha, y me tiré en la cama con mi Biblia. Tan pronto como me volví a mi lectura diaria en Gálatas, el Señor me dio el verso. Lo primero que leí fue Pablo diciendo:

"Mas os hago saber, hermanos, que el evangelio anunciado por mí, no es según hombre; pues yo ni lo recibí ni lo aprendí de hombre alguno, sino por revelación de Jesucristo" (Gálatas 1:11-12).

De inmediato, supe que Dios estaba hablando de La Serie Cautiverio. Al igual que Pablo, las revelaciones que recibía no eran mías, sino de Dios. Por lo tanto, en los siguientes versos, donde Pablo escribe acerca de cómo Dios le permitió difundir su mensaje a través de todo el mundo antiguo, yo sabía que el Señor estaba también a punto de decirme cómo iba a difundir *La Serie Cautiverio* a través de todo el sistema penitenciario.

En Gálatas, el Señor había ordenado divinamente a Pablo para ir a Jerusalén para reunirse con Pedro, Santiago y Juan, los apóstoles originales de Jesús. Pablo tomó su evangelio a estos hombres para ver si estaban de acuerdo con él. En ese momento, los apóstoles eran los líderes de la iglesia cristiana, por lo que fueron los que pudieron dar Pablo el apoyo que necesitaba para difundir sus enseñanzas. El problema fue que Pedro, Santiago y Juan habían pasado tiempo con Jesús, mientras estuvo en la tierra, mientras que Pablo no. Por lo tanto, era nada comparado con ellos. Pablo llegó a decir que era *"y no era conocido de vista a las iglesias de Judea, que eran en Cristo"* (Gálatas 1:22). Así que, ¿por qué iba alguien a tomar su mensaje en serio?

En ese momento, supe que Dios me estaba hablando. Yo era igual que Pablo, un nadie, un convicto humilde. Así que, ¿por qué alguien querría tomar mi mensaje en serio? Ninguno de los líderes de los ministerios grandes me conocía, pero al igual como los apóstoles eran a Pablo, esos líderes son los que me podría permitir llevar a cabo mi misión plenamente.

Como me detuve a contemplar en esta dura realidad, todas las imposibilidades comenzaron a pulular mi cabeza como abejas furiosas. Yo era un criminal con un pasado violento. Si llegara a la puerta de Joyce Meyer, probablemente no pasaría del pasillo, o me dirían que tuviera que hacer cola detrás de los millones de personas que estaban delante mio. ¿Incluso si entrara, será que alguien se tomaría el tiempo para escuchar mi mensaje, y mucho menos darme el apoyo masivo que tenía que tener para cumplir mi misión?

En solo creer, que pudiera recibir ayuda de alguien como Joyce Meyer no sólo era exagerado, pero parecía totalmente imposible. Dejé este pensamiento en mi mente, me di cuenta de lo que estaba haciendo: ¡me atreví a ponerle un límite a Dios! Instantáneamente, yo sabía que tenía que parar de pensar negativamente y regresar a las Escrituras para ver lo que el Señor quería decir. ¡Efectivamente, cuando volví a ver lo que le sucedió a Pablo, todo cambió dramáticamente!

En los siguientes versículos, Pablo hablo de la misma cosa de la que yo estaba preocupada. Él dijo:

"Pero de los que tenían reputación de ser algo (lo que hayan sido en otro tiempo nada me importa; Dios no hace acepción de personas), a mí, pues, los de reputación nada nuevo me comunicaron. Antes por el contrario, como vieron que me había sido encomendado el evangelio de la incircuncisión, como a Pedro el de la circuncisión " (Gálatas 2:6-7).

¡Yo estaba asombrada! En una frase, Pablo lo puso todo en perspectiva. Dijo que no importaba que él no fuera una persona de gran importancia. El Señor estuvo a cargo de hacer un camino para él. ¡De hecho, cuando Pablo presentó sus revelaciones a los apóstoles, reconoció que había sido confiada por Dios para llevar a cabo su misión!

A medida que leía el verso más, me pareció oír a Dios susurrar en mi espíritu, "Ellos van a reconocer lo mismo de ti." ¿Lo harán? ¿Sera que Dios moverá el corazón de los "grandes" de la iglesia, para que yo pudiera proclamar mi evangelio en todo el mundo? Tenía que saber.

Ahora, sentí la urgencia de mis lecturas. ¿Aunque los Apóstoles vieron que Pablo fue confiado por Dios, será que lo ayudaron llegar a su meta? Busqué en los siguientes versículos como si mi propia existencia dependiera de ellos. ¿Sera que Dios me confirmara lo que yo creía que me estaba diciendo, o si me enteraría de que yo estaba soñando despierta después de todo? Tomé una respiración profunda, y la sostuve mientras seguía leyendo. Afortunadamente, yo sólo tenía que leer unas cuantas líneas más antes de ver que no iba a estar decepcionada. Cuando llegué a la respuesta que yo esperaba, me sentí tan aliviada que dejé salir un fuerte "suspiro" de alivio. Pablo dijo: *" y reconociendo la gracia que me había sido dada, Jacobo, Cefas y Juan, que eran considerados como columnas, nos dieron a mí y a Bernabé la diestra en señal de compañerismo, para que nosotros fuésemos a los gentiles, y ellos a la circuncisión"* (Gálatas 2:9).

Caramba! El poder de Dios vino sobre mí, y yo temblaba mientras lo leía. Era la respuesta a mi pregunta. ¡Pedro, Santiago y Juan, los pilares de la reputación de la iglesia de Jerusalén, le dieron a Pablo toda la ayuda que necesitaba para cumplir su misión! La realidad de lo que esto significaba para mí era casi increíble de entender. ¡Dios estaba diciendo que iba a darme, un nadie total, un convicto humilde, el favor de uno de los ministerios más grandes del mundo! Al igual que los apóstoles de lo alto, que le dieron a Pablo la mano derecha del compañerismo, los Ministerios Joyce Meyer me ayudarían. Al pensarlo, me sentía tranquila. Me sentía tan bien, que quería envolverme en ese estado para siempre.

Así que ahora, aquí estaba cuatro años más tarde, y una mujer que apenas conocía me decía que llevara mi libro a Joyce. ¿Coincidencia? Yo no lo creía. Sin embargo, ya he pedido a Dios si debería ir a la firma de libros, y no dijo nada. ¿Por lo tanto, que estaba pasando realmente? La única manera de saberlo era volver a preguntar. Por lo tanto, fui inmediatamente a Dios en oración.

"Señor, yo ya pedí esto, y tú no has dicho nada," comencé. "Por lo tanto, creo que la respuesta es no, pero yo sólo quería volver a intentar." Entonces, me detuve brevemente, en silencio para oírlo, antes de preguntar: "¿Tengo que ir a la firma de libros?"

Ni siquiera pasó una fracción de un segundo cuando oí en mi mente, " Gálatas 2:9." Como no podía recordar exactamente de qué se trataba el verso, abrí mi Biblia en Gálatas, a continuación, casi me desmayé cuando lo leí. "...*Jacobo, Cefas y Juan, que eran considerados como columnas, nos dieron a mí y a Bernabé la diestra en señal de compañerismo, para que nosotros fuésemos a los gentiles, y ellos a la circuncisión.*"

"¡Oh!", Pensé, y mi estomago retorciéndose, "¡esta es la promesa que he estado esperando!" Se suponía que debía ir. ¡El tiempo finalmente había llegado, y yo, literalmente, me sentí enferma del estómago! ¿Cómo podría yo darle mi pequeño libro a una mujer como Joyce Meyer? ¡No había terminado aún, y la firma de libros estaba a tan sólo cuatro días! No había manera de que pudiera estar lista.

Me entró el pánico. Mi mente fue de cero a sesenta en un minuto. ¡Ensayé lo que le diría a Joyce, y traté de encontrar la manera de no ir! Entonces, en medio de mi locura, Dios me detuvo y me recordó de quien estaba a cargo. Era Él, y su tiempo fue siempre perfecto. Él había dado a Pablo una revelación divina para llevar su mensaje a los apóstoles. ¡Y, bueno, esta fue mi revelación! Yo iba a ir, aunque quisiera o no, porque Dios se haría cargo del resto. Por lo tanto, llamé a Stephanie, y simplemente le dije: "¡Nos Vamos"!

La firma de libros era jueves, lo que significaba que tenía tres días para poner el manuscrito en orden. Usando cada minuto libre de mi tiempo para prepararlo, me tomé hasta el último minuto para terminarlo. Finalmente, a las 9 pm del miércoles por la noche, yo estaba en la oficina de la impresora haciendo copias. Estaba lista.

El jueves por la mañana llegó, y a pesar de que Stephanie pensó que no podría llegar, ella vino de todos modos con una manguerilla intravenosa conectada a su corazón, escondida en la manga de su blusa. En el camino a la firma del libro, habíamos hablado de su situación.

"Dios me va a curar", comenzó. "Realmente lo creo." Desafortunadamente, la expresión de su rostro me decía una historia completamente diferente. Me di cuenta de que realmente no lo creía en absoluto.

Cuando miré a esa mujer que me estaba llevando a la cita de mi vida, me dije a mí misma: "Si hubiese una sala llena de gente, yo nunca la hubiera elegido."

Éramos totalmente opuestas. Ella era un ejecutiva de una empresa, con trajes y todo. Yo viví en mis pantalones vaqueros, y no sabía lo que la palabra "red", significaba. Ella era una "Niña Buena"; le haría competición a Mary Poppins. En cuanto a mí, bueno...

Stephanie, sin embargo, fue evidente la elección perfecta de Dios. Sólo por su presencia aquí, Él me estaba dejando saber en claro que ella estaba involucrada en la misión. Mientras la importancia de esta revelación me golpeó, sentí una aceleración en mi espíritu, hacia ella, y me volví hacia ella para poder mirarle en sus ojos.

"Una cosa que sabemos con certeza", le dije, la predicadora estaba surgiendo en mí, "Dios sana a su pueblo que está llevando a cabo su propósito por el cual fueron creados". ¡Entonces, en respuesta a su duda, termine diciendo: "Tú eres ahora una parte de esta misión, así que Él va a asegurarse de que estés lo suficientemente bien como para llevarlo a cabo!"

¡En ese momento, Stephanie me dio una mirada poco rara, como diciendo: "Oye, te estoy llevando a la librería, eso es todo!"

"Cuando llegamos a la librería, el lugar estaba lleno, sin un espacio donde parquear. Entonces, justo cuando llegamos, un hombre salió de un espacio que quedaba a sólo 20 metros de distancia de la parte delantera del edificio. Stephanie encantada, y yo nos miramos con ojos grandes. Fue la primera señal de que estábamos en el lugar correcto en el momento adecuado.

En el momento que entramos, fuimos asignadas un número para nuestro grupo, y luego fuimos a buscar algunos de los libros de Joyce. Después de que elegimos unos, Stephanie sugirió que orásemos. Por lo tanto nos fuimos a la cafetería para buscar un lugar en donde sentarnos, pero no habían mesas, y había mucha gente de pie esperando.

De repente, un hombre se acercó a nosotros, de todos los que estaban allí, para preguntar si queríamos su mesa. Mirando bien, vi que estaba en una esquina privada lejos de las demás, el lugar perfecto para orar. Una vez más, Stephanie y yo nos miramos la una a la otra con una mirada de complicidad.

Después de aceptar la oferta con gratitud, oramos, bebimos un poquito de café, y luego fuimos a pagar por los libros. Justo cuando estaba firmando el recibo de la tarjeta de crédito, llamaron nuestro número. Todo iba como puntual como un reloj. Cuando fuimos a hacer fila, de inmediato nos pusimos a conversar con dos mujeres al lado nuestro. Sólo estábamos hablando con ellas durante unos minutos, cuando una de las mujeres cuyo nombre es Sandy miró a Stephanie, y le dijo:

"Usted está enferma." Entonces, para acentuar su declaración ella lo dijo otra vez: "No, usted está muy enferma. ¿Puedo orar por usted?"

Stephanie comenzó a llorar. Ninguna de las dos habíamos dicho nada acerca de su enfermedad. Ni la manguerilla de la intravenosa de Stephanie se podía ver, ya que estaba escondida. Sin embargo, el Espíritu Santo era, obviamente, líder de la arena mientras procedió a colocar su mano derecha sobre la fuente de infección de Stephanie! Al instante, ¡sentí una fuente de energía, a pesar de que yo estaba a tres pies de distancia! Cuando miré a Stephanie, ella estaba sudando y se puso roja brillante.

A medida que la fila se movía hacia adelante, nos movíamos con la misma, con Sandy orando silenciosamente por mi nueva amiga todo el tiempo. Entonces, justo cuando llegamos al final de la fila, terminó su oración, y me di la vuelta para ver que estábamos frente a Joyce!

A medida que me acercaba a la mesa, yo estaba tan nerviosa, que empecé a sentir náuseas. Joyce estaba sentada junto a su esposo Dave, y dos de sus hijos, que trabajaban en su ministerio. Cuando llegó el momento de darle mi libro, todo se puso nublado. Stephanie luego me dijo que yo dije un millón de cosas en menos de un minuto sin sonar apresurada. También, dijo Dave Meyer me miraba todo el tiempo, y se centraba en cada palabra. Cuando me di la vuelta para irme, él extendió su mano derecha, y sacudió la mía, mientras me miraba a los ojos. No fue hasta que me fui que me di cuenta de que había dado la "mano derecha del compañerismo".

Más tarde, después de la firma de libros, Stephanie volvió a su casa, y una enfermera fue a su casa para extraer la sangre. Los análisis de sangre previos de Stephanie había mostrado que su recuento de glóbulos blancos estaban peligrosamente elevados, por lo que un nuevo tratamiento de antibióticos por vía intravenosa iba a empezar al día siguiente. Por desgracia, con el tratamiento se produjo un efecto secundario muy grave. Que causaría que Stephanie quedase completamente sorda.

Dos semanas más tarde llamó su médico.

"Vamos a parar el tratamiento", dijo el doctor. "¿Por qué?", Respondió Stephanie con total sorpresa.

"Porque no hay nada malo en ti", continuó el doctor, "Hemos recibido los resultados de laboratorio de su sangre de hace dos semanas, y está perfectamente normal". el médico no podía explicar los resultados. ¡Stephanie había sido sanada sobrenaturalmente!

Dos semanas más tarde, mientras estaba en un servicio de la iglesia juntas, Stephanie recibió una revelación. En medio del servicio me miró, con lágrimas cubriendo su rostro dijo: "Dios sólo me dijo que Él me curó para usted."

Cuando dijo eso, el poder del Espíritu vino sobre mí, y yo lloré. Yo sabía lo que el Señor quiso decir. ¡La curo para que pudiera ayudarme a completar la misión!

Y lo que ella hizo fue ayudarme. Hasta entonces, yo estaba sola en el proyecto. Ahora bien, había asistencia. Stephanie y yo éramos opuestos completos, pero debido a que poseía todas las habilidades que me faltaban, las dos combinadas, nos convertimos en una fuerza poderosa. Puertas, que nunca se me abrieron anteriormente ahora se abrieron por completo; mientras Stephanie iba delante de mí con tal poder, era como si las palabras, *"muéstrame favor"*, ¡fueron tatuados en su frente! Una portada fue diseñada para el libro, una página de internet se hizo, y los libros fueron impresos y enviados. A pesar de que al principio comenzamos con solo tres cárceles, el libro estaba en casi 100 prisiones en toda la nación.

Entonces sucedió algo. Llegué a casa un día, y salí al buzón para recoger el correo. Contenía lo normal, una variedad de cuentas por pagar y ofertas de tarjeta de crédito. Afortunadamente, el montón de correspondencia estaba debajo de la llegada de mi boletín mensual de Joyce Meyer. Mientras caminaba de vuelta a la casa, recogí el gato, George, que quería comida, y luego dejé el correo en la barra de desayuno para que pudiera alimentar al gato.

Después de botar la lata vacía a la basura, agarre el boletín de Joyce, y luego me senté en el sofá para darle una mirada. Cuando le di la vuelta el sobre, me di cuenta de que la tapa estaba abierta. La carta no estaba cerrada. Agradecida de que su contenido aún se encontraban dentro, lo saque y comencé a leer. Inmediatamente, sin embargo, me di cuenta de que no se parecía a ningún boletín que jamás había recibido antes. De hecho, era totalmente diferente. En eso es cuando mis ojos comenzaron a escanear la página. Palabras como "Querida Katie" y "manuscrito" me llamó la atención. Fue entonces cuando me di cuenta de que, efectivamente, no era lo que pensé por primera vez. ¡De hecho, se trataba de una carta personal a mí de la misma Joyce Meyer!

Todo se veía totalmente borroso por un momento. Luché contra el pánico ahora creciendo rápidamente dentro de mí. Luché para calmarme, sin éxito, tratando de que mi visión se aclare, para que pudiera leer. ¡Sí, leía la carta personal que estaba en mis manos de una mujer que cuyo ministerio cubría dos tercios de la humanidad! ¡Una mujer a quien Dios mismo prometió que me iba a dar la mano derecha de fraternidad! ¡Una mujer cuyo ministerio podría permitir que mi ministerio ayudara a miles, incluso millones de personas!

Tomé una respiro profundo para rápidamente leer la carta que podría cambiar mi destino ....

AL LECTOR DE ESTE ESTUDIO

¡Ahora mismo, estoy viviendo este capítulo final! ¡En los siguientes años, el Señor dijo que haría lo imposible para este ministerio! ¡No puedo esperar a compartir con ustedes el cumplimiento de esta promesa! A la espera de que estos acontecimientos sucedan, permítanme decir lo siguiente:

La misión de "Expected End Ministries" es de conseguir que *La Serie Cautiverio* esté en las manos de todos los prisioneros en los Estados Unidos y más allá de sus fronteras. ¡Si usted comparte esta visión y siente un ardor en su espíritu ahora mismo, usted es una de las personas que Dios ha escogido para ayudar! Las necesidades actuales de este ministerio son:

- Socios de Oración.
- Las donaciones para los gastos de edición que permiten que "Expected End Ministries" llegue a más prisiones, cárceles, centros de detención, centros de reinserción social, centros de rehabilitación y centros de detención juveniles.*
- Socios mensuales para ayudar con el costo de funcionamiento de este ministerio.*

   *Todas las donaciones son deducibles de impuestos.

Cuando Ezequiel profetizó en el valle de huesos secos, los huesos representaron los cautivos israelitas que se encontraban en Babilonia, en estado seco, sin espíritu. Hay multitudes de personas en las cárceles hoy en día en las mismas condiciones. Reclusos que son como los huesos secos por falta de saber cual es su propósito por el cual fueron creados.

Que, junto con "Expected End Ministries", tienen la oportunidad de ayudarles a encontrar su Fin Esperado a través del vehículo de *La Serie Cautiverio*. Creemos que este estudio hará que los cautivos se pongan de pie y que se convierten en "UN EJERCITO ENORME" (Ezequiel 37:10), ¡para el Reino de Dios!

Gracias por su apoyo, y que el Señor te bendiga 1000 veces –

Katie Souza y el Equipo de EEM

LAS CÁRCELES GUARDAN LOS TESOROS DE DIOS

por Bill Yount

Era tarde y estaba cansado, con ganas de ir a dormir, pero Dios quería hablar, era cerca de la medianoche, pero me di cuenta de que Dios no duerme. Su pregunta me inquietó. "¿Bill, donde en la tierra es que guardan sus tesoros más preciosos y objetos de valor?", Dije, "Señor, por lo general esos tesoros como el oro, plata, diamantes y piedras preciosas se mantienen bajo llave en algún lugar fuera de la vista, por lo general con los guardianes de seguridad. Habló Dios, "igual que el hombre, mis más valiosos tesoros en la tierra también están encerrados." Entonces vi a Jesús de pie delante de aparentemente miles de prisiones y cárceles. El Señor dijo: "Estos han sido prácticamente destruidos por el enemigo, pero estos tienen el mayor potencial de ser utilizados para traer la gloria a mi nombre. Dile a mi pueblo, voy a esta hora a las prisiones para activar los dones y el llamamiento que se encuentran latentes en estas vidas que se dieron antes de la fundación de la tierra. Fuera de estos muros se levantará un Ejército de Espíritus, que tendrá el poder de lanzar, literalmente, las puertas del infierno y superar los poderes satánicos que mantienen a muchos de Mi propio pueblo desunido a Mi propia casa.

Dile a Mi pueblo que hay un gran tesoro detrás de estas paredes, en estos vasos olvidados. Mi pueblo debe surgir y tocar estos seres, porque una poderosa unción se desatara sobre ellos para una futura victoria en Mi Reino. DEBEN SER RESTAURADOS.

Entonces vi que el Señor caminaba hacia las puertas de la cárcel con una llave. Una sola llave abría todas las puertas. Entonces oí y vi grandes explosiones, que sonaban como la dinamita explotando detrás de los muros. Sonaba como si todo fuera una guerra espiritual. Jesús se dio la vuelta y dijo: "Dile a mi pueblo para ir ahora y recoger los escombros y rescatar a estos." Entonces Jesús comenzó a caminar y a tocar a los reclusos que le estaban buscando. Muchos que fueron tocados, comenzaron a tener un brillo de oro. Dios me habló: "¡AHÍ ESTÁ EL ORO!" Otros tenían un resplandor de plata que les rodeaba. Dios dijo: "¡AHÍ ESTÁ LA PLATA!"

Como en cámara lenta comenzaron a crecer en lo que parecía ser caballeros con armadura gigante-como guerreros. ¡Tenían toda la armadura de Dios, y cada pieza era de oro macizo y puro! ¡Incluso escudos de oro! Cuando vi a los escudos de oro, oí decir a Dios a estos guerreros: "Ahora vayan y tomen lo que Satanás os ha enseñado y lo utilizan en su contra. Vayan a derribar las fortalezas que vienen contra MI iglesia. "Los gigantes espirituales luego comenzaron a pasar por encima de los muros de la cárcel sin que nadie les resista, y se dirigieron inmediatamente a la primera línea de la batalla con el enemigo. ¡Los vi caminar a la derecha delante de la iglesia, y grandes nombres de ministros conocidos por su poder con Dios fueron superados por los guerreros gigantes, al igual que David hiendo hacia de Goliat! Cruzaron la línea del enemigo y comenzaron a liberar a muchos del pueblo de Dios de las garras de Satanás, mientras que los demonios temblaron y huyeron fuera de vista en su presencia. Nadie, ni siquiera la iglesia, parecía saber quiénes eran estos gigantes espirituales o de dónde vinieron. Todo lo que podía ver era la armadura, la armadura de oro de Dios, de pies a cabeza, y los escudos de oro estaban allí. Los escudos fueron restaurados a la Casa de Dios y había gran victoria y regocijo.

También vi los tesoros de plata, y piedras preciosas y los buques que los llevaban. Debajo del oro y la plata estaban las personas que nadie conocía: RECHAZADOS DE LA SOCIEDAD, LA GENTE DE LA CALLE, LOS ANORMALES, LOS POBRES y LOS DESPRECIADOS. Estos fueron los tesoros que habían desaparecido de Su casa.

Para terminar, el Señor dijo: "Si mi pueblo quiere saber donde se necesitan, diles que se necesitan en la CALLES, LOS HOSPITALES, LAS MISIONES, y LAS PRISIONES. Cuando lleguen allí, Me encontrarán a mí y el siguiente movimiento de Mi Espíritu, y que serán juzgados por Mi palabra en Mateo 25:42-43. *"Porque tuve hambre, y no me disteis de comer; tuve sed, y no me disteis de beber; fui forastero, y no me recogisteis; estuve desnudo, y no me cubristeis; enfermo, y en la cárcel, y no me visitasteis."*

Querido Lector:

Leí por primera vez esta profecía cuando yo todavía estaba en la cárcel. ¡Cuando lo hice, una explosión ocurrió dentro de mí! Desde entonces, el Señor me dijo que la ÚNICA CLAVE que Jesús usa para abrir todas las puertas de la prisión es el ¡Fin Esperado! ¡Es lo que va a levantar una Ejército para el Reino desde el interior de los muros! En marzo de 2007, una palabra de profecía personal me fue dada. ¡ME DIJERON QUE YO TENÍA UN EJERCITO! ¡Cada uno de ustedes es parte de este Ejército! ¡Juntos vamos a tomar el mundo para Cristo!

En Su servicio,

Katie

La Serie Cautiverio: La Llave para Su Fin Esperado

Se utilizaron extractos de los siguientes libros con permiso de los autores y / o editores:

"A la Luz Lenta y Segura" por Elisabeth Elliot y "Una Vida con Propósito" de Rick Warren.

Portada del libro -concepto de **Katie Souza.**

Gráfico de la cobertura de Brian Blount @ Web Vision Graphics (www.webvisiongraphics.com)

Un agradecimiento especial a:
J. Rodríguez por haber comenzado este proyecto. Gracias.
M. Pareja por sus labores de amor inestimbales en la traducción de este libro.
J. L. Guzman para las revisiones actualizadas.
A.M. Blake para que este proyecto sea mejor que nunca.

EXPECTED END MINISTRIES
PO Box 1289
Maricopa, AZ 85139

www.expectedendministries.com
expected@expectedend.org

ENTRADAS DE DIARIO PERSONAL